Bergisches Land

Naturpark zwischen Rhein und Sauerland

Lisa Aigner

GPX-Daten zum Download

www.kompass.de/gpx

Kostenloser Download der GPX-Daten der im Wanderführer enthaltenen Wandertouren. Mehr Informationen auf Seite 3.

AUTORIN

Lisa Aigner • geboren und aufgewachsen in München, ist mit den Bergen vor der Haustüre schon früh auf Schusters Rappen unterwegs gewesen. Schon als kleines Kind in der Kraxn wurde ihr die Natur nähergebracht; ihre Favoriten sind lange, einsame Wanderungen in denen man die Natur noch in ihrer unberührten Form erleben kann.

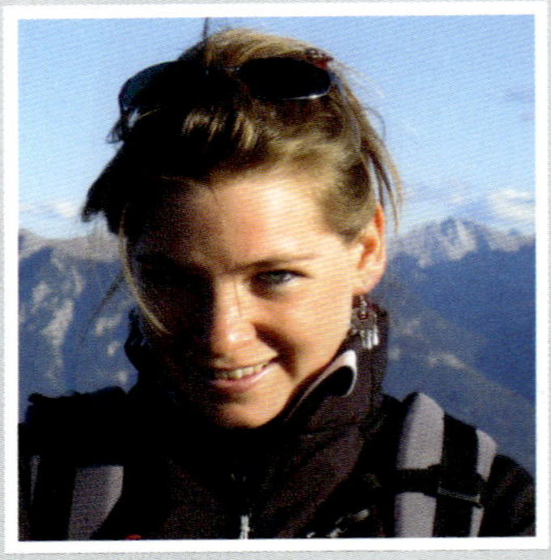

VORWORT

Vielseitig, spannend und mit einer Vielzahl an Höhepunkten – so lässt sich das Bergische Land treffend beschreiben. Als größter Naturpark in Nordrhein-Westfalen hat der Naturpark Bergisches Land nicht nur mit seiner vielfältigen Flora und Fauna, sondern auch mit seinen kulturhistorischen Stätten einiges zu bieten. So führten mich meine Wege durch junge Buchenwälder, an den Ufern vieler Talsperren entlang, durch tiefe Bachgründe und über weitläufige Höhen sowie in die historischen Altstädte kleinerer und größerer Orte.

Bei den Wanderungen lassen sich die Pracht und die Vielfalt dieser Landschaft in vollen Zügen genießen. Einen besonderen Reiz machen die vielen Natur- und Landschaftsschutzgebiete aus, die den Wanderer zuweilen in die Welt der Gnome und Waldelfen eintauchen lassen.

Die Stätten der Industriekultur hingegen versetzen den Wanderer in frühere Zeiten zurück und geben einen Einblick in das harte Leben der Menschen, die hier ihren Lebensunterhalt im Steinbruch oder in den Schleifkotten verdienen mussten.

Wandern, erleben, sich weiterbilden – und zu guter Letzt sich mit den kulinarischen Genüssen der Region verwöhnen lassen. Das möchte ich nun jedem Wanderer des schönen Bergischen Landes mit auf den Weg geben!

In diesem Sinne, viel Vergnügen!

ORIENTIERUNG MIT GPS

Für Navigationsgeräte und Apps haben wir auf unserer Webseite alle Touren im GPX-Format zum Download bereitgestellt:

www.kompass.de/gpx

Hier findet man alle weiteren Informationen. Einfach das richtige Produkt auf der Seite auswählen, die Daten herunterladen und auf das Zielgerät oder in die gewünschte App importieren.

Mehrwert mit Spaßfaktor: Ob vorab zur Planung, als Sicherheit für unterwegs oder zum Erinnern und Archivieren der gegangenen Tour. Die digitale Wanderroute ist in vielerlei Hinsicht wertvoll. Ein Blick auf die Daten hilft Neues zu entdecken und liefert Inspirationen für die nächsten Touren. Alle Wandertouren aus diesem Führer stehen im GPX-Format kompakt und genau zur Verfügung.

Was ist ein GPX-Track? GPX ist ein Datenformat für Geodaten. Das Wort GPS steht für Global Positioning System (Globales Positionsbestimmungssystem). Mit einem GPX-Track bekommt man die rote Linie, also den Wanderpfad, als geografische Koordinaten.

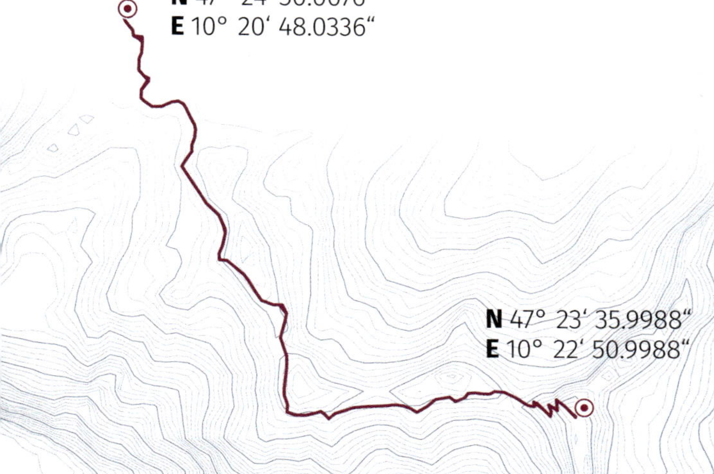

INHALT UND TOURENÜBERSICHT

AUFTAKT

ANHANG

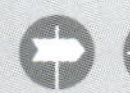 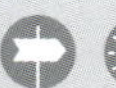 km	 h	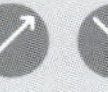 hm	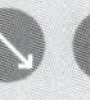 hm	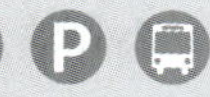	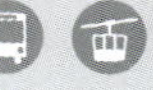			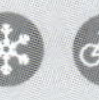				Karte
6,8	2:10	140	140	✓			✓		✓	✓		756
11,8	3:00	270	270						✓			756
10	2:40	140	140	✓					✓	✓		756
17,3	4:40	170	130	✓	✓		✓					756
9,7	2:40	210	210	✓								756
9,6	2:40	230	230	✓					✓			756
10,7	2:45	180	280	✓						✓		756
9,1	2:20	150	150	✓					✓			756
16,7	4:40	270	270	✓								756
12,5	3:30	180	180	✓					✓	✓		756
11,7	3:00	180	180	✓					✓	✓		494
9,2	2:30	210	210	✓					✓	✓		494
8,2	2:40	150	150	✓						✓		494
14,3	4:00	280	280	✓								494
13,2	3:30	340	340	✓							✓	494
11,2	3:00	190	190	✓						✓	✓	494
11,7	3:15	240	240	✓								494

INHALT UND TOURENÜBERSICHT

km	h	hm	hm									Karte
10	2:40	180	180	✓					✓	✓		749
6	1:40	80	80	✓					✓	✓		494/749
14,5	4:00	410	410	✓								749
14,7	4:00	360	360				✓		✓		✓	749
14,8	4:00	450	450	✓			✓		✓	✓	✓	749
8,2	2:10	190	190	✓								749
10,9	3:00	360	360	✓					✓	✓	✓	847
13,2	3:00	210	210	✓					✓	✓	✓	494/847
10,4	2:40	200	200	✓					✓	✓		494/749
13,6	3:40	260	260	✓			✓		✓	✓	✓	847
15,8	4:10	330	330	✓			✓					847
10,2	2:45	200	200	✓			✓		✓	✓		847
9,6	2:30	200	200	✓					✓	✓		847
6,2	2:00	150	150	✓					✓	✓	✓	847
10,1	3:00	190	190	✓					✓			847
9,9	2:45	240	240	✓					✓	✓		847
14,5	4:20	390	390	✓						✓		847
14,5	3:45	300	300	✓			✓		✓	✓		847
15,2	4:10	310	310	✓			✓			✓	✓	494
9,7	2:40	180	180	✓					✓	✓		847
8,6	2:15	150	150	✓					✓	✓		756
7,9	2:15	140	140	✓					✓			494

INHALT UND TOURENÜBERSICHT

km	h	hm	hm									Karte
8,9	2:15	180	180				✓					494
15,8	4:00	280	280	✓			✓		✓			756
14,3	3:50	230	230	✓			✓			✓	✓	494
8,3	2:20	150	150	✓			✓		✓	✓		494
10,6	3:00	190	190	✓			✓		✓	✓		494
11,7	3:20	160	160	✓						✓		494
17,7	4:40	390	390	✓	✓		✓		✓	✓		494
10,2	2:15	260	260	✓	✓				✓	✓		494
8,1	2:20	150	150	✓					✓			494
14,8	3:50	310	310				✓			✓		494
14,7	4:00	310	310	✓								494
12,9	3:30	250	250	✓						✓		847
10,9	3:00	240	240	✓					✓	✓		758
10,4	2:40	80	80	✓					✓	✓		758
16	4:40	320	320	✓			✓		✓	✓		822
16,2	4:40	330	330	✓							✓	847
11,7	3:10	240	240	✓					✓			847
10,4	3:00	260	260	✓					✓	✓		847
11,5	3;00	230	250	✓	✓		✓					847
7,9	2:10	160	160	✓					✓	✓		847
9,2	2:40	210	210	✓								847

GEBIETSÜBERSICHTSKARTE

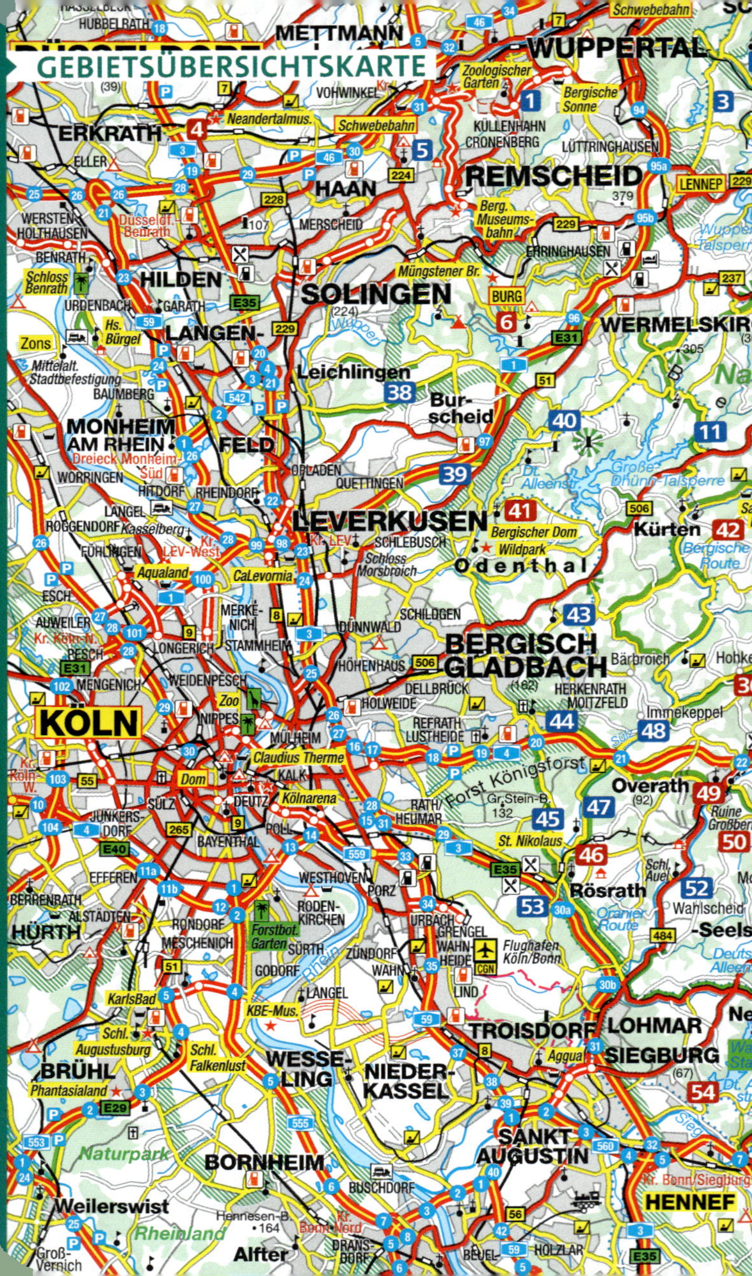

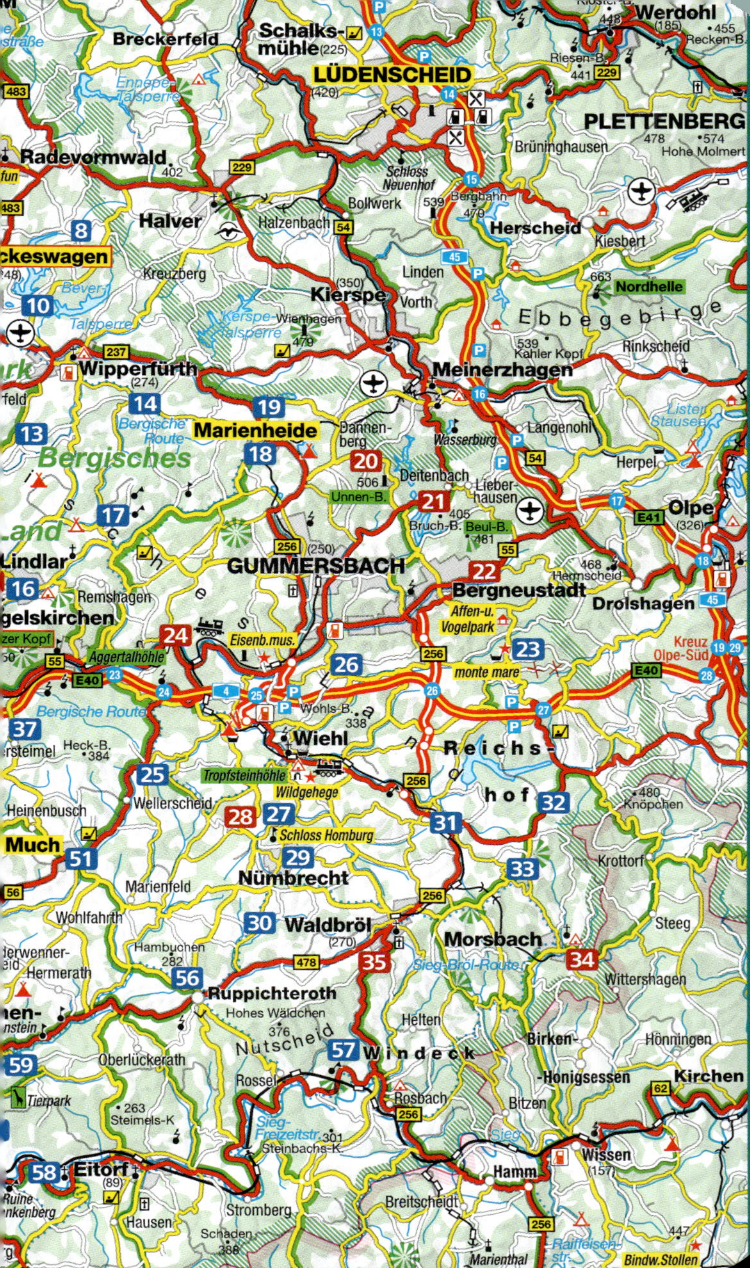

Breckerfeld
Schalks-
mühle (225)
LÜDENSCHEID
(420)
Werdohl
(185)
Recken-B.
Riesen-B.
PLETTENBERG
Hohe Molmert
Brüninghausen
Ennepe-
Talsperre
Radevormwald
402
Schloss
Neuenhof
Bollwerk
Berghahn
Halver
Halzenbach
Herscheid
Kiesbert
ckeswagen
Kreuzberg
Linden
Nordhelle
Bever-
Talsperre
Kierspe
(350)
Vorth
Ebbegebirge
Kerspe-
Talsperre
Wienhagen
Kahler Kopf
Rinkscheid
Wipperfürth
(274)
Meinerzhagen
Lister
Stausee
Bergische
Route
Marienheide
Dannen-
berg
Wasserburg
Langenohl
Bergisches
Land
Deitenbach
Unnen-B.
Lieber-
hausen
Herpel
Olpe
(326)
Bruch-B.
Beul-B.
Lindlar
GUMMERSBACH
(250)
Hermscheid
Remshagen
Bergneustadt
Drolshagen
gelskirchen
Affen-u.
Vogelpark
Eisenb.mus.
Kreuz
Olpe-Süd
Aggertalhöhle
monte mare
Bergische Route
Wohls-B.
Wiehl
Heck-B.
Reichshof
Tropfsteinhöhle
Wildgehege
Heinenbusch
Wellerscheid
Knöpchen
Much
Schloss Homburg
Krottorf
Nümbrecht
Marienfeld
Wohlfahrth
Waldbröl
(270)
Steeg
Hambuchen
Morsbach
Hermerath
Sieg-Bröl-Route
Wittershagen
Ruppichteroth
Hohes Wäldchen
Helten
Nutscheid
Birken-
-Honigsessen
Hönningen
Oberlückerath
Windeck
Kirchen
Rossel
Rosbach
Tierpark
Steimels-K
Bitzen
Sieg-
Freizeitstr.
Steinbachs-K.
Sieg
Wissen
(157)
Eitorf
(89)
Hamm
Ruine
Stromberg
Breitscheidt
Hausen
Schaden
Raiffeisen-
str.
Marienthal
Bindw.Stollen

DAS GEBIET

Naturpark Bergisches Land
Das Bergische Land ist eines der schönsten Wandergebiete Deutschlands. Natur- und Kultur prägen das Bild dieser typischen Mittelgebirgslandschaft. Das Wegenetz von rund 3.500 Kilometern reicht vom Ruhrgebiet im Norden bis zum Siebengebirge im Süden. Im Westen bilden der Rhein sowie die Metropolen Köln und Düsseldorf, im Osten die Wasserscheide von Agger und Wupper im Übergang zum Sauerland die natürliche Grenze. Bergig ist die Wanderregion in der Tat; die abwechslungsreichste Kulturlandschaft Deutschlands ist geprägt von malerischen Dörfern, einer Vielzahl an Bächen, Talsperren, Laub- und Mischwäldern und der grünen Hügellandschaft des Rheinischen Schiefergebirges. Ihren Namen jedoch verdankt sie einer anderen Tatsache: Die Grafen von Berg, deren ehemaliges Herzogtum die Kernbereiche des Naturparks Bergisches Land umfasst, sind bzw. waren namensgebend für die Region. Aufgabe des rund 2.027 Quadratkilometer großen Naturparks ist es, Erholungsräume zu sichern, regionale Identität zu stärken und die kulturlandschaftliche Entwicklung zu fördern. Kleine und mittlere Bauernhöfe prägen die Region, offene Landstriche wechseln sich mit Waldgebieten ab.

Eine besondere Bedeutung kommt im Bergischen Land dem Wasser zu: Zahlreiche Bach- und Flusstäler durchziehen das Land, die zusammen mit den vielen Talsperren eine große Bedeutung als Natur- und Landschaftsschutzgebiete haben. Sie bieten einen wichtigen Rückzugsraum für bedrohte Tier- und Pflanzenarten – so zählt das Bergische Land zu einer der artenreichsten Kulturlandschaften Deutschlands. Der Wasserreichtum spielt auch in der Industrie eine hervorgehobene Rolle, er wurde schon früh für die industrielle Entwicklung genutzt. Das Wasser war Grundlage und Antrieb für die

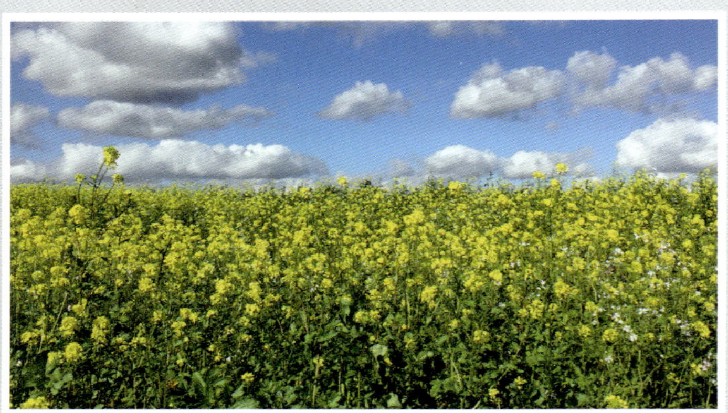

Rapsblüte im Spätherbst

Hammeranlagen und Schleifsteine in den Kotten, deren Überreste noch heute Aufschluss über das damalige harte Leben und Arbeiten geben.

Landschaft, Flora und Fauna
Misch-, Laub- und Nadelwälder, weitläufige Wiesen und Weidelandschaft, Streuobstwiesen, Felder, Bachtäler, eine hügelige Berglandschaft und natürlich die Talsperren: so kann die Landschaft hier beschrieben werden. Als Ausläufer des Rheinischen Schiefergebirges steigen die Höhen im Osten bis auf 500 Meter an; in der Rheinebene präsentiert sich die Landschaft wesentlich sanfter. Der Wasserreichtum ist ein weiteres prägendes Merkmal, nicht nur aufgrund der 16 Talsperren, sondern auch wegen seiner Flüsse: Dhünn, Agger, Bröl, Wupper, Sülz und Sieg haben tiefe Täler in das Land gegraben. Grauwacke, Tonschiefer und Sandstein sind noch die Zeugen des einstigen Meeres, das hier im Devon vorhanden war. Ein beliebter Zeitvertreib ist es, in den Steinbrüchen nach versteinerten Fossilien aus dieser Zeit graben.

Gut 40 Prozent des Naturparks sind bewaldet. Dabei spielen neben den klassischen Nadelwäldern immer mehr die Laubmischwälder eine große Rolle, da sie besser mit den sich verändernden Klimaverhältnissen zurechtkommen und auch für mehr Tierarten eine Heimat bilden. Die imposantesten Wälder sind der Nutscheid im Süden, der mit 1500 Hektar das größte, zusammenhängende Waldgebiet im Bergischen Land bildet, sowie der Königsforst bei Köln. Der ehemalige preußische Staatsforst weist keine großartigen Höhenunterschiede auf und ist ein

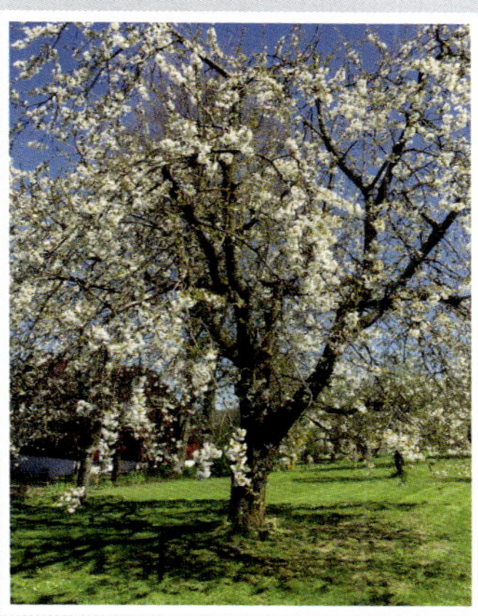
Ein Obstbaum in voller Blüte

beliebtes Ziel vieler Kölner Wochenendausflügler.

Der Artenreichtum im Bergischen Land ist enorm: Durch nachhaltige, ökologische Landwirtschaft und Naturschutz konnte diese Vielfalt erhalten werden. Neubepflanzung von Hecken und Streuobstwiesen bieten vielen Vogelarten Schutz und Nahrung, Schafe und Ziegen beweiden Heide- und Moorlandschaften und bewahren diese so vor der Verbuschung. Auch die Mischwälder und feuchten Bachtäler bieten seltenen Vogel- und Pflanzenarten einen Rückzugsort: Sumpfdotterblume und Eisvogel haben sich hier wieder angesiedelt. Unweit der Talsperren sieht man des Öfteren Bussarde und Rotmilane. In den Heideflächen finden sich verschiedene Heidearten, dazwischen blühen Wacholder, Ginster und Wollgras. Auch der anspruchsvolle Sonnentau hat hier einen Lebensraum gefunden.

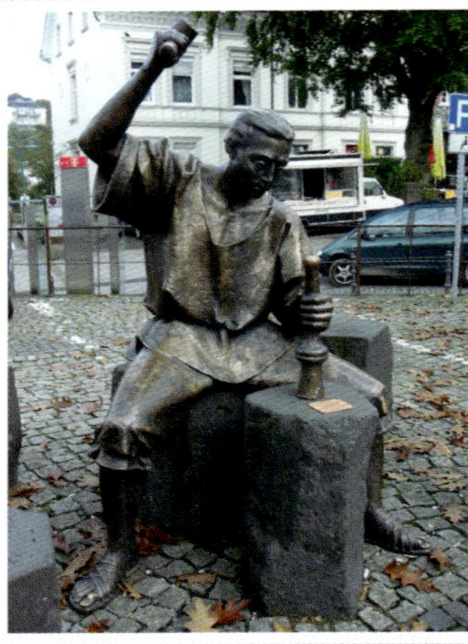

Münzschläger

Wipperfürth

Als älteste Stadt im Bergischen Land soll hier die Hansestadt Wipperfürth vorgestellt werden. Schriftlich erwähnt wurde die Stadt erstmals 1131; ihren Namen bekam sie aufgrund einer Furt an der damals noch Wipper genannten heutigen Wupper. Jene Furt war ein bedeutender Knotenpunkt der damaligen Handelswege von Köln ins Westfälische und vom Siegerland ins untere Wuppertal. Da die Wupper auch ein wichtiger Energieerzeuger war, folgte auf den Handel schnell die Herstellung von Metallwaren und Tuchen, die bis 1450 ein erfolgreiches Produkt im mittelalterlichen Handel darstellten. 1217 wurden Wipperfürth die Stadtrechte verliehen und machten sie so zur ältesten Stadt des Bergischen Landes. 1275 wurde die Münzstätte von Wildberg nach Wipperfürth verlegt, wo von nun an über 100 Jahre lang Pfennige nach Kölner Vorbild geprägt wurden. 1328 gab es in Wipperfürth dann die erste Prägung von Groschen in Deutschland. Eine Handelsniederlassung in Nowgorod zeugte von der damaligen wirtschaftlichen Kraft der Stadt. Über die Jahrhunderte wurde Wipperfürth dann immer wieder teilweise oder komplett zerstört, sei es durch Repressalien, Krieg oder Großbrände. Doch die Bevölkerung raffte sich immer wieder zu einem Neuanfang auf. 1816 noch Kreisstadt, wurde 1932 der Kreis Wipperfürth aufgehoben. Zusammen mit Klüppelberg und Wipperfeld wurde Wipperfürth 1975 zu einer neuen Stadt zusammengefasst und dem Oberbergischen Kreis zugeordnet. Seit März 2012 führt Wipperfürth den offiziellen Zusatz Hansestadt.

Bergisch-Kulinarisch

Armut war verbreitet im Bergischen Land, unter den Arbeitern in den Schmieden und Schleifkotten ebenso wie unter den Bauersleuten. Deftig und karg war dementsprechend die Bergische Küche. Doch auch mit schlichten Zutaten zauberten sie schmackhafte Gerichte wie den Pillekuchen, ein übergroßer Reibekuchen aus Kartoffeln, oder dem Schnippelbohneneintopf, bei dem

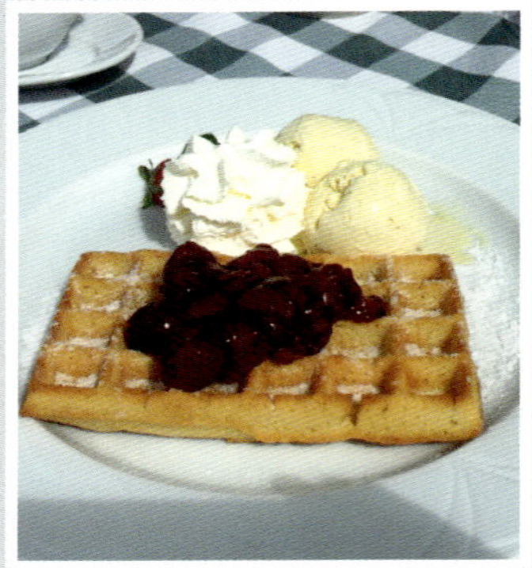

Süße Spezialität: Bergische Waffeln

Stangenbohnen in sehr feine Streifen geschnitten und zusammen mit Rindfleisch, Kartoffeln und Mettwürstchen gekocht werden. Bergische Waffeln sind eine tolle und sehr sättigende Nachspeise, gebacken aus einem besonders leichtem Waffelteig und angerichtet mit Vanilleeis, heißen Kirschen und Sahne.

Eine kulinarische Besonderheit ist die **Bergische Kaffeetafel**. Für dieses üppige Kaffeetrinken mit traditioneller Speisefolge sollte man sich Zeit nehmen. In der Mundart spricht man oft vom „Kaffeedrenken met allem dröm on draan". Der Kaffee wird dabei typischerweise aus der „Dröppelminna", einer Kranenkanne, eingeschenkt. Die Reichhaltigkeit der Speisen hing damals von der historischen und finanziellen Situation ab. In bäuerlichen Familien gab es etwas weniger, in begüterten etwas mehr. Allen gemein war jedoch der Wert, den man der häuslichen Tischgemeinschaft beimaß.

Zu den Zutaten einer Bergischen Kaffeetafel zählten Waffeln oder Korinthenweißbrot und Schwarzbrot, süße Brotaufstriche sowie gesüßter Milchreis und Quark, manchmal auch Apfel- oder Birnenkompott und rote Grütze. Dazu wurde Bauernbutter, Zimt und Zucker gereicht. All diese Zutaten konnten in Eigenerzeugung produziert werden; im historischen Kontext weist somit jeder Bestandteil auf die damaligen Lebensgewohnheiten und -bedingungen der bergischen Kultur hin. In der heutigen Zeit wird die Bergische Kaffeetafel oft um herzhafte Komponenten wie Käse, Fleisch- und Wurstwaren ergänzt. Meist bekommt man sie nur auf Vorbestellung in größeren Gaststätten ab einer Anzahl von 6 Personen.

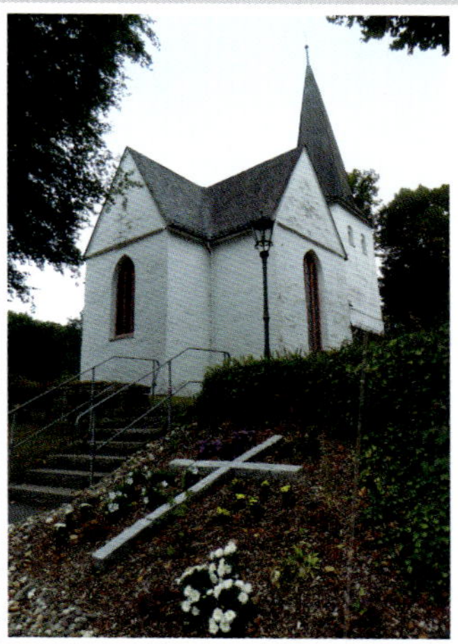

Bonte Kerke in Wiedenest

Bonte Kerken

„Bonte Kerken" (Bunte Kirchen) sind relativ kleine, in romanischem Stil gebaute Kirchen im Oberbergischen Kreis, die mit viel Liebe restauriert wurden. Ihre Besonderheit besteht in ihren mittelalterlichen Deckenmalereien. Im Oberbergischen Kreis sind noch fünf dieser Kirchen erhalten, alle entstanden zwischen dem 11. und 14. Jahrhundert und wurden bereits kurz nach ihrem Bau zu Lehrzwecken mit religiösen Motiven ausgemalt. So wurden dem ländlichen Teil der Bevölkerung, der kaum lesen oder schreiben konnte, biblische Inhalte vermittelt. Über die Reformationszeit hinaus wurden sie im Laufe der Jahrhunderte ergänzt oder sogar neue Bilder hinzugefügt.

Die „Bonten Kerken" stehen in Lieberhausen, Müllenbach, Marienberghausen, Marienhagen und Wiedenest. Eine Wanderung zu jeder dieser „Bonten Kerken" wird in diesem Wanderführer vorgestellt.

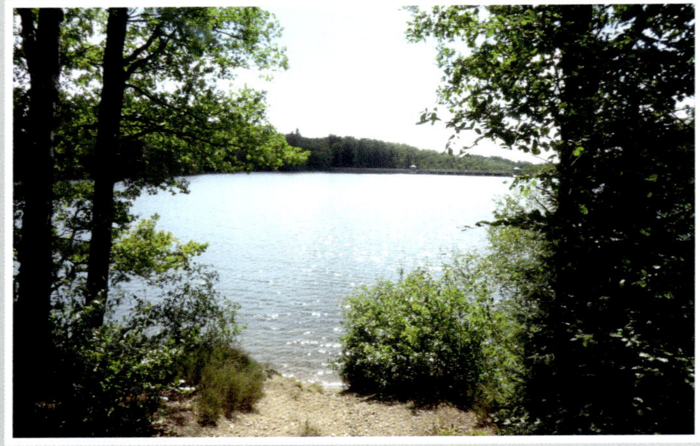

Typische Uferlandschaft einer Talsperre

Talsperren
In keiner Region Deutschlands – und auch Europas – gibt es so viele Talsperren auf so engem Raum wie im Bergischen Land. Gut die Hälfte davon wurden zur Trinkwasserversorgung der Region errichtet – zwischen 1899 und 1985. Die andere Hälfte der Talsperren sind sogenannte Brauchwassertalsperren, die zur Naherholung im und auf dem Wasser einladen. Zu diesen zählen die Aggertalsperre, die Bevertalsperre, die Lingesetalsperre, die Brucher Talsperre und der Beyenburger Stausee: hier ist Badespaß gewiss, ob beim Schwimmen, Segeln oder Bootfahren.

Die Wanderwege

Als ein Betreuungsgebiet des Sauerländischen Gebirgsvereins gibt es ein weitläufiges Netz an Wanderwegen. Sie sind mit einem X gekennzeichnet und unterscheiden sich in den einzelnen Gebieten durch Zahlen oder Buchstaben. Die Bezirkswanderwege sind mit einer Raute gekennzeichnet, örtliche Wanderwege haben nochmals eigene Zeichen. Rundwanderwege erkennt man an den Buchstaben A oder B oder einem Kreis. Je nachdem, wie viele von einer Ortschaft ausgehen, gibt es zusätzlich noch eine Bezifferung. Der Kölner Eifelverein ist für das Wegenetz im südwestlichen Bergischen Land verantwortlich: Ost-West-Wege werden mit > gekennzeichnet, Süd-Nord-Wege mit dem ausgemalten weißen Winkel. Auch hier gibt es Rundwege, die mit A und einer Ziffer gekennzeichnet sind.

Fernwanderwege

Ich möchte hier ein paar Fernwanderwege vorstellen, die speziell für das Bergische Land konzipiert wurden bzw. die einen Teil des Naturparks streifen. Zwei Fern- bzw. Weitwanderwege durchziehen das Bergische Land: der **Bergische Weg**, abgebildet durch ein einer 3 ähnelndem Zeichen auf orangenem Grund, und der **Bergische Panoramasteig**, der mit einem nicht ganz geschlossenen Kreis auf gelbem Hintergrund abgebildet wird.

Dazu kommen die Zuwege bzw. Zubringer zu den zwei Fernwegen. Markiert sind sie mit dem Zeichen des jeweiligen Fernweges, jedoch in weißer Schrift auf schwarzem Hintergrund und hellblau eingerahmt. Die Zuwege beginnen meist in Ortszentren, an Bahnhöfen oder an Sehenswürdigkeiten und leiten direkt auf den Bergischen Weg oder den Bergischen Panoramasteig.

Der **Bergische Weg** ist 260 Kilometer lang und in 14 Etappen aufgeteilt. Er führt vom Ruhrgebiet durch die Naturparke Bergisches Land und Siebengebirge bis nach Königswinter am Rhein. Der abwechslungsreiche Weg hat viel zu bieten: malerische Landschaften und historische Dörfer, Museen, die zu einem Ausflug in die Kulturgeschichte des Bergischen Landes einladen, sowie Burgen, Schlösser und Kirchen, die die Vergangenheit aufleben lassen.

Der 244 km lange **Bergische Panoramasteig** ist in 12 Etappen geteilt und führt in einer großen Schleife durch den Naturpark. Er streift dabei sowohl die Täler von Agger, Wupper und vieler weiterer kleiner Bäche und Flüsse als auch die für die Region so typischen Höhenzüge mit ihren fantastischen Weitblicken. Und auch hier kommen die kulturgeschichtlichen und historischen Sehenswürdigkeiten nicht zu kurz.

Der **Kölner Weg**, markiert mit einem weißen K auf schwarzem Grund, führt die ersten 70 Kilometer durch das Bergische Land nach Herchen und weiter durch den Westerwald nach Bad Marienberg, über die Westerwälder Seenplatte und endet schließlich in Königswinter. Er ist insgesamt 253 Kilometer lang.

Seit 2011 begleitet der **Natursteig Sieg** den Wanderer auf einer Länge von etwa 197 Kilometern durch das Siegtal und über die umliegenden Höhen. Er beginnt im Siegburger Stadtteil Wolsdorf und verbindet Städte und Orte an der Sieg. Das weiße S auf blauem Grund stellt die Windungen der Sieg dar.

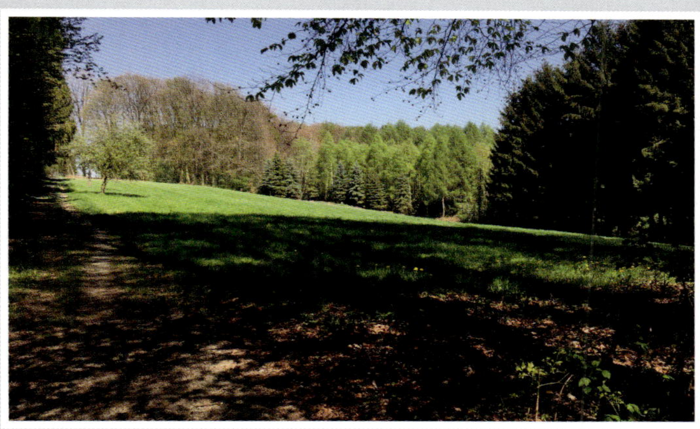

Im Schlingenbachtal

ALLGEMEINE TOURENHINWEISE

SCHWIERIGKEITSGRADE UND WEGECHARAKTER

Das Bergische Land ist ein Mittelgebirge mit charakteristischer Berg- und Hügellandschaft. Bis auf wenige Touren sind die Wanderungen in diesem Buch ein stetiges Auf und Ab, mal steiler, mal mit gemäßigteren Steigungen. Mit Hilfe der Höhenprofile können die Verhältnisse gut eingeschätzt werden, dennoch kann es unerwartet zwischendurch zu häufigeren kleinen An- oder Abstiegen kommen, die so aus dem Höhenprofil nicht ersichtlich sind. Der Höhenunterschied ist lediglich ein Richtwert, damit der Wanderer ungefähr weiß, worauf er sich einstellen muss. 95 Prozent der in diesem Buch beschriebenen Touren führen über markierte Wege. Aufgrund der Gegebenheiten während der Recherche kann es jedoch sein, dass eine Tour spontan umdisponiert werden musste und somit ein kurzer Teil über unbeschilderte Wege führt. Im Buch wird jedoch darauf hingewiesen, wenn bei Teilstücken die Beschilderung fehlen sollte.

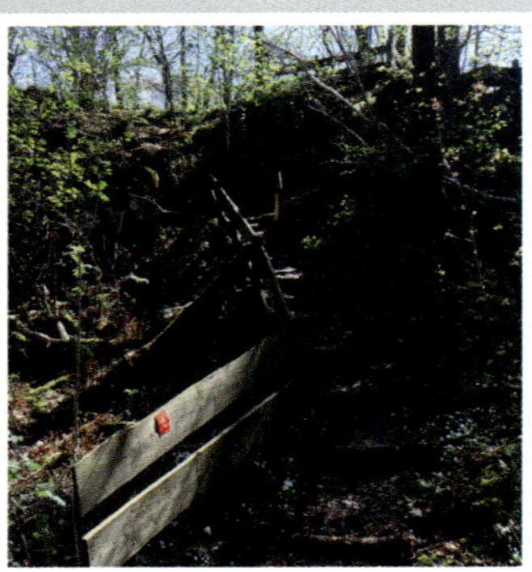

Auf dem Steinhauerpfad

Der Wanderführer richtet sich vornehmlich an Familien mit Kindern; die ausgewählten Touren sind daher ohne größere technische Schwierigkeiten zu bewältigen. Von den Längen der Touren ist alles geboten, für konditionell starke Wanderer genauso wie für jene, die nur einen gemütlichen Sonntagnachmittagsspaziergang machen möchten. Bei den Wegen handelt es sich vornehmlich um gut begehbare, breite Feld-, Wald- und Wirtschaftswege oder schmale, stille Sträßlein; manchmal auch schmale Pfade, deren Teilstücke jedoch eher kurz sind. Im Charakter jeder Tour wird noch einmal auf die Beschaffenheit des jeweiligen Weges hingewiesen. Es gibt kaum unbesiedelte Gebiete im Bergischen Land, fast immer führen die Wege unterwegs durch kleinere oder größere Orte, daher gibt es keine Tour ohne asphaltierte Abschnitte. Dies sind dann jedoch meist verkehrsberuhigte kleine Höhenstraßen.

Die Richtungsangaben verstehen sich im Sinne der Gehrichtung. Fast alle Touren sind Rundwanderungen, lediglich drei Wanderungen sind Streckenwanderungen, die jedoch an beiden Endpunkten gut mit der Bahn zu erreichen sind.

■ LEICHT

Gut begehbar, auf breiten Wegen oder auch mal schmalen Pfaden. Technisch sind sie jedoch anspruchslos, es ist also keinerlei Trittsicherheit oder Schwindelfreiheit von Nöten. Einige Touren können jedoch auch mal längere Anstiege enthalten. Je größer die Höhendifferenz und je länger die Strecke, desto mehr Kondition ist gefragt!

■ **MITTEL**
Auch hier sind die Wege gut begehbar, es können jedoch auch sehr steile oder längere An-oder Abstiege dabeisein. Die Strecken überschreiten hier eine Länge von 14 Kilometern.

ZEITANGABEN
Die in diesem Buch beschriebenen Zeitangaben sind Richtwerte, die je nach Kondition des Wanderers sehr stark variieren können. Sie orientieren sich an einem durchschnittlichen Wanderer, Pausen sind nicht berücksichtigt. Mit Kindern sollten Sie ein wenig mehr Zeit einplanen, besonders bei schönem Wetter, da es auf nahezu jeder Wanderung schöne und auch interessante Plätze gibt, die zum Verweilen einladen.

WANDERZEIT UND AUSRÜSTUNG
Die schönste Jahreszeit zum Wandern im Bergischen Land sind die Monate vom Frühsommer bis zum Spätherbst. Selbst wenn es im Hochsommer sehr heiß ist: Die Wanderungen verlaufen immer wieder durch schattige Wälder. Auch im Winter kann man sich, wenn es nicht zu viel geschneit hat, auf den Weg machen. Bei unsicheren Wetterverhältnissen sollte man lieber einmal einen Tag pausieren, im Bergischen Land gibt es eine Vielzahl an Museen und geschichtlich und kulturell sehr interessante Dinge zu entdecken. Getränke und ein wenig Essen gehören immer in den Rucksack, denn leider gibt es nicht bei jeder Tour die Möglichkeit zur Einkehr. Auch sollte man sich vorher erkundigen, ob die Wirtschaften auf der Strecke geöffnet haben, denn meist sind diese erst ab 17 Uhr oder nur am Wochenende geöffnet.

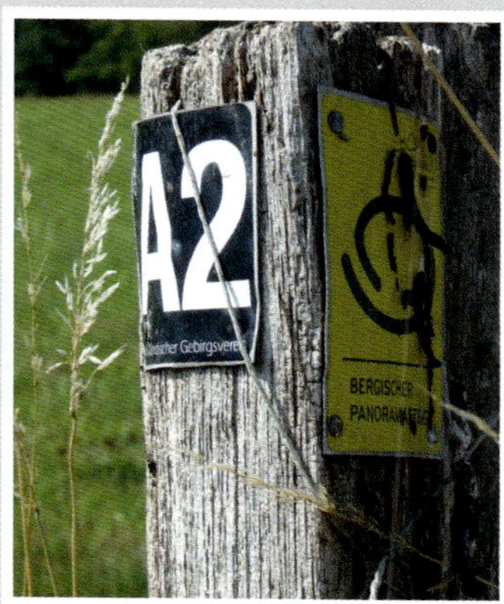

Markierung des Bergischen Panoramasteigs

ORIENTIERUNG
Die Wege sind oft gut markiert. Bei Qualitätswegen wie dem Bergischen Weg oder dem Bergischen Panoramasteig braucht man sich keine Gedanken zu machen, den Weg nicht zu finden. Gleiches gilt für die seit einigen Jahren neu angelegten 24 Bergischen Streifzüge (weiße Zahl auf rotem Hintergrund): Sie alle sind hervorragend ausgeschildert. Manchmal kann es jedoch vorkommen, dass die Wegmarkierungen aufgrund von Sturmschäden oder Rodungen verlorengegangen oder einfach nicht so gut gepflegt sind: Dann sind die Zeichen verwittert, überwachsen oder fehlen gänzlich. Daher rate ich jedem Wanderer, immer eine Karte dabei zu haben: Für den größeren Überblick reicht die Kompass-Karte in diesem Buch; detailreichere Karten im Maßstab 1:25.000 von einzelnen Gebieten des Bergischen Landes gibt es ebenfalls vom Kompass Verlag. Darüber hinaus ist die „Wanderkarte

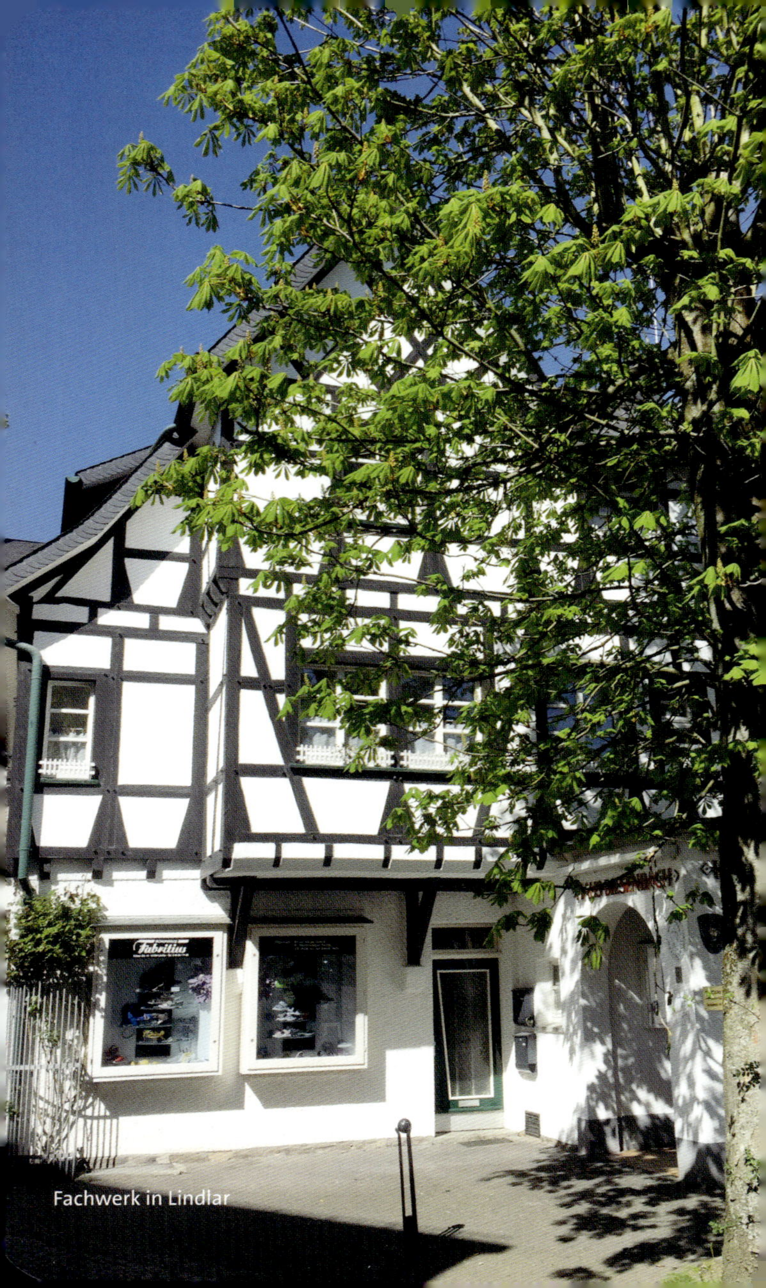

Fachwerk in Lindlar

Bergisches Land“ zu empfehlen: Im Maßstab 1:25.000 gibt es davon fünf Karten: 1 Norden/Osten, 2 Nordwesten, 3 Osten, 4 Mitte und 5 Süden. Farbig hervorgehoben sind der Bergische Weg, der Bergische Panoramasteig und die 24 Bergischen Streifzüge.

Sollte man ohne Karte oder andere Hilfsmittel im Gelände unterwegs und doch mal hinsichtlich der Richtigkeit des Weges unsicher sein: Der Blick zurück lohnt sich fast immer! Denn manchmal fehlt die Markierung nur in einer Gehrichtung. Gerade bei Wegkreuzungen ist der Blick von der anderen Seite hilfreich, um sich zu vergewissern, ob man noch auf dem richtigen Weg ist.

Weitere, sehr praktische Hilfsmittel sind die **Kompass Wanderkarten-App** und die App „Bergisches Wanderland“. Damit können Sie immer kontrollieren, wo Sie sich befinden und ob Sie auf dem richtigen Weg sind.

ANREISE UND ÖFFENTLICHER NAHVERKEHR

Die Anreise mit dem Auto gewährt zweifellos die größte Flexibilität, da viele der Ausgangsorte nicht mit öffentlichen Verkehrsmitteln erreichbar sind. Die zentrale West-Ost-Achse ist die A4 Köln – Olpe. Von Süd nach Nord bieten sich die A1 und A3 an. An der Grenze zum Sauerland im Osten verläuft die A45. Wer mit öffentlichen Verkehrsmitteln anreisen will, dem sei ein Blick auf die Internetseiten folgender Institutionen nahegelegt:

Verkehrsverbund Rhein-Ruhr:
www.vrr.de
Verkehrsverbund Rhein-Sieg:
www.vrsinfo.de
Bergischer Wanderbus:
www.rvk.de/freizeitverkehr/bergischer-wanderbus
Bergischer Fahrradbus:
www.rvk.de/freizeitverkehr/bergischer-fahrradbus

MEINE LIEBLINGSTOUR

Bei Burg und an der Sengbachtalsperre (Tour 6, Seite 44)
Bei der großen Auswahl an Wegen und Touren war es sehr schwierig, sich für eine Lieblingstour zu entscheiden. Letztendlich fiel die Wahl auf Tour 6: Die schönen Wälder bei Burg, die kurze Berührung mit der Sengbachtalsperre und schließlich der Genuss der munter vor sich hinplätschernden Wupper machten diese Wanderung zu einem abwechslungsreichen Erlebnis, an deren Ende ich bei einer Führung durch Schloss Burg auf verzaubernde Weise ins Mittelalter versetzt wurde.

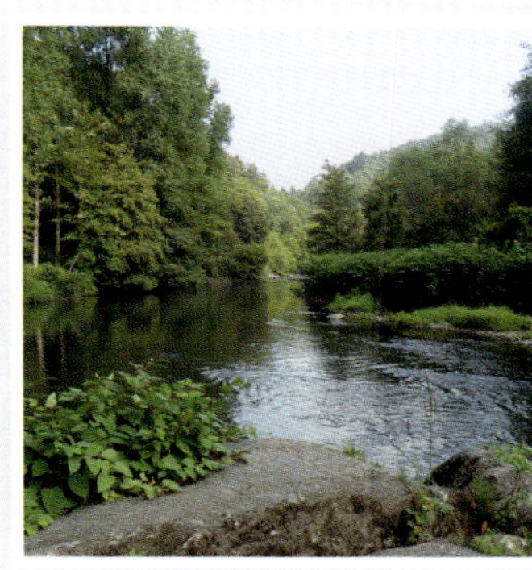

Idylle an der Wupper

MEINE HIGHLIGHTS

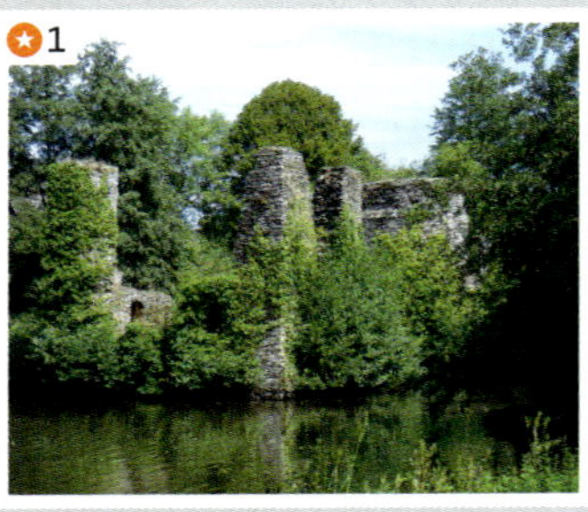

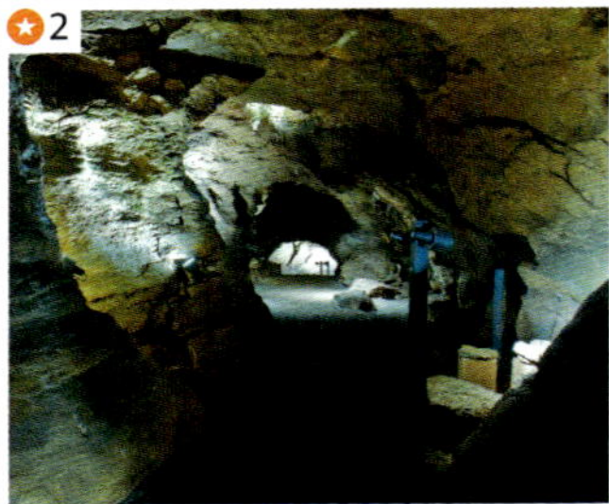

1: Scheeler Mühle zu Schloss Gimborn: In eine längst vergangene Zeit entführt wird man auf dieser Wanderung: Die wirklich toll erhaltene Ruine von Eibach, die mystisch im Wald gelegene Ruine Neuenberg und nicht zuletzt das prächtige Schloss Gimborn lassen den geschichts- und kulturinteressierten Wanderer verweilen und staunen.
→ Tour 17, Seite 82

2: Von Ründeroth über die Hohe Warte zur Aggertalhöhle: Hier erwartet uns nicht nur ein Aussichtsturm mit tollen Blicken über den Naturpark Bergisches Land, sondern auch die Tiefen einer Schauhöhle. Das i-Tüpfelchen bildet nahe der Aggertalhöhle eine weiteres Höhlensystem, das just zwei Wochen vor den Recherchen zu dieser Tour entdeckt wurde. Das „Windloch am Mühlenberg" ist mehrere Millionen Jahre alt und von einer spektakulären Größe.
→ Tour 24, Seite 106

3: Von Hohkeppel nach Ehreshoven: Diese tolle Wanderung führt uns erst über die Höhen und dann durch die Wälder bei Ehreshoven, schließlich vom Stausee zum romantischen Wasserschloss. Dann geht es auf einsamen Waldwegen und naturnahen Pfaden im Auf und Ab zurück zum Dörfchen Hohkeppel mit einer über eintausendjährigen Geschichte.
→ Tour 36, Seite 146

4: Von Altenberg zur großen Dhünntalsperre: Mit einem Abstecher zum zweitgrößten Wasserreservoir Deutschlands und mit der Durchquerung eines der schönsten Bachtäler des Bergischen Landes, dem Eifgenbachtal, liefert uns diese Wanderung Natur pur! Eine Besichtigung des Altenberger Doms zum Ende der Tour ist die Krönung. → Tour 41, Seite 164

5: Durch die Wahner Heide: Eng beieinander liegen hier Natur und Geschichte: Ehemals Truppenübungsplatz, ist die Wahner Heide heute das zweitgrößte und artenreichste Naturschutzgebiet Nordrhein-Westfalens.
→ Tour 53, Seite 204

★3

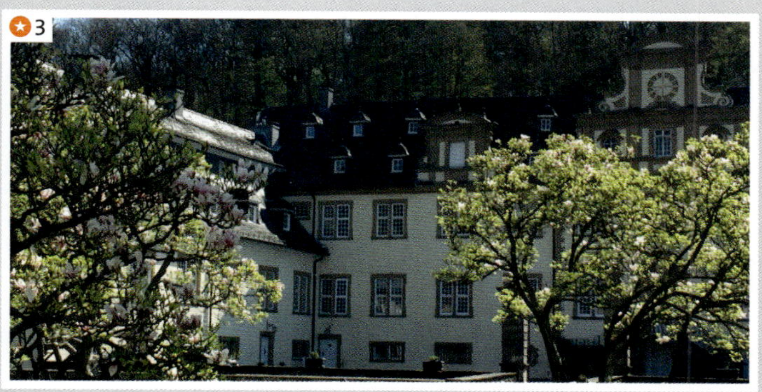

★4

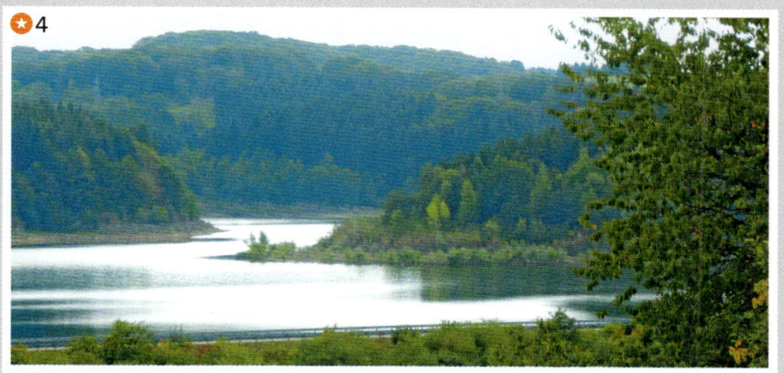

★5

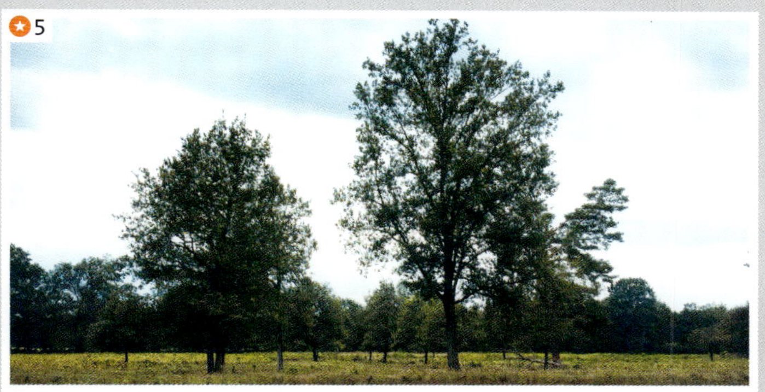

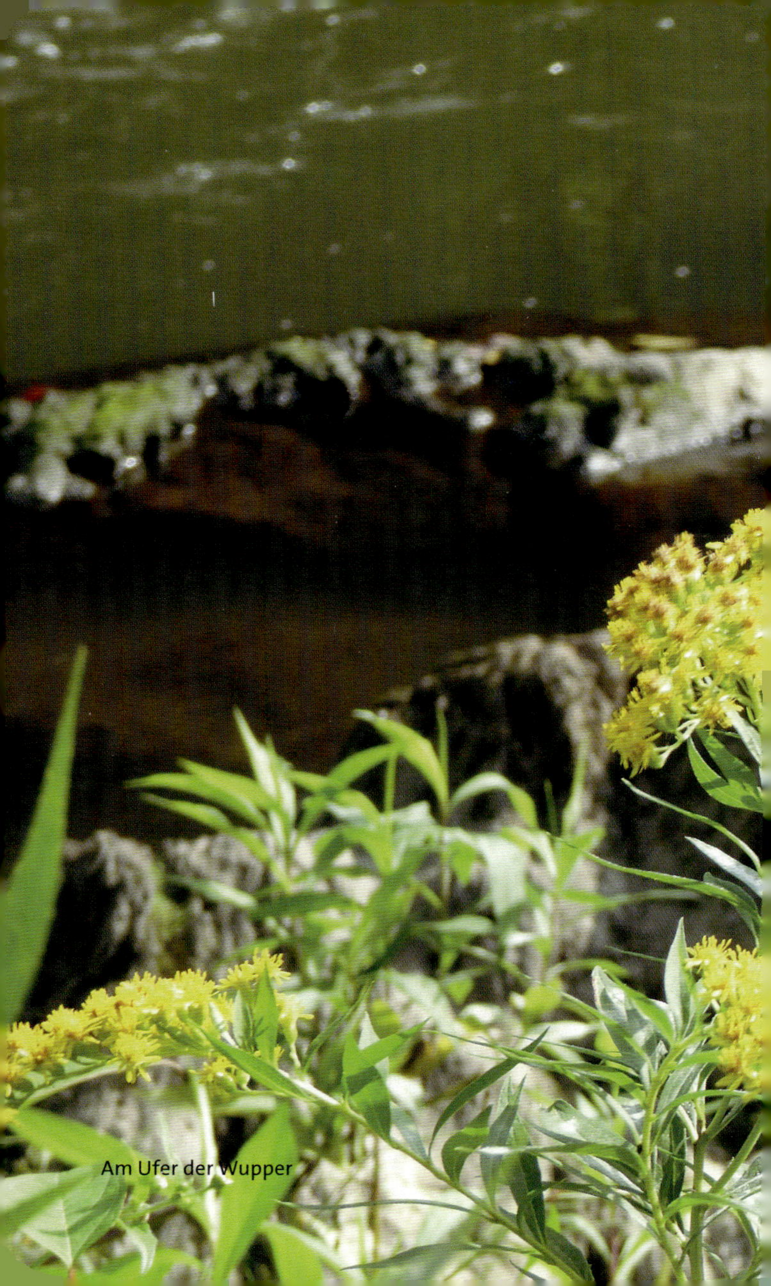

Am Ufer der Wupper

Niederbergischer Kreis mit Solingen und Wuppertal

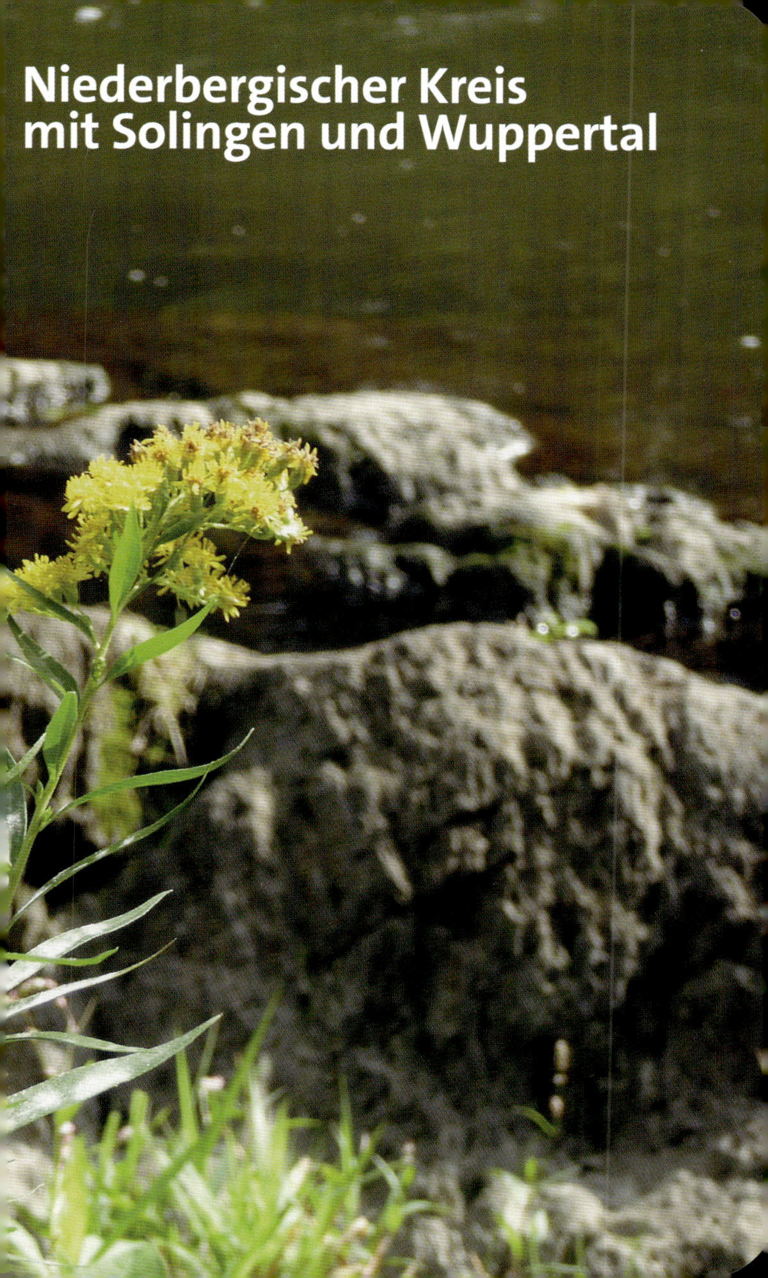

ZUR RONSDORFER TALSPERRE DURCHS GELPETAL

Durch ein kulturhistorisches Tal

 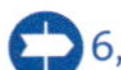 6,8 km  2:10 h 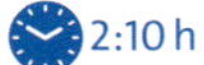 140 hm  140 hm  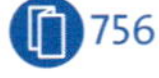 756

START | Wuppertal. Straße „Vorm Eichholz“ hinab bis zur Straße „Gelpetal“. Parkplatz am Ende der Straße , 269 m [GPS: UTM Zone 32 x: 371.792 m y: 5.676.754 m]
CHARAKTER | Mittlere Pfade und schmale Teersträßlein wechseln sich mit breiteren Waldwegen ab. Ein langer Abstieg nach Zillertal, danach wieder ein langer Aufstieg zur Ronsdorfer Talsperre.

Im Gelpetal geht es vorbei an historischen Schleifkotten und Hämmern; hier wurden bereits im Mittelalter Werkzeuge und Klingen geschmiedet. Infotafeln am Weg der Ausschilderung „Wanderweg Historisches Gelpetal“ geben Einblick in das Leben und die Arbeit der dortigen Bevölkerung.

▶ Wir starten diese kurze, aber schöne Runde am **Wanderparkplatz** im **Gelpetal** **01**. Wir überqueren nun erst einmal die Gelpe, dann gleich rechts weiter und folgen dem Dreieck, dem „Zuweg, Erlebnisweg Morsbach“. Auf schmalem, wurzeligem Pfad geht es nun immer an der Gelpe entlang. Nach gut 20 Minuten erreichen wir Käshammer. Hier geht es nun auf asphaltiertem Weg weiter geradeaus hinab. Wiederum nach rund 20 Minuten gelangen wir an eine Kreuzung: Hier in **Zillertal** **02** können wir einkehren.

Der asphaltierte Weg führt in einer scharfen Rechtskurve weiter hinab. Wir jedoch wenden uns beim Wanderschild nach links und folgen dem Waldweg bergan.

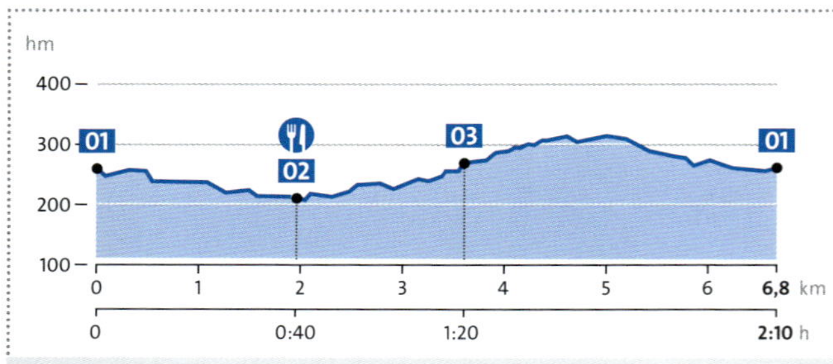

01 Wanderparkplatz Gelpetal, 269 m; **02** Zillertal, 204 m; **03** Ronsdorfer Talsperre, 278 m

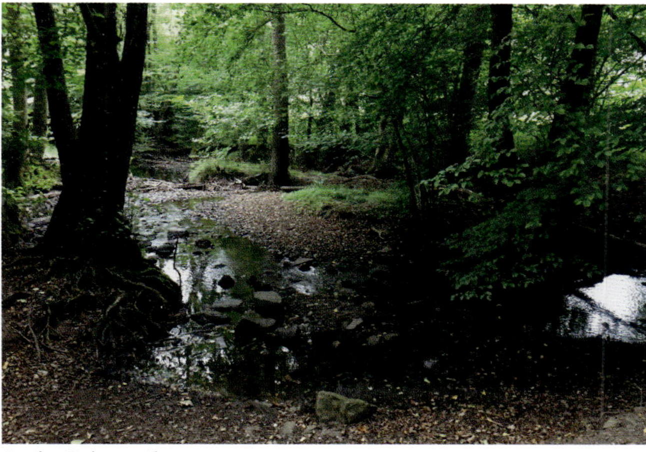

An der Gelpe entlang

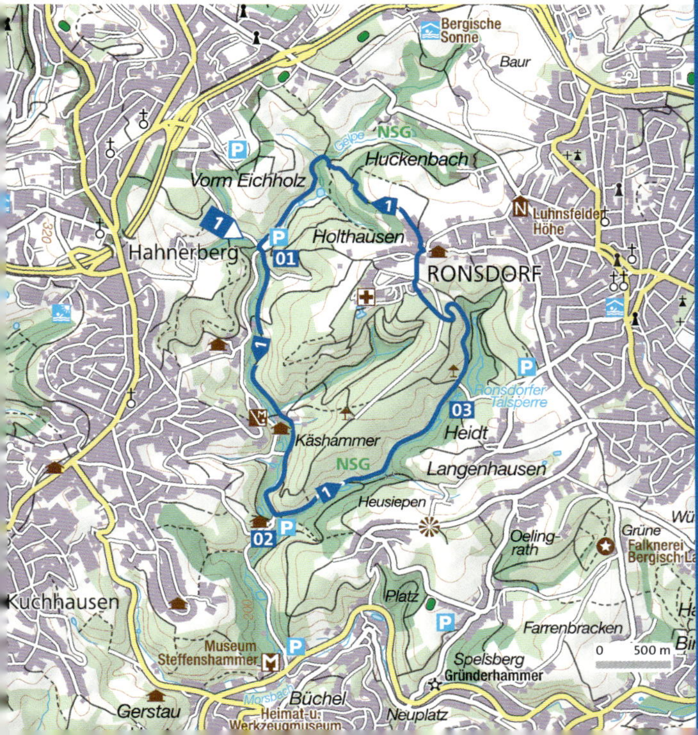

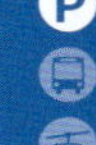

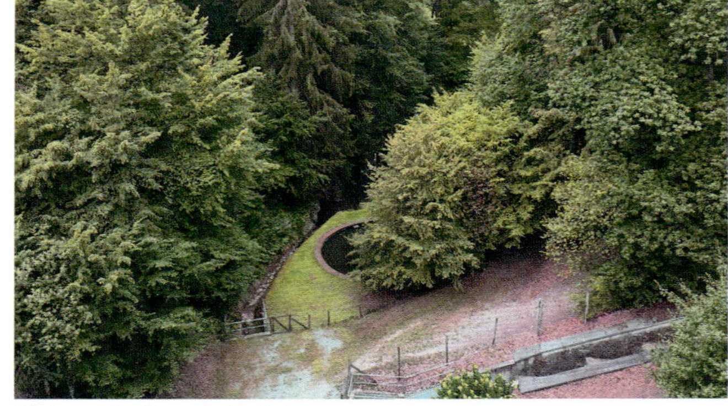

Blick von der Ronsdorfer Talsperre

Zu unserer Rechten fließt nun der Saalbach. Nach einer guten halben Stunde erreichen wir – noch immer dem „Zuweg Erlebnisweg Morsbach" folgend – die **Ronsdorfer Talsperre 03**.

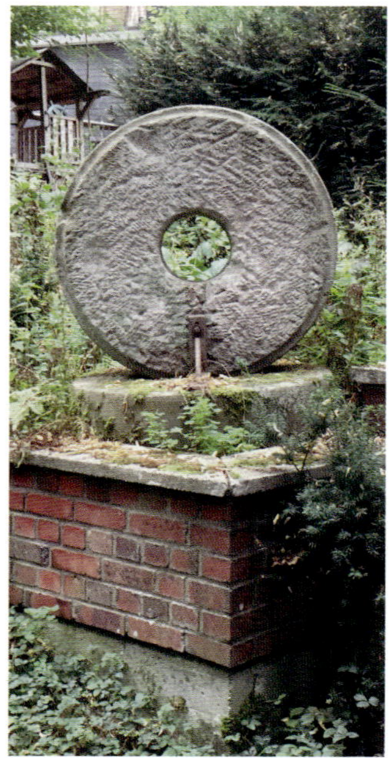

Historischer Schleifstein

Wir wandern immer weiter geradeaus hinauf, an der Gabelung mit dem Pflasterweg biegen wir links ein, auf einen Waldweg steil aufwärts. An der folgenden T-Kreuzung geht es nach rechts, dann gleich wieder rechts. Wir kommen zur Straße „Im Saalscheid", in die wir rechts bergan einbiegen. Bei der Halthauserstraße halten wir uns rechts, dann gleich „Am Sonnenblick" nach links, nun auf W. Bei den letzten Häusern führt uns das W hinab in die Wiese, an der Tannenbaumschule am Zaun entlang, dann noch ein kurzes Stück geradeaus bis zum Waldrand. Hier schräg rechts auf einen Pfad in den Wald hinein. Das W leitet uns zu einem breiten Waldweg, dem wir geradeaus hinabfolgen. An der nächsten T-Kreuzung nach rechts, über ein Holzbrücklein, dann wenden wir uns wieder nach links. Wir folgen dem Weg nun immer geradeaus und gelangen so zurück zum **Wanderparkplatz Gelpetal 01**.

AM BEYENBURGER STAUSEE

Wasserspass und eine malerische Klosterkirche

  11,8 km  3:00 h 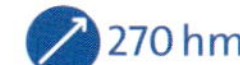 270 hm  270 hm  756

START | Wuppertal-Beyenburg. Parkplatz beim Landhaus Bilstein. Straße „Zum Bilstein", 194 m
[GPS: UTM Zone 32 x: 381.703 m y: 5.679.254 m]
CHARAKTER | Leichte Wanderung über breite Wege und wenige schmale Pfade. Häufiges Auf und Ab erfordern ein wenig Kondition.

Die Klosterkirche Sankt Maria Magdalena wurde 1497 errichtet. Sie ist Teil des Klosters Steinhaus, das sich ebenfalls im Wuppertaler Stadtteil Beyenburg befindet. Nach der Beschädigung durch Brände in den Jahren 1615 und 1678 erhielt das Gebäude eine wertvolle barocke Innenausstattung, die einen Blick wert ist.

▶ Wir starten am Gasthaus **Landhaus Bilstein** 01. Vom Parkplatz aus schlagen wir den Weg zur Wupper ein, der uns auf einem schmalen Brücklein über den Fluss führt. Am anderen Ende der Brücke geht es nach links, an der Wupper entlang. Wir folgen der Raute mit der 6, dem halben Wagenrad („Straße der Arbeit") sowie der Jakobsmuschel. An der bald folgenden Kreuzung halten wir uns links, weiter an der Wupper entlang. Der Weg führt vorbei an einem großen Backsteingebäude linker Hand und schließlich zur Beyenburger Straße, die wir überqueren und nach links hinuntergehen. Unten queren wir die Landesstraße (Wupperstraße) bzw. „Porta Westfalica". Der Weg führt

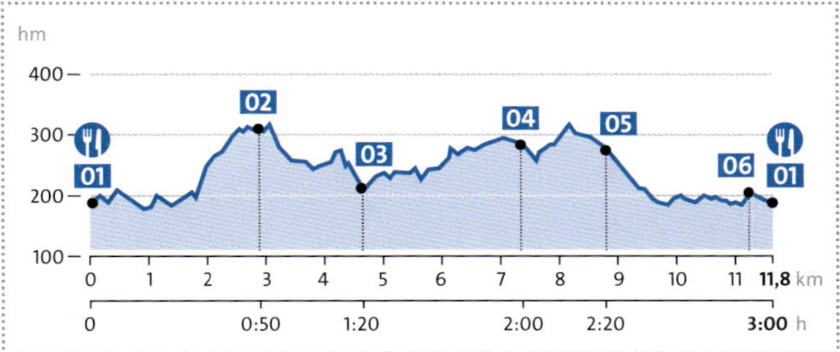

01 Beyenburg, Landhaus Bielstein, 194 m; 02 Sondern, 305 m; 03 Herbringhauser Bach, 220 m; 04 Niedersondern, 284 m; 05 Nöllenberg, 264 m; 06 Beyenburg, Klosterkirche, 205 m

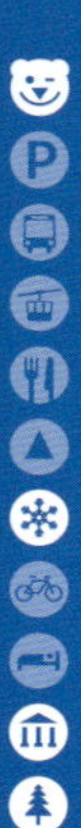

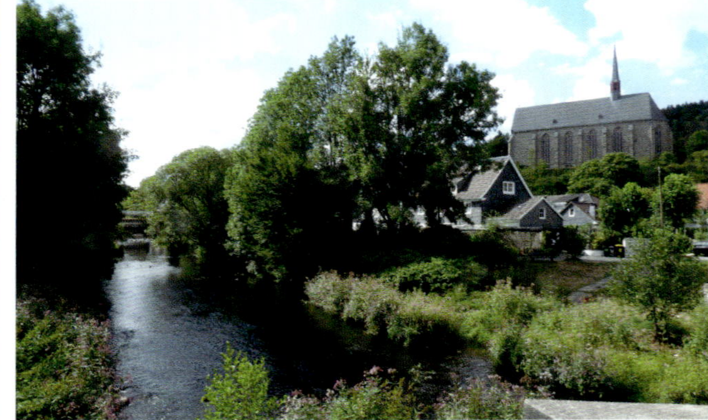

An der Wupper – Blick auf die Klosterkirche Sankt Maria Magdalena

uns geradeaus in die Kurvenstraße hinein. Ab hier begleitet uns nun das umgedrehte T. Nach wenigen Metern führt es uns rechts in die Straße „Scharpenstein". Auf asphaltiertem Weg geht es nun bergauf zur Hauptstraße. Rechts über die Gleisbrücke und danach gleich wieder rechts, nun leicht bergab, folgen wir weiter dem umgedrehten T. Ab hier gesellt sich auch das W dazu. Nach ca. 150 Metern geht es schräg links hinauf, einen schmalen, aber gut erkennbaren Pfad entlang. Das erste kurze Stück durch Brombeersträucher, dann in einen schönen Buchenwald und weiter bergauf. Nach gut 10 Minuten treffen wir auf einen breiteren Weg, in den wir links einbiegen. Auch er führt uns nun stetig bergan, bald an einem Sportplatz vorbei.

Ab hier wird der Weg noch breiter und endet schließlich in einem as-

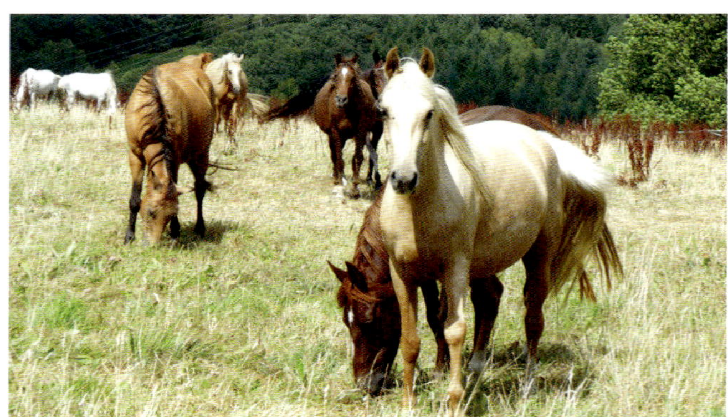

Pferdekoppel bei Niedersondern

phaltierten Weg, in den wir nach links Richtung **Sondern** 02 einbiegen. Auf diesem Sträßlein geradeaus entlang, bis wir in den „Sanddornweg“ nach rechts auf einen schmalen Pfad in den Wald abbiegen. Achtung! Diese Abzweigung ist leicht zu übersehen!

Schnell wird der Pfad wieder etwas breiter und führt durch lichten Laubwald bergab. Unten treffen wir auf einen Weg, in den wir nach rechts einbiegen. Achtung, hier ist keine Beschilderung vorhanden! Wir laufen hinab bis zur nächsten Kreuzung und biegen scharf links ab. Das umgedrehte T und W führen uns weiter erst abwärts, dann wieder leicht bergan. Bei der nächsten Gabelung nehmen wir den ersten Abzweig rechts steil hinab. Auch hier gibt es keine Beschilderung! Dem Weg, dem wir unten begegnen, folgen wir nach links. Nun müssen wir uns nach der Wegmarkierung A4 richten. Nach kurzer Zeit hören wir rechts unter uns das muntere Plätschern des **Herbringhauser Baches** 03.

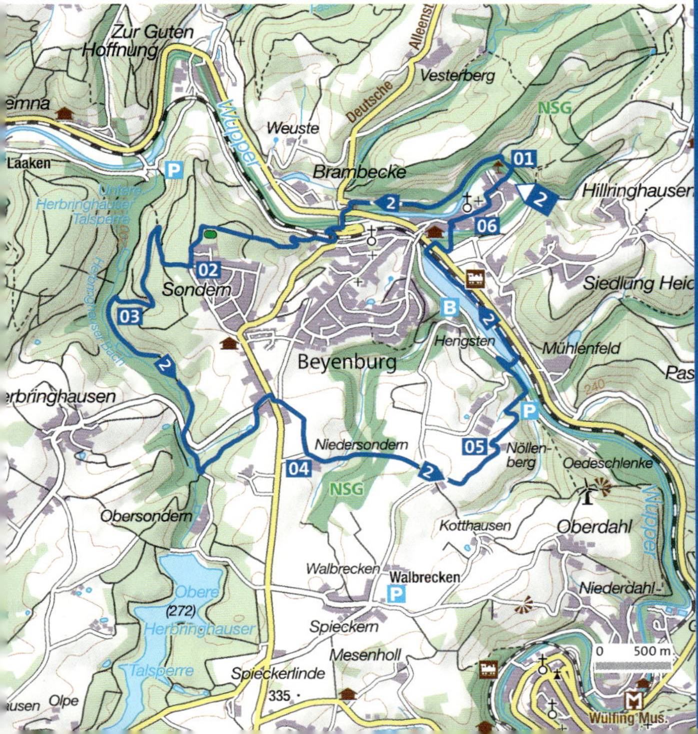

Wir folgen dem Weg, bis wir auf eine Straße treffen, die wir überqueren; schräg gegenüber nehmen wir den Weg wieder auf. Nach rund 300 Metern biegen wir bei der nächsten Kreuzung scharf links in einen holprigen Pfad ein, der uns nun auf A3 und A5 hinauf-

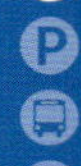
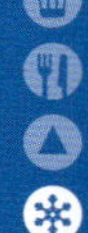
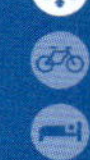

führt. Immer geradeaus wird er erst schmäler, dann wieder breiter. An der nächsten Kreuzung links gleich leicht hinauf aus dem Wald heraus und auf einem Pfad zwischen abgezäunten Wiesen hindurch. An der Asphaltstraße rechts bis zur Hauptstraße „Windfoche". Hier wieder rechts. Nach ca. 30 Metern führen uns A3 und A5 links hinab. Wir halten uns am Feld nach rechts und laufen nun einen asphaltierten Weg an Feldern und Wiesen entlang. Nach einigen Minuten erreichen wir **Niedersondern** **04**. Hier halten wir uns links an den Häusern und Höfen vorbei auf einem Wiesenpfad bergab.

Bergauf und bergab, durch Haine und an Wiesen und Weiden entlang erreichen wir schließlich eine Straße, in die wir rechts einbiegen. Kurz danach gelangen wir an eine Kreuzung: Wir folgen nun der Wegmarkierung A2 nach links zu den Häusern von Rottland und Nöllenberg. Das asphaltierte Sträßchen führt uns an Pferdekoppeln vorbei nach **Nöllenberg** **05**.

Weiter geradeaus am Haus mit der Nummer 2 vorbei; am Zaun entlang folgen wir A2 in einen Pfad hinein. Er führt uns zwischen den Pferdekoppeln hindurch abwärts in den Wald. Wir folgen A2 durch den Wald und gelangen an ein Sträßlein. Hier wenden wir uns zusammen mit der 6-Raute und dem W nach links. Sie führen uns zu einem Wanderparkplatz und auf der blauen Brücke über den Beyenburger Stausee. Am anderen Ende geht es nach links am Stausee entlang. Wir folgen dem Weg unter der Straßenbrücke hindurch; langsam rückt die Klosterkirche in unser Sichtfeld. Wir folgen dem Weg, der uns nach links genau auf die **Klosterkirche** **06** in **Beyenburg** zuführt.

Zwischen den Häusern hindurch geht es „Am Obergraben" hinauf. An der Straße „Beyenburger Freiheit" wenden wir uns nach rechts, die Straße macht gleich darauf einen Linksbogen. Auf der Straße „Zum Bilstein" schlendern wir nun in wenigen Minuten zum **Landhaus Bilstein** **01** zurück.

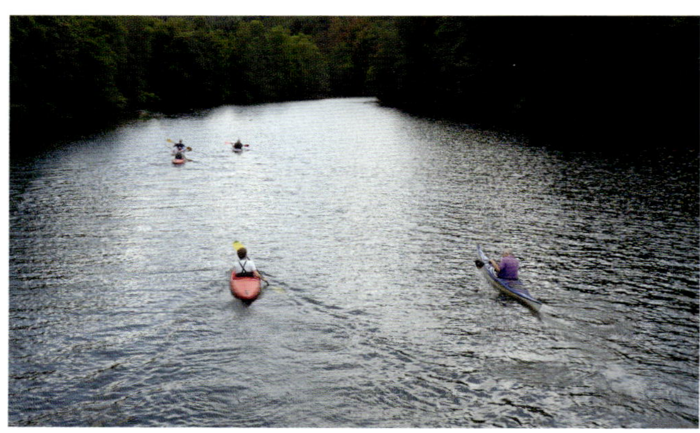

Kajakfahrer am Beyenburger Stausee

VON SPIECKERN ZUR HERBRINGHAUSER TALSPERRE

Durch Heide und durchs Wasserschutzgebiet

 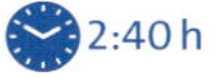 10 km 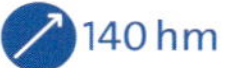 2:40 h  140 hm  140 hm 756

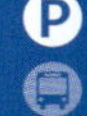
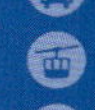

START | Von der L411 nach „Spieckern" einbiegen. Parkplatz kurz nach Ortsende links, 324 m
[GPS: UTM Zone 32 x: 380.851 m y: 5.676.335 m]
CHARAKTER | Leichte Wanderwege und Pfade; keine anspruchsvollen Steigungen.

Wir beginnen die Tour am Parkplatz bei **Spieckern** 01. Wir richten uns nun vorerst nach dem Wegzeichen A4 und laufen zunächst einmal durch Spieckern hindurch zurück zur Hauptstraße „Windfoche". Diese queren wir nach links und biegen gleich darauf wieder links in den Weg „Herbringhauser Talsperre 1" ein. Dieser führt uns nach wenigen Asphaltmetern nach links auf A4 in einen Waldweg hinein. Nun geht es steil bergauf und bergab, bis wir rechts auf einen Wiesenweg gelangen, der uns am Waldrand entlangführt. In einer Linkskurve geht es wieder durch den Wald, bis wir erneut auf die Straße „Windfoche" stoßen, der wir nach rechts auf einem Pfad neben der Straße folgen. Nach wenigen hundert Metern queren wir die Straße; die Markierung führt uns auf einem geteerten Weg bergan. Bei der nächsten Kreuzung, an der eine Bank zum Verweilen einlädt, biegen wir nach rechts in einen Schotterweg ein.

Wir folgen nun dem breiten Weg durch den Wald der **Garschager Heide** 02. Er führt uns erst leicht

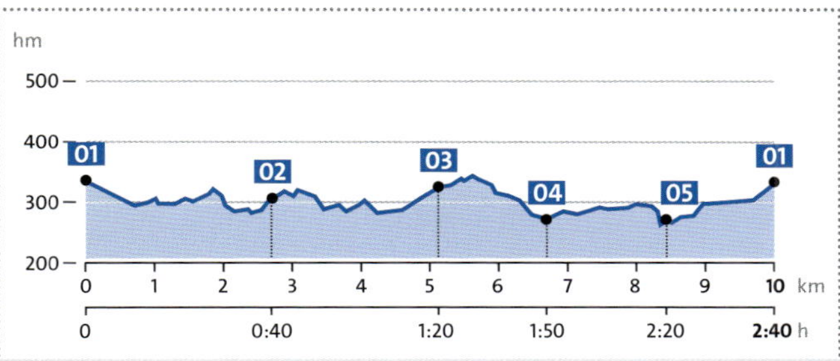

01 Wanderparkplatz Spieckern, 324 m; 02 Garschager Heide, 305 m; 03 Mittelgarschagen, 322 m; 04 Wasserschutzgebiet, 281 m; 05 Herbringhauser Talsperre, Staumauer, 279 m

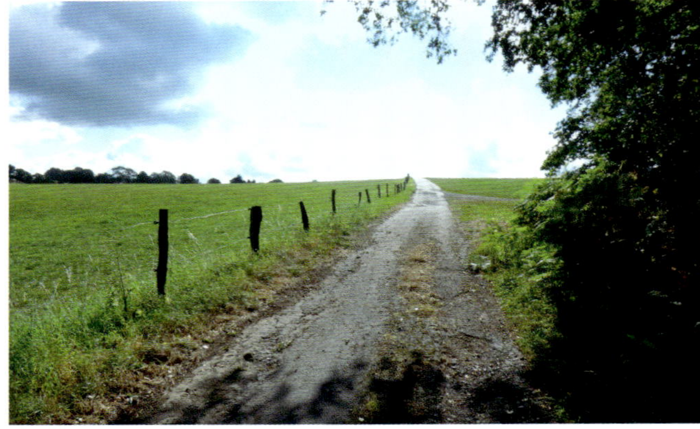

Zur Garschager Heide

bergauf, dann in einer Linkskurve auf eine Lichtung mit einer eingezäunten Tannenschonung. Weiter geht es auf dem schottrigen Hauptweg. Wir wandern nun schnell bergab; A4 führt uns im Abwärtsgang nach rechts noch weiter und noch steiler abwärts. Der holprige Waldweg wird zum Pfad, der sich bald sehr schmal mal bergauf, mal bergab erst durch Dickicht, dann durch junges Laubgehölz windet. Er endet in einer schmalen Teerstraße, in die wir rechts einbiegen. Wir folgen nun dem eingekreisten R aus dem Wald heraus. An Wiesen vorbei führt uns das Teersträßchen bald an das Ortsschild von Remscheid, an dem wir rechts abbiegen. Nun geht es an Wiesen und Weiden vorbei bergauf.

Bei den Bauernhöfen in **Mittelgarschagen** 03 folgen wir dem R nach rechts, nun wieder auf ei-

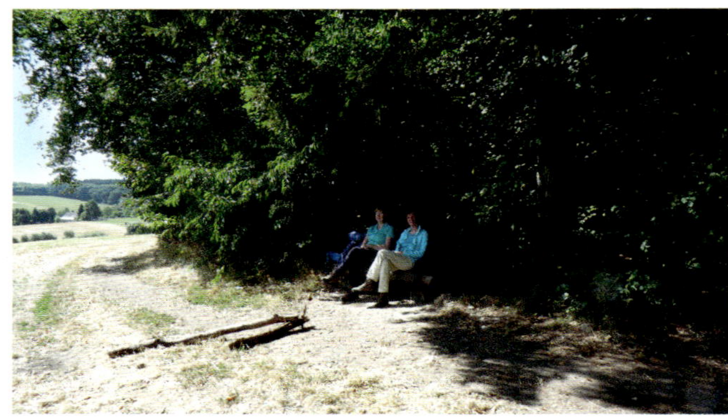

Viewpoint am Waldrand

nem Schotterweg bergauf in den Wald. Kurz nach Betreten des Waldes geht es wieder rechts. Wir folgen dem R und halten uns dabei immer rechts. So führt uns der Weg schließlich an den Waldrand, an dem wieder eine Bank als Viewpoint dazu einlädt, den schönen Ausblick zu genießen. Hier geht es nun geradeaus weiter aus dem Wald heraus über die Felder und Wiesen. W und A5 führen uns in eine Linkskurve und dann stetig bergab, durch die Wiesen hindurch auf einen Schotterweg, bis wir die Straße erreichen. Wir überqueren sie; A4 und W führen uns leicht links gegenüber in einen Waldweg hinein. Wir betreten das **Wasserschutzgebiet** 04. Der Weg, zwischendurch nur ein Pfad, führt nun im Auf und Ab immer am umzäunten Wasserschutzgebiet entlang. Nach einer Steigung stößt er auf einen weiteren Pfad, dem wir nach rechts folgen. Er wird zu einem breiteren Waldweg, der uns letztendlich zu einer T-Kreuzung leitet, der wir nach rechts auf A4 und A5 leicht abwärts folgen. So erreichen wir die **Staumauer** der **Herbringhauser Talsperre** 05.

Wir überqueren sie und wenden uns dann nach rechts, die Straße bergauf. So gelangen wir wieder an die Hauptstraße, die wir überqueren. Auf dem Hinweg wandern wir in 15 Minuten zum **Parkplatz Spieckern** 01 zurück.

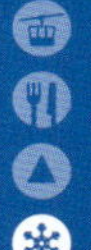

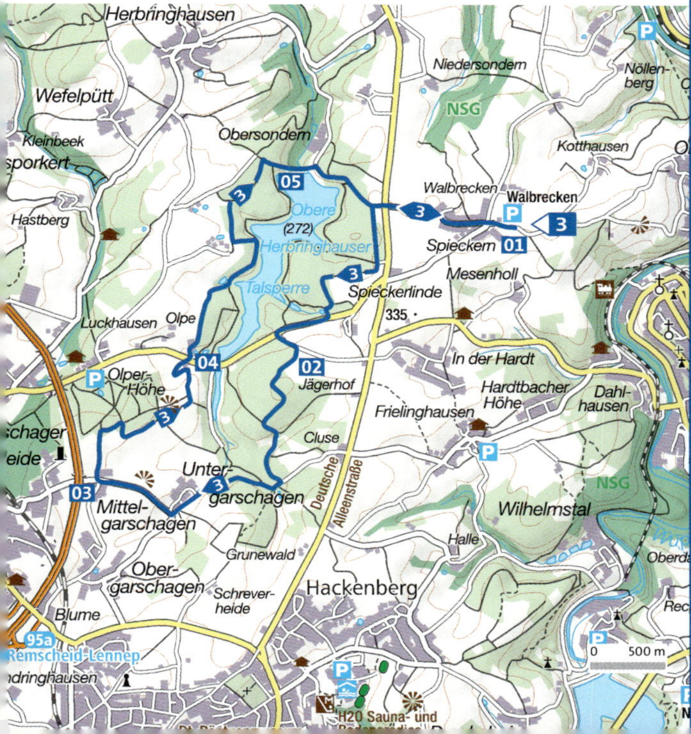

4

DURCHS NEANDERTAL

Auf den Spuren unserer Vorfahren

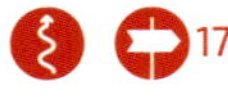 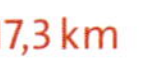 17,3 km 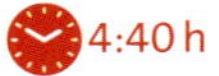 4:40 h 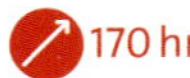 170 hm  130 hm 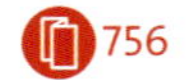 756

START | S-Bahn-Haltestelle Hochdahl, 136 m
[GPS: UTM Zone 32 x: 356.343 m y: 5.676.204 m]
CHARAKTER | Geringe Steigungen auf unterschiedlichen Wegen; Feldwege, Teerwege, Pfade – alles ist vertreten.

Eine schöne Wanderung auf langen Strecken entlang der Düssel und durch das Naturschutzgebiet Neandertal. Das Tal der Düssel ist benannt nach dem Kirchenlieddichter Joachim Neander (1650–1680). In diesem Tal wurden die Überreste von Gebeinen einer Frühform des Homo sapiens gefunden; der Neandertaler stellt eine ausgestorbene Linie des heutigen Menschen dar.

▶ Wir beginnen unsere Wanderung an der **S-Bahn Haltestelle Hochdahl** 01. Für's erste folgen wir nun der Raute nach rechts auf die Hauptstraße, dann links in die Straße „Thekhaus". Der Weg führt uns nach links hinab. An der Gabelung im Naturschutzgebiet biegen wir nach rechts in den Weg „Thekhauser Quall" ab, das X gesellt sich als Markierung dazu (X30, der Neandertalweg).

Es geht an der Steinzeit-Werkstatt des Neanderthal-Museums vorbei und über die Düssel. Nach wenigen hundert Metern erreichen wir das **Wildtiergehege** 02. Wir folgen nun immer diesem Weg, bis wir bei der **Winkelsmühle** 03 wieder den Fluss queren.

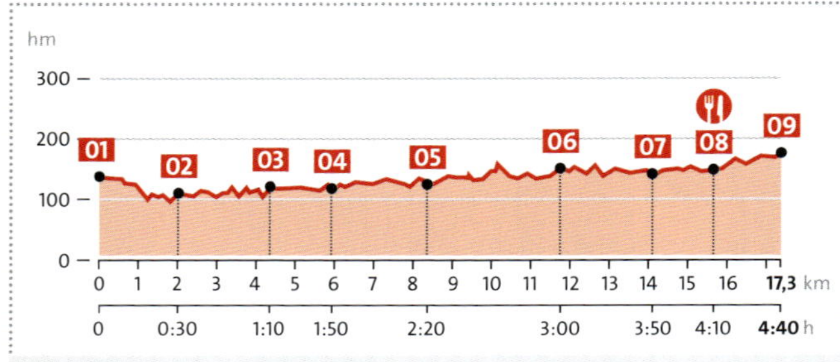

01 S-Bahn-Haltestelle Hochdahl, 136 m; 02 Wildtiergehege, 104 m; 03 Winkelsmühle, 117 m; 04 Kreuzung Bergischer Weg, 117 m; 05 Gruiten, 126 m; 06 Schöller, 150 m; 07 Tillmannsdorf, 144 m; 08 Düssel, 151 m; 09 S-Bahn-Haltestelle Wülfrath-Aprath, 181 m

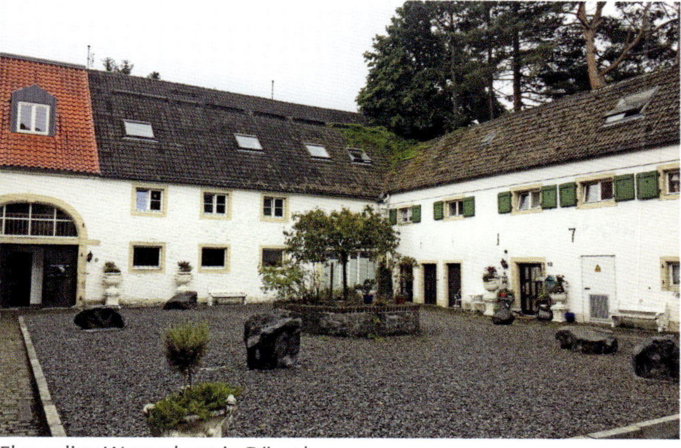
Ehemalige Wasserburg in Düssel

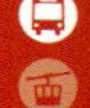
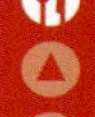
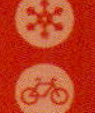

Zwischen den Häusern hindurch folgen wir nun weiter der Raute, die uns nun stetig am Fluss entlangführt. Nach gut 15 Minuten halten wir uns an der Gabelung nach links über die Düssel und wandern am Haus Bracken vorbei. Nach nur wenigen hundert Metern verlassen wir das asphaltierte Weglein und biegen in der Linkskurve nach rechts auf einen Pfad ab. Kurze Zeit später kreuzen wir wieder den Fluss, halten uns danach links und begegnen dem **Bergischen Weg** **04**.

Auf einem Fahrweg nun an Teichen vorbei bleiben wir immer auf diesem Weg, der Raute und dem Bergischen Weg folgend. Sie führen uns nach **Gruiten** **05**. Im Örtchen halten wir uns links, direkt zur L423, die wir queren. Auf der Straße „Am Steinbruch" geht es über die Düssel hinüber, an der Gabelung halten wir uns links auf einen ungeteerten Weg. Nach ungefähr 600 Metern halten wir uns links, hinab zur Düssel, und folgen ihr nach rechts. Der Bergische Weg verlässt uns wieder. Auf einem Spazierweg geht es nun geradeaus ins Landschaftsschutzgebiet hinauf, durch eine ehemalige Kalksteingrube. Kurz hinter dem Schutzhäuschen biegen wir nach

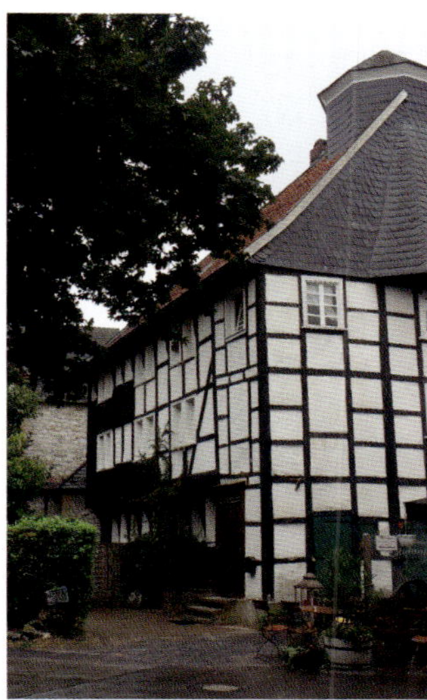
Fachwerk in Düssel

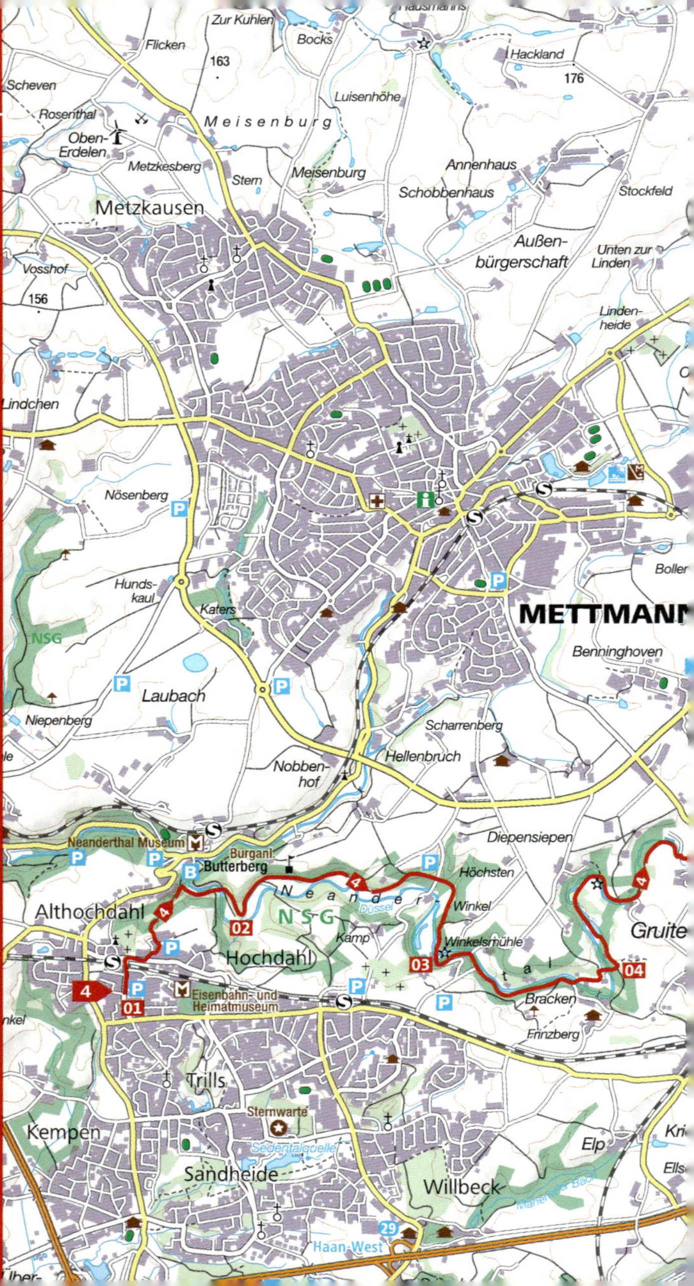

4

Zur Kuhlen
Bocks
Flicken
163
Hackland
176
Scheven
Luisenhöhe
Rosenthal
Meisenburg
Oben-Erdelen
Metzkesberg
Stern
Meisenburg
Annenhaus
Schobbenhaus
Stockfeld
Metzkausen
Außen-bürgerschaft
Unten zur Linden
Vosshof
156
Linden-heide
Lindchen
Nösenberg
Hunds-kaul
Katers
METTMANN
Boller
NSG
Benninghoven
Laubach
Niepenberg
Scharrenberg
Hellenbruch
Nobben-hof
Diepensiepen
Neanderthal Museum
Burgant
Butterberg
Höchsten
Neandertal
Düssel
NSG
Winkel
Althochdahl
Kamp
Winkelsmühle
Gruiten
Hochdahl
Eisenbahn- und Heimatmuseum
Bracken
Frinzberg
Trills
Sternwarte
Kempen
Sedentalquelle
Elp
Sandheide
Willbeck
Mahnerter Bach
29
Haan-West
01
02
03
04

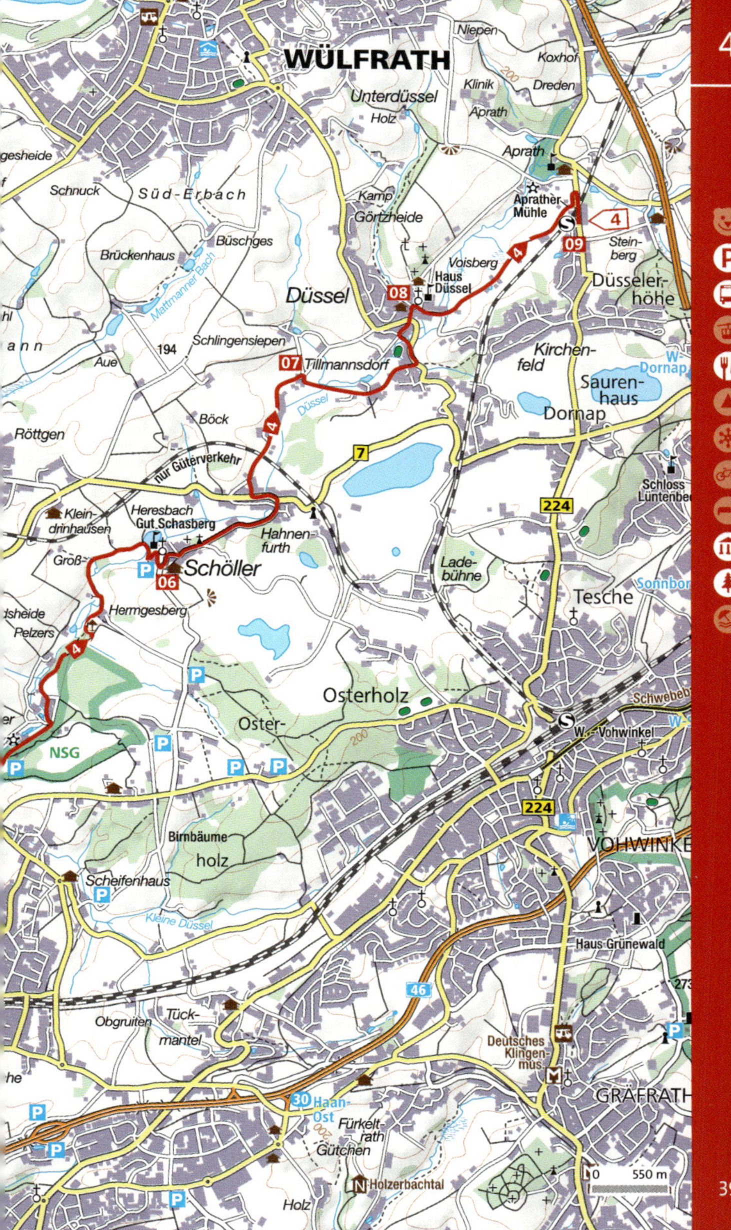
WÜLFRATH
Niepen
Koxhof
Unterdüssel
Klinik
Dreden
Holz
Aprath
Aprath
gesheide
Schnuck
Süd-Erbach
Kamp
Görtzheide
Aprather Mühle
Brückenhaus
Büschges
Mattmanner Bach
Voisberg
Haus Düssel
Stein-berg
Düssel
Düsseler-höhe
Schlingensiepen
194
Aue
Tillmannsdorf
Kirchen-feld
Sauren-haus
Dornap
Böck
Düssel
Röttgen
nur Güterverkehr
Schloss Lüntenbeck
Klein-drinhausen
Heresbach
Gut Schasberg
Hahnen-furth
Groß-
Schöller
Lade-bühne
Tesche
Sonnborn
Hermgesberg
Pelzers
NSG
Osterholz
Oster-
Schwebebahn
W.-Vohwinkel
Birnbäume
holz
VOHWINKEL
Scheifenhaus
Kleine Düssel
Haus Grünewald
Obgruiten
Tück-mantel
Deutsches Klingen-mus.
Haan-Ost
Fürkelt-rath
Gütchen
GRÄFRATH
Holzerbachtal
Holz
0
550 m

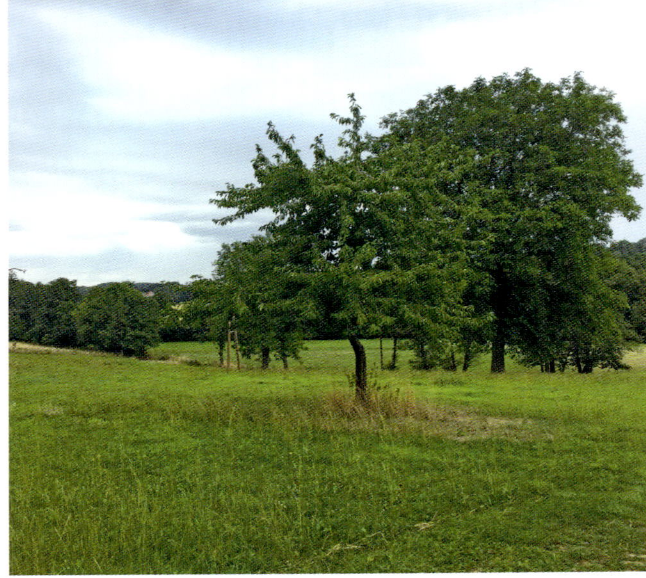

Streuobstwiese bei Düssel

links auf einen steilen Pfad hinab ab. Wir wenden uns an der Kreuzung nach rechts, nach wenigen Minuten wieder links zur Düssel, nun wieder mit dem Bergischen Weg. Wir gelangen an einen Teich, der Bergische Weg verlässt uns nach links, wir biegen rechts ab. Wir folgen dem Weg hinauf bis **Schöller** 06.

Am Wehrturm nach links, dann rechts halten und der K17 folgen. Wir wandern nun neben der Straße, bis wir die B7 erreichen. Hier links, wieder über die Düssel, dann gleich rechts auf einen Wiesenweg. An seinem Ende halten wir uns rechts, weiter auf dem Fahrweg unter den Gleisen hindurch. Nach etwa 10 Minuten an der nächsten großen Kreuzung bei **Tillmannsdorf** 07 nach rechts in den Dorfmühlenweg abbiegen. Wieder queren wir den Fluss und wandern nun bis zur L422. Dort links, am Sportplatz geradeaus in die Straße „Hohlweg“. Bald geht es nach rechts in die Dorfstraße, vor zur Ampel und dort nochmals über die L422.

Wir sind in **Düssel** 08 angekommen und gehen nun bis zur Ortsmitte. An der Kirche geht es nach rechts; die Raute verlässt uns nun, das letzte Stück wandern wir auf dem Neandertal-Zuweg Richtung Bahnhof Aprath. Geradeaus geht es auf den Kirchfelder Weg, dann weiter auf den Voisberger Weg; wieder überqueren wir den Fluss.

Nach gut 20 Minuten erreichen wir die **S-Bahn-Haltestelle Wülfrath-Aprath** 09.

DURCH DIE WÄLDER BEI GRÄFRATH

Eine historische Altstadt und Idylle nahe der Wupper

  9,7 km 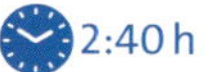 2:40 h 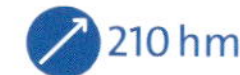 210 hm  210 hm  756

START | Gräfrath, Parkplatz des Tierparks Fauna, 274 m
[GPS: UTM Zone 32 x: 366.148 m y: 5.675.229 m]
CHARAKTER | Wenig befahrene Straßen und breite Waldwege, ein ganz kurzes Stück unmarkiert.

Neben seinem historischen Ortskern mit zahlreichen Baudenkmälern hat Gräfrath noch einiges mehr zu bieten: einen Besuch lohnt beispielsweise das Deutsche Klingenmuseum, in dem – neben dem Gräfrather Kirchenschatz – Schneidwaren und Blankwaffen verschiedener Epochen und Kulturen ausgestellt sind.

▶ Wir beginnen unsere Tour am **Parkplatz** des **Tierparks Fauna** in **Gräfrath** 01. X führt uns nun erst einmal durch den Park zum Alt-Gräfrather Marktplatz. Beim Klingenmuseum geht es oberhalb vorbei, dann am Feuerwehrhaus vorbei und bald rechts hinauf. An der folgenden Straße links, dann gleich wieder rechts bis zum Abteiweg. In diesen biegen wir links ein und folgen ihm nun geradeaus, bis ein Fußweg auf die Felder führt.

Wir kommen an die **Alte Kohlenstraße** 02, an der wir nach links einbiegen und nach 100 Metern wieder rechts abzweigen. Bei Steinbeck geht es dann nach links in den Wald. Der Waldweg führt uns nun am Bach entlang und an Teichen vorbei hinab ins Tal. Nach guten 500 Metern biegen wir nach rechts auf A2 ab, auf einen brei-

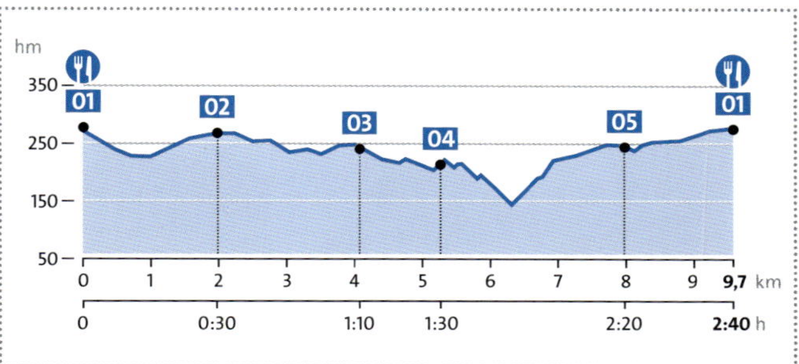

01 Gräfrath, Parkplatz des Tierparks Fauna, 274 m; 02 Alte Kohlenstraße, 27 m; 03 Flockertsholz, 245 m; 04 Friedenstal, 212 m; 05 Unten zum Holz, 246 m

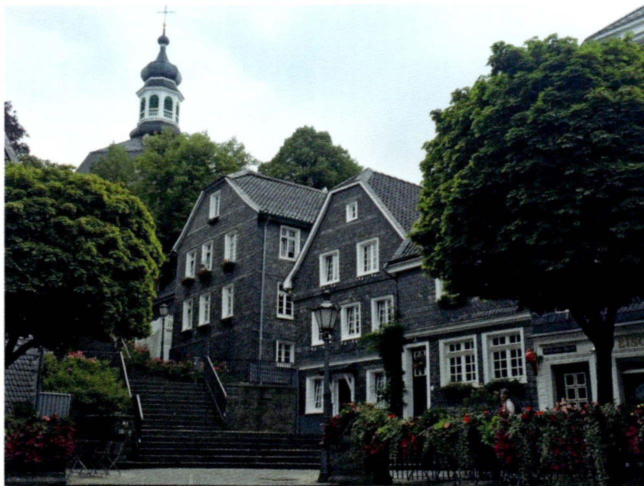
Historischer Stadtkern Gräfrath

teren Weg bergan. Nach wenigen Minuten an der alten Buche nach links. Wir folgen nun stetig A2, erst am Waldrand entlang, dann durch Eichen- und Buchenwäldchen. An der kommenden Straße wenden wir uns nach rechts, bald darauf links hinab und dann rechts haltend zu den Fachwerkhäuschen von **Flockertsholz** **03**. Wir passieren einen Teich und halten uns danach links, nun A3 und S

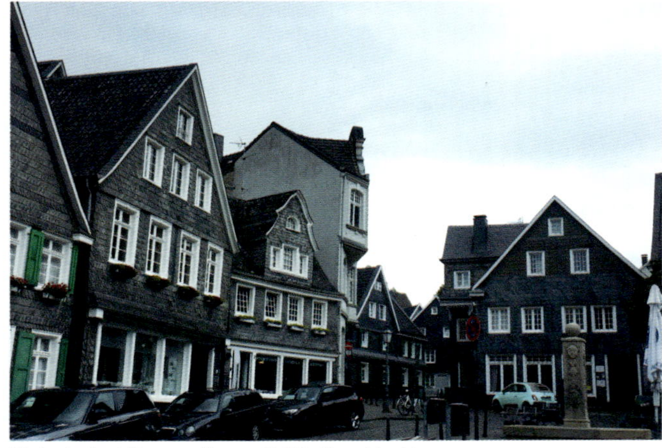
Historische Häuserzeile am Gräfrather Markt

folgend. Bergab geht es nun, bis wir auf ein Sträßchen treffen. Wir verlassen es bereits nach wenigen Minuten, es geht rechts auf einem steilen Serpentinenpfad hinauf, weiter auf S. Wir folgen der Markierung nun für gute 20 Minuten durch **Friedenstal** **04**.

Wir folgen stetig weiter dem S, an einer Gabelung links haltend. Durch den Wald geht es abwärts, nach gut 5 Minuten queren wir den Unterholzer Bach. Gleich darauf wenden wir uns nach rechts, gleich an der Gabelung danach halten wir uns weiterhin rechts. A3 führt uns nun erst durch den Wald, dann am Waldrand entlang. Bald nach rechts, dann auf dem Feldweg links hinauf über die Weiden. An der Kreuzung vor Ketzberg geht es nach rechts, wir erreichen **Unten zum Holz** **05**.

An der ersten Gabelung weiter geradeaus, an der folgenden nach links hinauf. Wiederum an der nächsten Gabelung führt uns A3 zwischen den Häusern hindurch. Auf einem Pfad am Zaun entlang gelangen wir zur Lützowstraße, in die wir rechts einbiegen. Geradeaus geht es nun bis zum Lichtturm und zum **Tierpark Fauna** in **Gräfrath** **01** zurück.

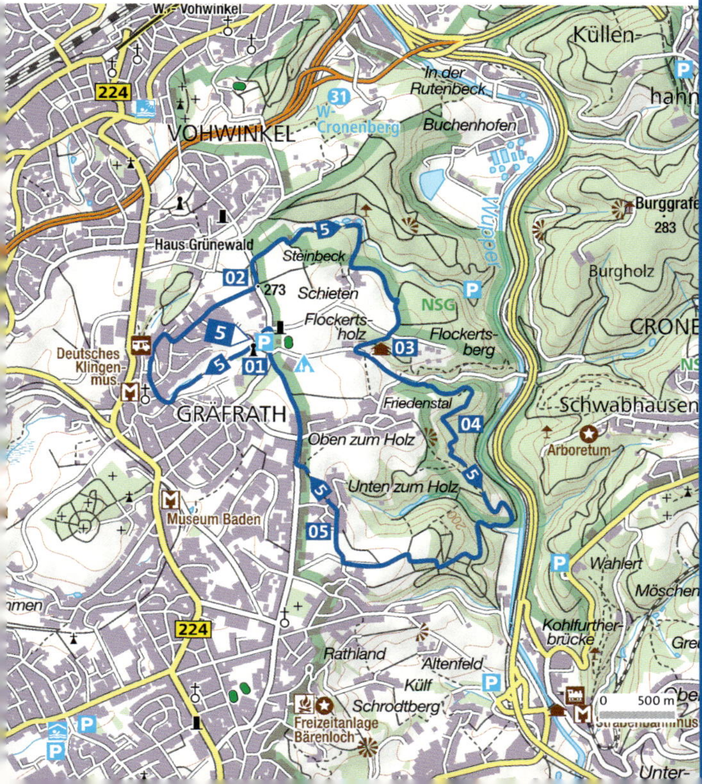

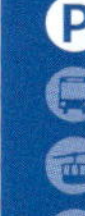
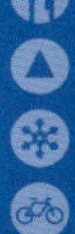
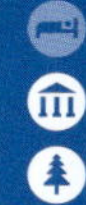

BEI BURG UND AN DER SENGBACHTALSPERRE

An den Ufern der Wupper entlang

  9,6 km 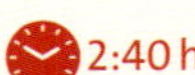 2:40 h  230 hm  230 hm  756

START | Burg, Wanderparkplatz Eschbachstraße, 105 m [GPS: UTM Zone 32 x: 370.506 m y: 5.666.710 m]
CHARAKTER | Gleich zu Beginn sehr steil bergauf. Die Wege sind angenehm zu gehen, jedoch geht es stetig auf und nieder mit unterschiedlichen Steigungen.

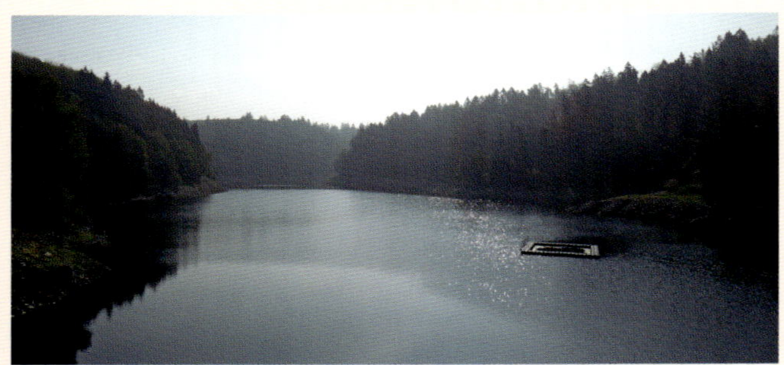

Sengbachtalsperre

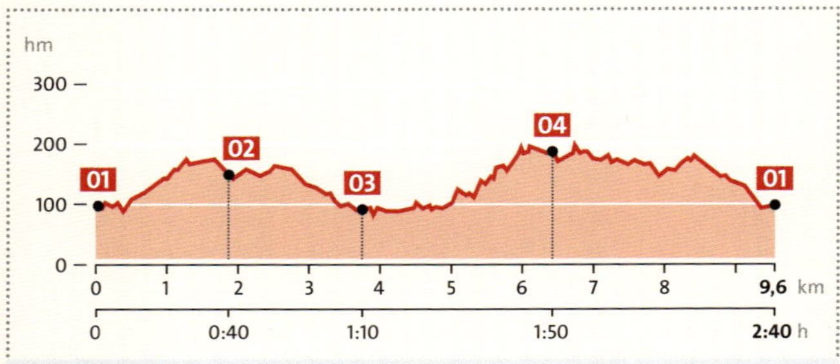

01 Burg, Wanderparkplatz Eschbachstraße, 105 m; 02 Sengbachtalsperre, Staumauer, 148 m; 03 Brücke über die Wupper, 91 m; 04 Hermann-Löns-Denkmal, 184 m

Schloss Burg, ehemals Sitz der Grafen von Berg, wurde im 19. Jahrhundert vom Schlossbauverein, einer Gründung von Julius Schumacher, rekonstruiert. Die Burg ist bis heute eines der Wahrzeichen des Bergischen Landes und eine der größten Burgen Westdeutschlands. Heute wird die Burg für diverse kulturelle Zwecke genutzt, unter anderem beherbergt sie das Bergische Museum.

▶ Wir beginnen unsere Wanderung am **Wanderparkplatz Eschbachstraße** 01. Am Wanderschild wenden wir uns nach links auf den Pflasterweg, hinterm Schieferhaus nach rechts und daran vorbei. Wir folgen dem Bergischen Weg Richtung Sengbachtalsperre, der zu Anfang noch ein wenig auf brüchigem Asphalt verläuft, allmählich aber in einen Schotterweg übergeht. Wir starten schon sehr steil, im Folgenden geht es noch des Öfteren steil auf und ab. Wir gelangen an einen Teerweg, in den wir rechts einbiegen, und folgen einem Holzschild Richtung Staumauer. Der Weg wird bald zu einem schottrigen Waldweg. An der nächsten Gabelung, nach ein paar hundert Metern, halten wir uns links, weiterhin Richtung Staumauer; der Weg führt steil bergab.

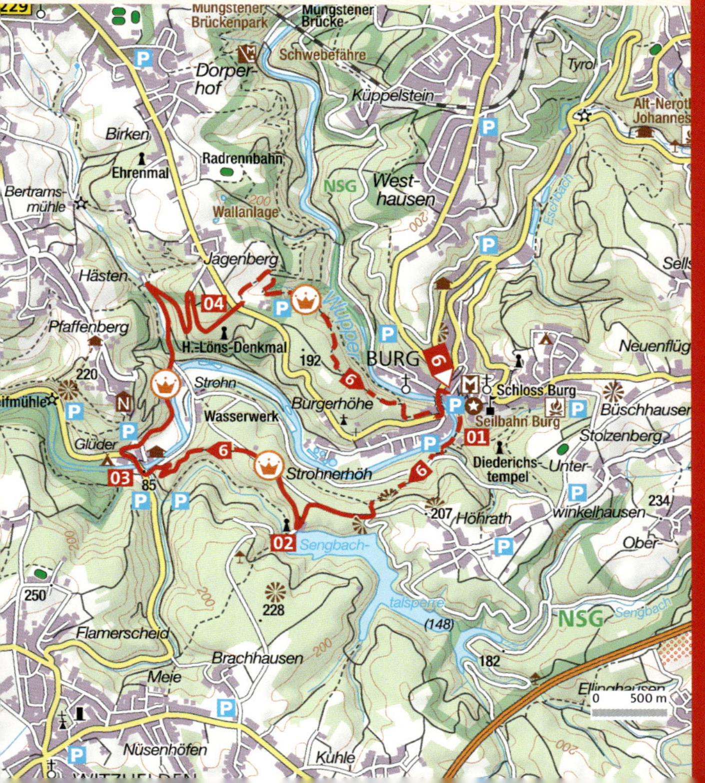

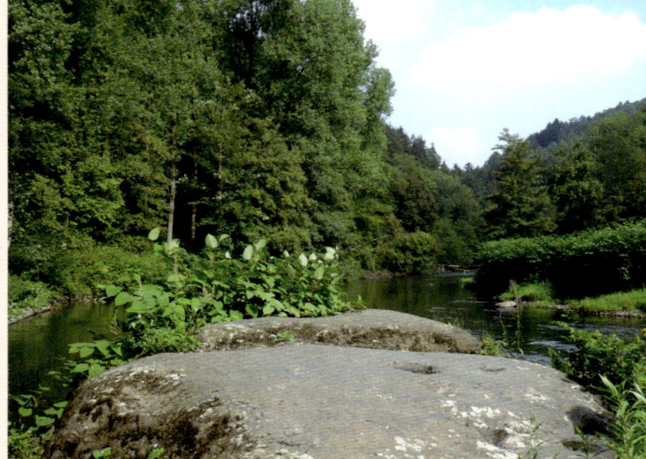

An der Wupper

Wir erreichen in wenigen Minuten die **Staumauer** der **Sengbachtalsperre** 02.

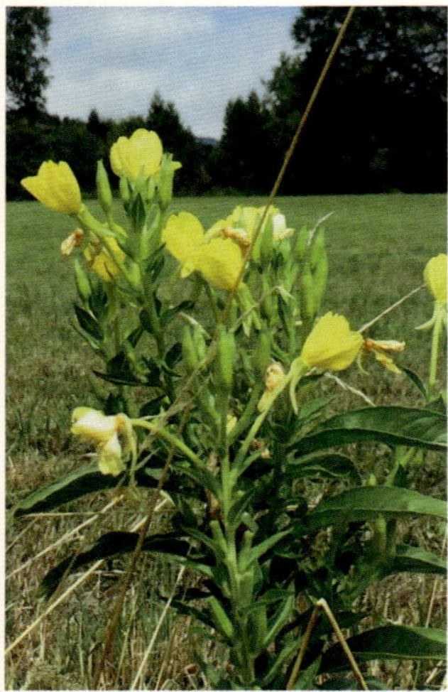

Häufig anzutreffen: die Nachtkerze

Diesmal überqueren wir sie aber nicht, sondern biegen wieder scharf rechts in den Wald ab. Wir folgen weiterhin dem Bergischen Weg, nun wieder aufwärts. An der Gabelung halten wir uns links weiter auf einem etwas breiteren, bequemen Weg hinab. An der Waldschule vorbei, an der nächsten Gabelung wieder links, immer weiter bergab. Im Folgenden steigen wir in zwei Kehren zur Wupper ab. An der asphaltierten Straße halten wir uns links zur Hauptstraße. Wir wenden uns nach rechts und nehmen die **Brücke über die Wupper** 03. Am Minigolfplatz biegen wir rechts ein und folgen nun dem N. Auf kleiner Teerstraße geht es weiter; an der zweiten Abzweigung halten wir uns links auf einen Schotterweg, leicht bergauf. Wir folgen dem Weg an der Wupper entlang, bis er uns steil abwärts zur Wupperbrücke führt. Über die kleine Brücke geht es ans andere Ufer, dann gleich links, am Wanderschild vorbei. Nun leicht bergauf wandernd entfernen wir uns von der Wupper.

Wir folgen ab hier dem eingekreisten B. Stetig geht es teils steil bergauf, zweimal um eine 180-Grad-Kurve. Es geht immer weiter bergauf, oben dann kurz eben, wir stoßen auf N und A3. An der nächsten Gabelung führt der Weg nach rechts hinab, vorbei am **Hermann-Löns-Denkmal** 04 und an der nächsten Gabelung nach links zur Straße.

Hier wenden wir uns nach rechts, allerdings nur für wenige Meter, dann biegen wir nach links auf N und einen Feldweg ab, der uns bergab führt. Am Eintritt in den Wald halten wir uns rechts, an der nächsten Gabelung wieder rechts und sind nun erneut auf dem Bergischen Weg. An der folgenden Gabelung halten wir uns links, hinab auf einen etwas schmäleren

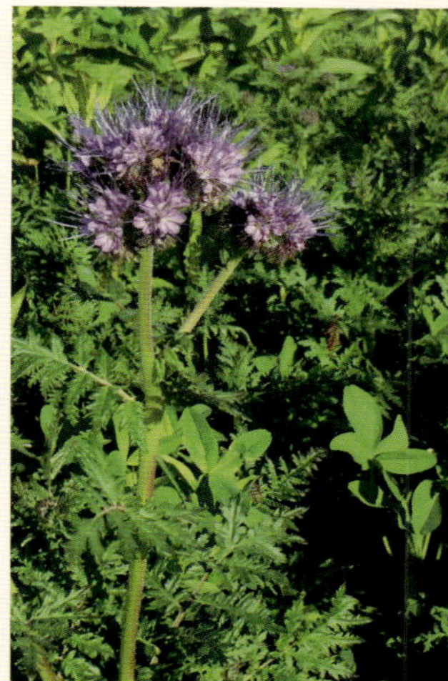

Bienenweide oder Phacelia

Weg Richtung Burg. Er führt uns in knapp 30 Minuten wieder bergab nach **Burg**, an der Hauptstraße nach links und zurück zum **Parkplatz Eschbachstraße** 01.

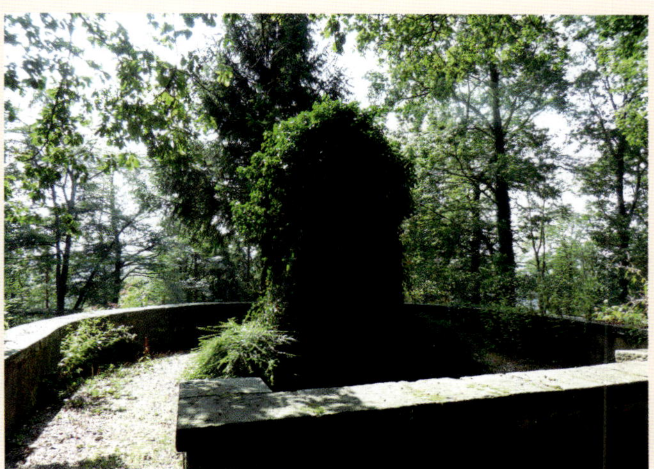

Hermann-Löns-Denkmal

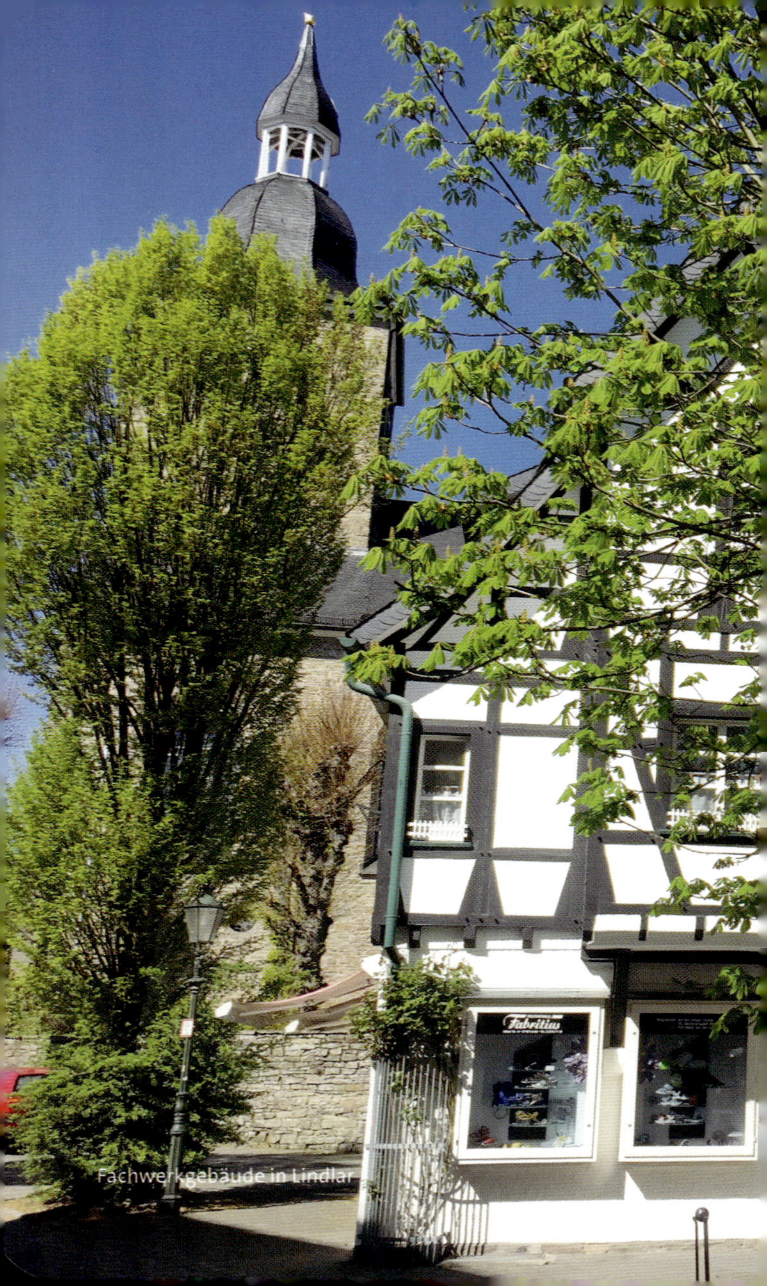

Fachwerkgebäude in Lindlar

Oberbergischer Kreis

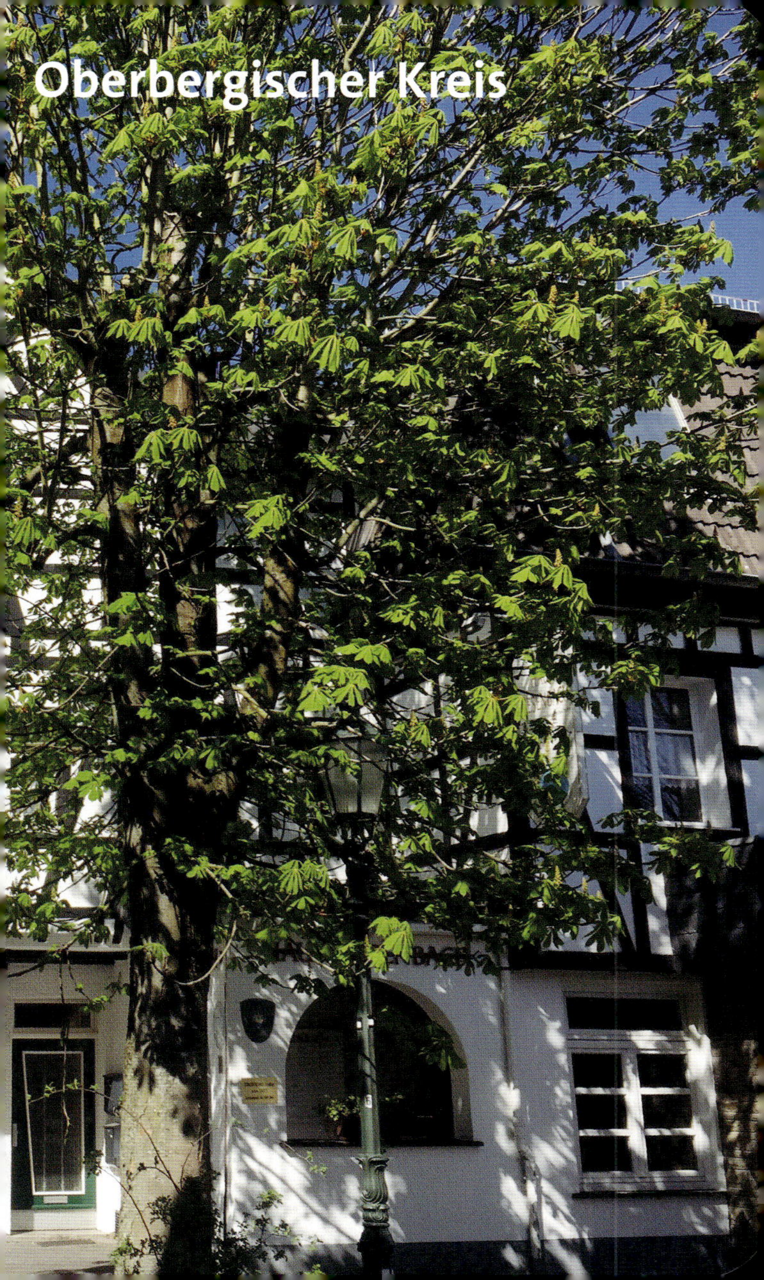

VON RADEVORMWALD ÜBER DAHLERAU ZUR WUPPERTALSPERRE

Auf idyllischen Wegen zur Talsperre

  10,7 km  2:45 h 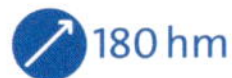 180 hm 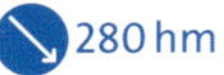 280 hm 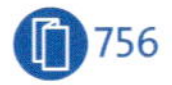 756

START | Radevormwald, Parkplatz Rathaus, 388 m
[GPS: UTM Zone 32 x: 385.300 m y: 5.673.815 m]
CHARAKTER | Munteres Auf und Ab, teilweise sehr steil! Bei Nässe können Teile des Weges sehr rutschig werden!

Das Ülfebad ist eine ehemalige Freibadanlage, die 1927 eröffnet wurde. Heutzutage herrscht auf ihrem Wasser ein reger Verkehr von Modellbooten. Einen Besuch wert sind auch das Industriedenkmal Wüflingmuseum in Dahlerau und das Eisenbahnmuseum Dahlhausen, die beide am Weg liegen.

Wir beginnen unseren Weg am **Rathaus** von **Radevormwald** 01. Zunächst folgen wir der deutlichen Markierung des Bergischen

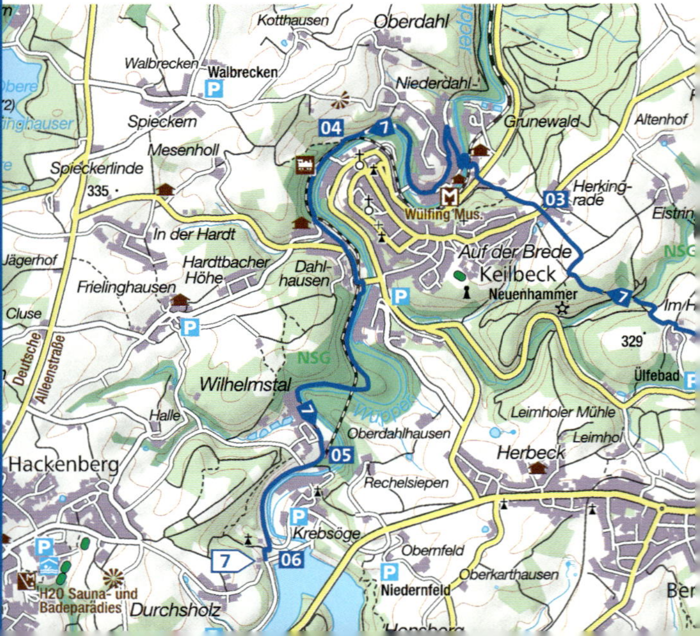

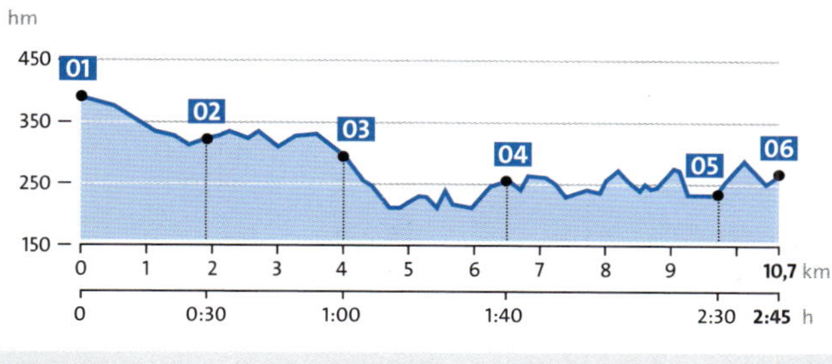

01 Radevormwald, Parkplatz Rathaus, 388 m; **02** Ülfebad, 314 m; **03** Herkingrade, 293 m; **04** stillgelegte Gleise, 294 m; **05** Eisenbahnwaggons, 237 m; **06** Wuppertalsperre, 258 m

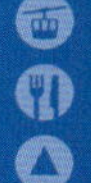

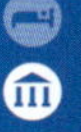

Streifzugs Nr. 1 („Tuchmacherweg") hinunter zum Schwimmbad, wo uns die erste Infotafel des Bergischen Streifzuges erwartet. Am Schwimmbad halten wir uns links, nach einem kurzen Stück wieder rechts und biegen bald darauf in die Andreasstraße ein, dann rechts in die Telegrafenstraße. Wir folgen ihr bis zur nächsten Kreuzung, dort links in die Bredderstraße. An der Straße „Am Mühlenkämpchen" biegen wir rechts ab und folgen ihr bis zur Friedrichstraße. Hier

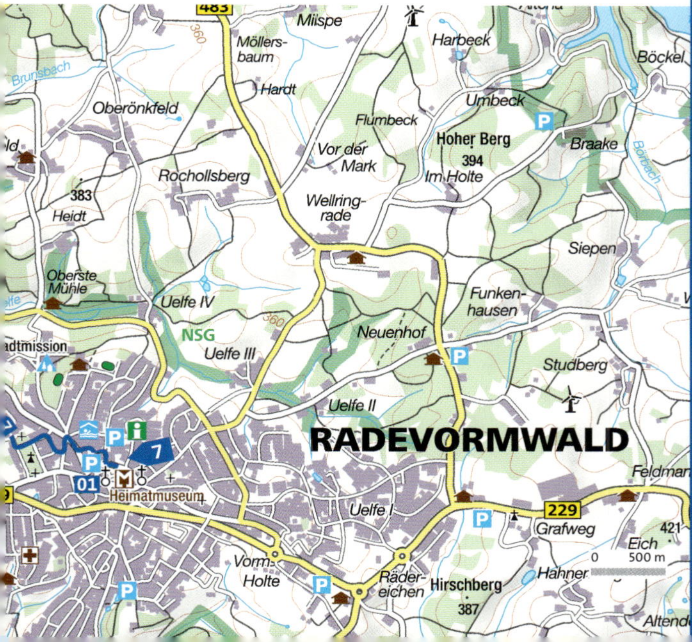

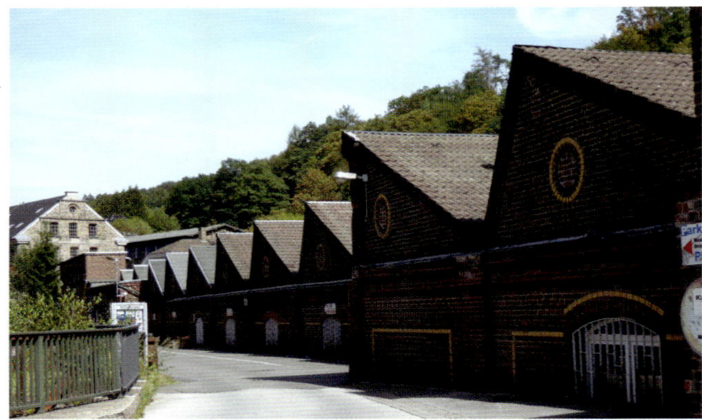

Textilfabrik Wülfing in Dahlerau

geht es wieder links, bis wir auf die Hermannstraße treffen, in die wir rechts einbiegen. Wir folgen ihr bis zum Theodor-Heuss-Gymnasium. An diesem noch vorbei und am Ende der Straße links hinab, führt der Weg direkt zu einem sehr steilen, staubigen Feldweg hinunter, der in den Wald führt. Auf einem Pfad geht es weiter bergab durch den Wald. Wir halten uns immer rechts, bis wir nach rund 10 Minuten die Straße erreichen.

Auf ihr wandern wir nach rechts zum **Ülfebad** 02, dort zwischen Bad und Café hindurch. Am Ende des Cafés führt uns Weg 1 links ein paar Treppen hinauf und dann auf schmalem Weg parallel zum Bad durch Schatten spendende Bäume hindurch. An der nächsten Infotafel vorbei geht es weiter geradeaus, bis wir an der Hees-Mühle links abbiegen. Leicht hinauf, am Zaun entlang, jedoch nur einige Meter, dann führt der Weg wiederum nach links durch einen schönen Hain, der auf einen Wiesenweg führt. Er wird zum Pfad, der nun erst hinab, dann wieder hinauf und hinter ein paar Häuschen vorbeiführt. Bei der Weggabelung wenden wir uns nach links auf einen Schotterweg, nach ein paar Metern wieder nach rechts hinauf auf einen Pfad, an Wiesen vorbei und in den Wald.

Achtung, der Pfad ist sehr steil! Nun geht es bergab zu einer Brücke und nach dieser links und bald wieder steil bergauf. Die nächste Kreuzung überqueren wir geradeaus und folgen dem nun weiter steil ansteigenden Weg. Er führt uns aus dem Wald heraus und trifft auf einen Feldweg, in den wir rechts einbiegen. Wir folgen ihm einige Meter zu einer kleinen Bank, an dem wir links in einen Pfad abbiegen. Nun geht es vorbei an Wiesen und Weiden abwärts bis **Herkingrade** 03.

Durch die Häuser hindurch vor zur Hauptstraße, die wir queren. Ein schmaler Teerweg führt weiter bergab, an Weiden vorbei. Wir passieren ein paar Häuser und folgen der Straße links zur L414, die wir queren. Geradeaus geht es

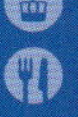
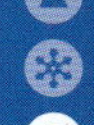

zwischen Häusern hindurch. Nach wenigen Metern biegen wir in einen schmalen Teerweg ein, dem wir weiter abwärts folgen. Nach einem Rechtsknick geht es über alte Gleise und auf Weg 1 zur Brücke über die Wupper. Auf der anderen Seite der Brücke erwartet uns eine weitere Infotafel (C) des „Tuchmacherweges".

Der Weg führt hier links weiter, wir können jedoch auch die Industriegebäude umwandern. Dazu wenden wir uns nach der Infotafel rechts leicht bergauf und biegen dann in einem scharfen Linksknick in die Dahler Straße ein. Sie mündet in die Wülfingstraße ein, die nun links bergab führt. Wir passieren alte Industriegebäude des Textilunternehmens Wülfing. Wir folgen der Wülfingstraße auf Teer an der Wupper entlang Richtung Dahlhausen und treffen schließlich auf **stillgelegte Gleise** **04**. Eine gute halbe Stunde wandern wir auf diesem Weg, links unter uns die Wupper, begleitet vom alten stillgelegten Schienenbett, das wir zweimal kreuzen. Schließlich gelangen wir an die Infotafel D. Ein Weg aus Kopfsteinpflaster führt an alten, ausgedienten **Eisenbahnwaggons** **05** vorbei.

An der Straße schließlich halten wir uns links bergab, unter der Eisenbahnbrücke hindurch und dann gleich rechts. Zwischen den Häusern hindurch geht es auf einem Teerweg in den Wald. Die Wupper fließt nun wieder links unter uns, auf der rechten Seite begleiten uns die alten Schienen. Der Weg verschmälert sich und führt von der Wupper weg. Wir passieren einen Aussichtspunkt und folgen dem Pfad, bis er uns auf die Straße führt. Hier halten wir uns links, die Straße entlang abwärts. Nach gut 10 Minuten weist uns die Markierung den Weg nach rechts, einen schmalen Pfad hinauf.

An der Straße wenden wir uns nach links und erreichen schnell unser Ziel, die **Wuppertalsperre** **06** und die Bushaltestelle Wupperdamm. Der Bus Nr. 617 bringt uns zurück zum Ausgangspunkt in **Radevormwald** **01**.

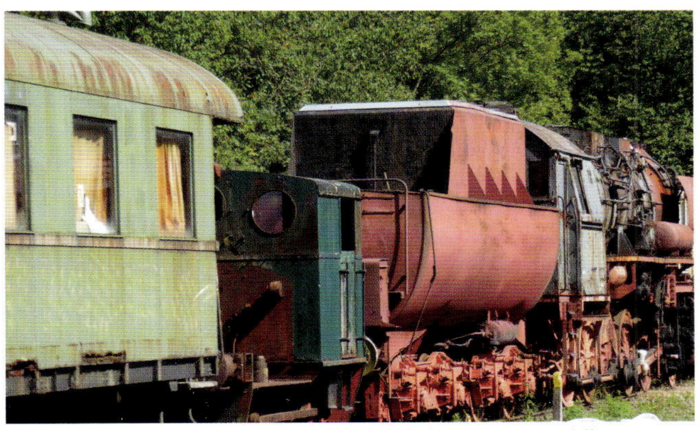

Ausgediente Eisenbahnwaggons im Eisenbahnmuseum Dahlhausen

VON EGEN ZUR BEVERTALSPERRE

Eine Runde für Wanderer wie Radfahrer

   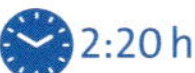 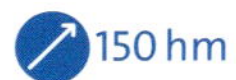  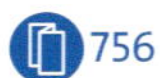

9,1 km | 2:20 h | 150 hm | 150 hm | 756

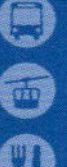

START | Egen, Parkplatz neben der Kirche, 368 m [GPS: UTM Zone 32 x: 388.733 m y: 5.669.844 m]
CHARAKTER | Einfaches Auf und Nieder auf schönen Wald- und Wiesenwegen. Nach Großhöhfeld und das letzte Stück zurück nach Egen kurz steil.

Die Katholische Kirche „Unbefleckte Empfängnis" in Egen ist einen Besuch wert. Sehr schön von außen anzusehen und bescheiden im Inneren. Sie wurde um 1850 auf Eigeninitiative der Egener Bürger errichtet und im April 2018 als erste Wander- und Radwegekirche des Erzbistums Köln offiziell eröffnet.

▶ Wir beginnen unsere Wanderung in **Egen** am **Parkplatz** 01 direkt hinter der Kirche. Wir wenden uns zunächst nach rechts, an der Kirche und am Gasthaus Wigger vorbei. Wir folgen nun erst einmal dem „Bergischen Panoramasteig", der uns schnell rechts auf einen Pfad leitet, der neben der Straße hinabführt. Unten gehen wir ein paar Meter über die Straße, dann links auf einem Pfad in den lichten Wald. Wir folgen diesem Pfad, bis er uns aus dem Wald heraus an einen Schotterweg bringt. Hier biegen wir rechts ab, leicht hinan zur Straße, die wir queren. Weiter geht es nun auf A7 auf einem Waldpfad. Dieser führt uns auf einen breiten Weg nach links. Vor dem Ortsschild Kirchenbüchel biegen wir nach rechts auf einen asphaltierten Weg ab. A7 führt uns bergan und bald erreichen wir eine Kreuzung. Wir biegen links ein, am **Sportplatz** 02 vorbei wei-

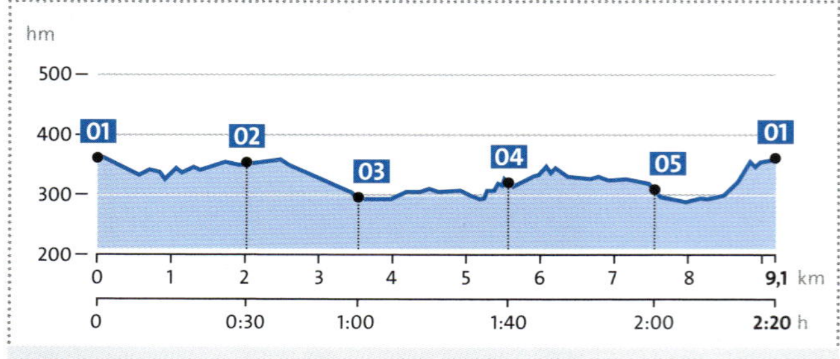

01 Parkplatz Egen, 368 m; 02 Sportplatz, 362 m; 03 Bevertalsperre, 294 m; 04 Kleinhöhfeld, 321 m; 05 Müllensiepen, 309

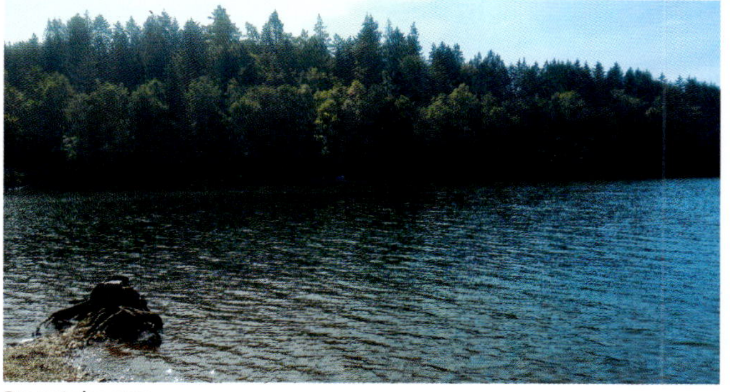

Bevertalsperre

ter auf A7 und A3. An der Bushaltestelle geht es nun nach links, am Waldrand entlang, erst auf Asphalt, dann auf Schotter. Nach rund 1 Kilometer führt uns der Weg schnell bergab, und wir biegen rechts ein, an ein paar Holzhäusern am Ortsrand von Großhöhfeld vorbei. A3 und A7 führen uns nun teils sehr steil hinunter zu einem Schotterweg. Hier rechts und hinauf zur Straße, in die wir links **einbiegen**. So gelangen wir zur **Bevertalsperre** **03**.

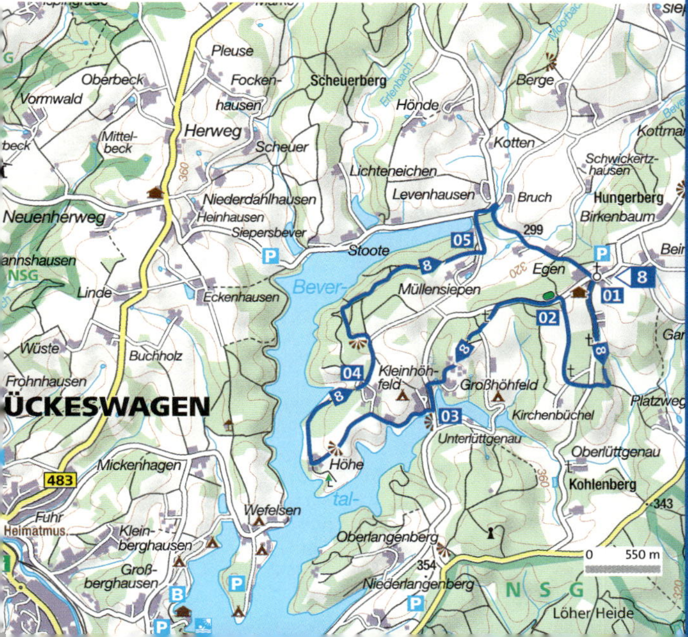

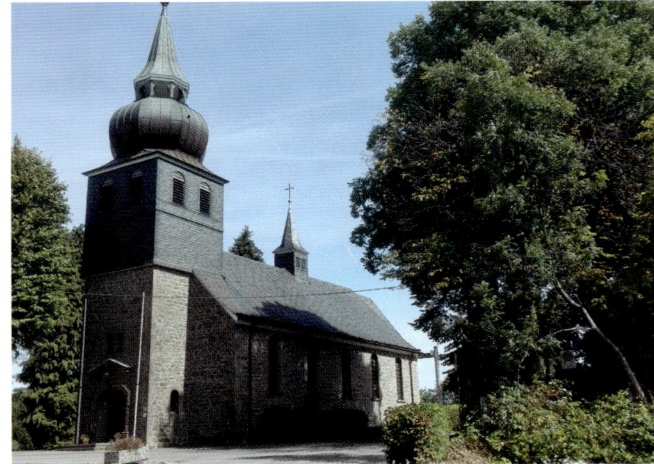

Kirche „Unbefleckte Empfängnis“ in Egen

Bevor wir diese überqueren können, führt uns A3 rechts nach Höhe und Kleinhöhfeld. Beim nächsten Abzweig folgen wir A3 Richtung Höhe weiter bergauf. Wir wandern auf einer kleinen Teerstraße über die Höhen, mit einem herrlichen Blick auf die Bevertalsperre. Bei hübsch renovierten Fachwerkhäuschen biegen wir schließlich rechts in einen Schotterweg ab, der schnell schmäler wird. A3 führt uns wieder hinab zum Wasser. An der Gabelung schickt uns A3 dann deutlich nach rechts, an der Weide entlang, weg vom Wasser und wieder bergauf. Der Weg führt auf ein geteertes Sträßchen, in das wir rechts einbiegen. Wir folgen ihm links um die Kurve herum, am Ortsrand von **Kleinhöhfeld** 04 vorbei und nun ein Stück am Waldrand entlang.

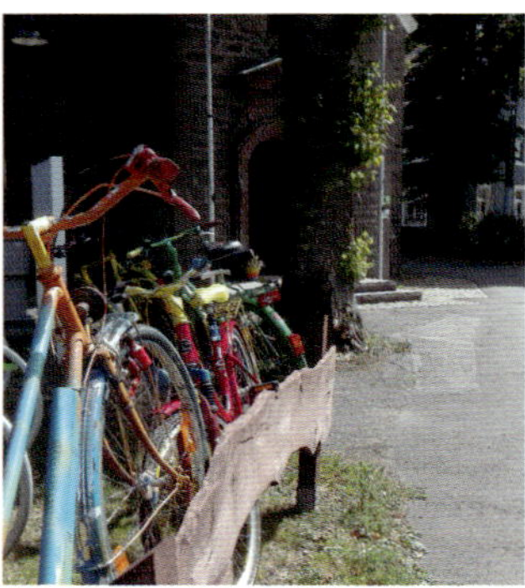

Radwegkirche Egen

Nach etwa 500 Metern biegen wir nach links in einen Schotterweg ein. Wir folgen dem Waldweg für gut 25 Minuten. Bevor es nach **Müllensiepen** 05 hinabgeht, schickt uns A3 nach links über einen Wiesenweg zur Straße. Wir folgen ihr zur Hauptstraße und halten uns dann rechts. Nach rund 200 Metern biegen wir wieder rechts in ein ruhigeres Asphaltsträßchen ein und folgen diesem für gut 20 Minuten Richtung Egen. Am Ende steil bergauf nach Egen und zum **Parkplatz** 01.

BEVER- UND WUPPERTALSPERRE BEI HÜCKESWAGEN

Ein Besuch bei zwei Brauchwassertalsperren

 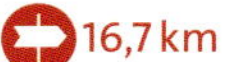  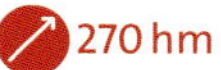 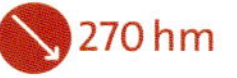 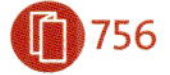

16,7 km | 4:40 h | 270 hm | 270 hm | 756

START | Hückeswagen, Etapler Platz, 273 m
[GPS: UTM Zone 32 x: 384.160 m y: 5.667.871 m]
CHARAKTER | Lange und anstrengende Tour, die viel Kondition erfordert. Die Wege sind gut zu gehen.

Die Wuppertalsperre dient der Niedrigwasseraufhöhung, dem Hochwasserschutz der Wupper und der Wasserkrafterzeugung. Die Bevertalsperre feierte 2018 ihren 80. Geburtstag. Sie dient ebenfalls dem Hochwasserschutz und der Niedrigwasseraufhöhung.

▶ Wir starten die Tour in **Hückeswagen** 01. Zuerst einmal folgen wir dem **Etapler Platz** bis zum Wupperkreisel. Wir überqueren die Alte Landesstraße und folgen der Raute; sie führt uns auf einem Fußgängerweg nach rechts, doch nur wenige hundert Meter später biegen wir links ein und queren die Wupper auf einer ehemaligen Bahnbrücke. Zuerst parallel auf einem Gehweg, dann im Hang aufwärts. Am Ende biegen wir kurz nach rechts ab und folgen dann dem Quadrat nach links in die Kleinberghauser Straße. Im Örtchen geht es in der Rechtskurve geradeaus weiter und dann nach links hinauf. Wir halten uns bald rechts auf einen Schotterweg in den Wald. Bei der nächsten Gabe-

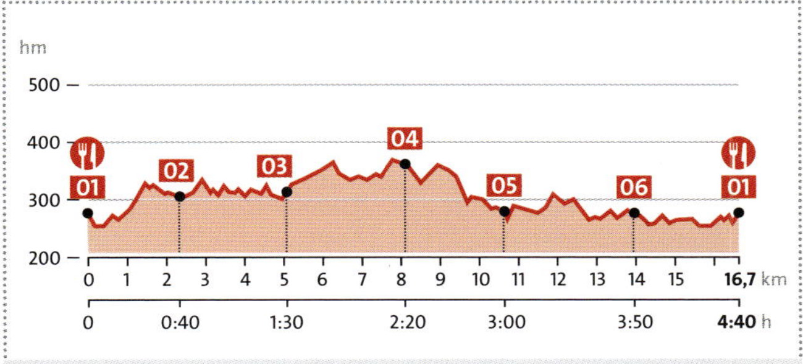

01 Hückeswagen, Etapler Platz, 273 m; 02 Mickenhagen, 307 m;
03 Siepersbever, 307 m; 04 Neuenherweg, 358 m;
05 Wiebach-Vorsperre, 282 m; 06 Wupper-Vorsperre, 279 m

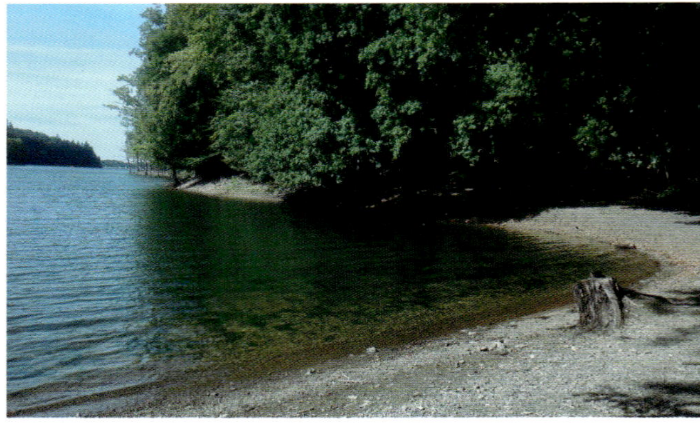

Am Ufer der Bevertalsperre

lung rechts halten und nun immer geradeaus bis zur Teerstraße: Hier wenden wir uns nach links, nach **Mickenhagen** 02 hinein.

Wir gelangen an die K11, in die wir rechts einbiegen, nun auf A3. Nach nicht einmal 100 Metern biegen wir wieder links auf einen Schotterweg ab. Wir überqueren einen Bach und biegen kurz danach rechts ab in den Wald. Nun immer geradeaus, an einer Schranke vorbei und weiter der Markierung B im Kreis folgend erreichen wir die Bevertalsperre. Hier geht es nach links, nun immer an der Talsperre entlang. Der Weg führt wieder zur K11. Wir folgen ihr nach rechts, nach dem kleinen See zu unserer Linken biegen wir nach links auf einen schmalen Weg nach **Siepersbever** 03, unmarkiert. Rechts haltend zwischen den Häusern hindurch, dann auf einem Feld- und Wiesenweg geradeaus. Nach 5 Minuten am Waldrand entlang, dann links und die nächste Möglichkeit wieder rechts. Im Wald halten wir uns an den folgenden beiden Gabelungen links, bis uns schließlich ein breiter Wald- und Schotterweg wieder zu einer Straße führt. Wir biegen links ein und erreichen schnell **Scheuer**.

Wir folgen weiter dem Sträßlein, das uns in 15 Minuten zur B483 führt. Wir überqueren sie nach links und folgen der Straße nach **Neuenherweg** 04. An Häusern und Wiese vorbei kommen wir zu einer Weggabelung. Ab hier folgen wir nun dem Dreieck. Hier bleiben wir geradeaus, bis nach rechts ein schmälerer Weg nach Niederbeck abzweigt. Durch einen schmalen Durchlass geht es nun aufwärts über die Wiese, am Strommast nach rechts, kurz darauf an der Esche nach links, nun auf einem Feldweg und dem Dreieck nach Vormwald. Wir überqueren die Straße, über einen Hof, an einem schmalen Durchlass nach links durch einen Zaun, nun abwärts. Wir folgen A2 und A3 in den Wald und halten uns die ersten beiden Weggabelungen links, am Wiebach entlang. Nach ungefähr 500 Metern gelangen wir wie-

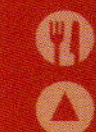
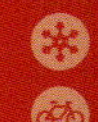
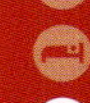

der an eine Gabelung, hier rechts, dann über eine Brücke über den Wiebach. Wir folgen auf A3 einem schmalen Pfad hinauf, an der Gabelung links, am breiten Weg ebenfalls links haltend. Der Weg führt nun abwärts, bis wir zur **Wiebach-Vorsperre** 05 gelangen.

Wir überqueren den Wiebach, dann geht es nach rechts, nun auf A10 auf einem Schotterweg. Vor dem Damm nehmen wir einen Pfad nach links. Wir wandern nun stetig auf A10, im Auf und Ab oberhalb der Wuppertalsperre. Der Weg führt uns nach **Karrenstein**. Am Beginn des Ortes halten wir uns rechts, durch ein Wäldchen und an einer Wiese vorbei geht es bergab, über den Bach, dann rechts. Wir folgen dem Weg nun in eine Linkskurve. Es folgt eine Rechtskurve, in der der Leiverbach gequert wird. Wir erreichen die **Wupper-Vorsperre** 06. Nun immer dem Weg entlang der Vorsperre folgen, nach gut 30 Minuten erreichen wir die Staumauer, auf der wir die Wupper queren.

Nach der Staumauer links, am Parkplatz vorbei, rechts zum Mühlenweg und links vor zum Bergischen Kreisel. An der Alten Ladestraße verlassen wir ihn, dann gleich links halten auf die Bahnhofstraße. Hier entlang und bald nach links über den **Etapler Platz** 01 zurück zum **Parkplatz**.

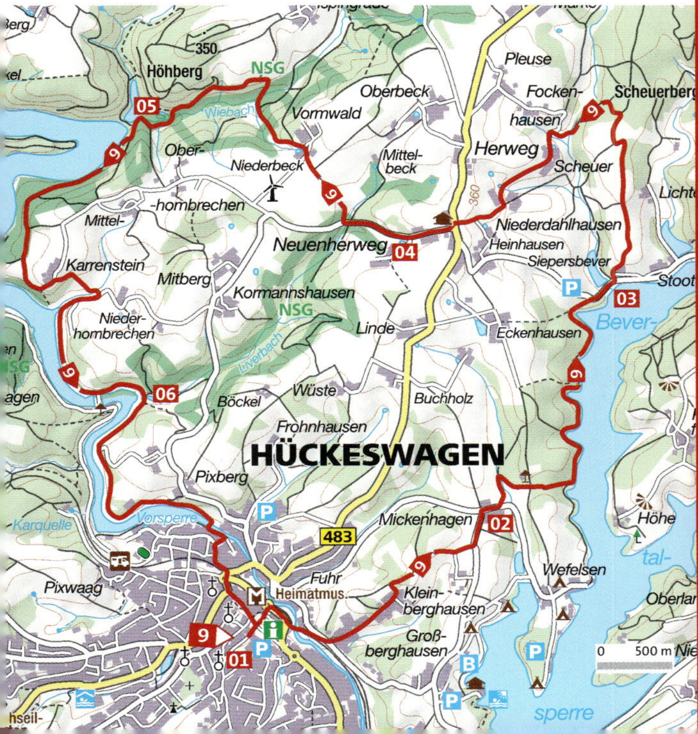

AN DER NEYETALSPERRE

Auf ruhigen Wegen am Wasser entlang

  12,5 km 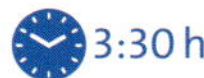 3:30 h 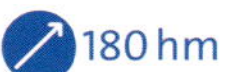 180 hm  180 hm 756

START | Parkplatz an der K13 bei Niederlangenberg, von Wipperfürth kommend auf der linken Seite, 335 m
[GPS: UTM Zone 32 x: 387.358 m y: 5.667.308 m]
CHARAKTER | Größtenteils bequeme Wanderwege; mäßige Steigungen.

Die Neyetalsperre, durch die die Neye aufgestaut wird, wurde zwischen 1905 und 1908 erbaut und hat ein Fassungsvermögen von 6 Millionen Kubikmetern. 2015 wurden rund 100.000 Kubikmeter Wasser der Talsperre verunreinigt, nachdem bei einem Gülleunfall 1700 Kubikmeter Gülle in die Neye geflossen waren.

▶ Am **Wanderparkplatz in Niederlangenberg** 01 überqueren wir die K13. Wir nehmen den Schotterweg, der am nächsten zur Straße liegt und sich schräg von ihr entfernt, und folgen der Markierung A7. Auf bequemem Weg führt er relativ steil bergab durch lichten Wald, bis er in eine Kreuzung mündet, an der wir auf ein Forsthaus treffen – mit Möglichkeit zum Sitzen und Brotzeit machen. Hier wenden wir uns nach rechts und folgen nun der Markierung A1. Nach einem kurzen asphaltierten Abschnitt bergab gesellt sich der Heimatweg zu uns, eine weiße Drei auf rotem Grund. Wir bleiben noch kurz auf dem Teerweg. Der Heimatweg und A3 führen nach links, an einer Schranke vorbei. Achtung! Wir nehmen den oberen, also den rechten Weg! Nun

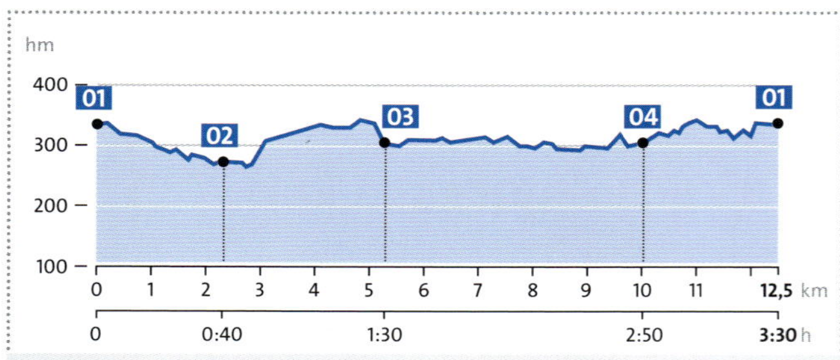

01 Wanderparkplatz in Niederlangenberg, 335 m; 02 Klitzhaufe, 278 m;
03 Staumauer Neyetalsperre, 310 m;
04 Abzweig Bergischer Panoramasteig, 315 m

geht es auf Schotter bald hinab, immer dem Hauptweg folgend, bis er uns aus dem hellen Wald auf eine kleine Teerstraße führt. Nun geht es vorbei an den typischen Fachwerk- und mit Schindeln ausgekleideten Häusern von **Klitzhaufe 02**.

Schon bald schlängelt sich die Neye zu unserer Linken. Nach gut 500 m biegen wir nach links ins Dickicht hinab. Ein schmaler Weg führt zu einer kleinen Brücke über die Neye. Hier erwartet uns auch eine Infotafel des Heimatweges. Ein schmaler Pfad führt nun aufwärts, bis wir auf einen Schotterweg treffen, in den wir rechts einbiegen. Er führt bald an Wiesen vorbei auf eine Anhöhe hinauf, wo wir tolle Weitblicke genießen können. Die nächste Kreuzung lenkt uns in einen Flurweg, in den wir rechts einbiegen. Wer schon hungrig ist, der kann einen Abstecher links zum „Gasthaus zur Neyetalsperre“ in Großblumberg

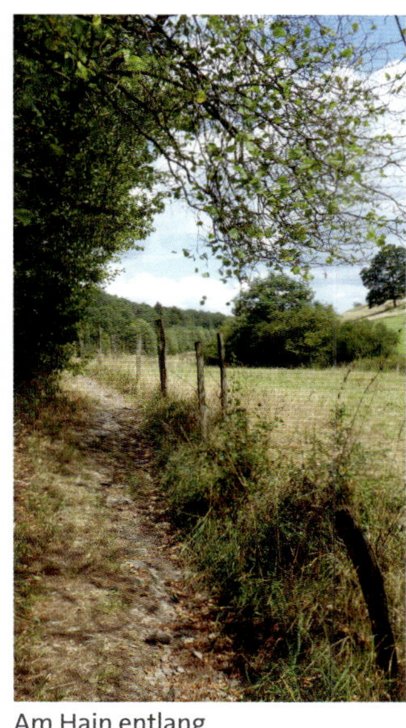
Am Hain entlang

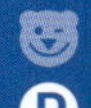
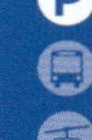

machen. Wir jedoch folgen unserem Weg weiter und biegen an

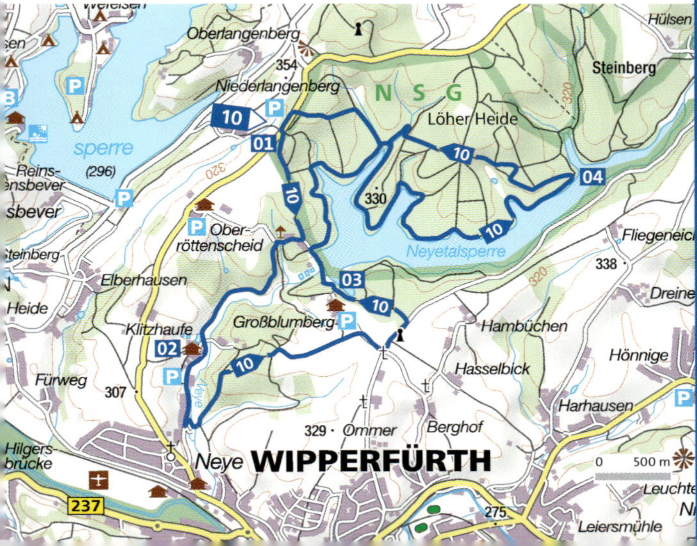

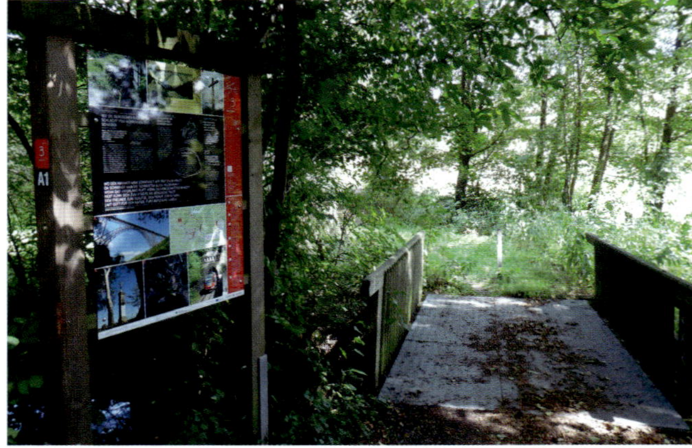

Holzbrücke über die Neye

der nächsten Kreuzung links auf den Teerweg „Hambüchen" ein. Diesem folgen wir für wenige Minuten, bis die Markierung des Heimatweges uns nach links leicht abwärts einbiegen lässt. Nun begleitet uns auch der Bergische Panoramasteig. Die deutlichen Markierungen leuchten schon von Weitem gelb und rot und führen durch den Wald hinab und wieder hinauf, bis wir an einer Kreuzung auf einen Schilderbaum treffen: Er führt uns in wenigen hundert Metern rechts hinab zur **Staumauer der Neyetalsperre** 03, wo wir auf die Infotafel F des Heimatweges stoßen.

Wir überqueren die Staumauer und biegen rechts in den Bergischen Panoramasteig ein. Diesem folgen wir nun ein Stück um die Talsperre herum, bis er sich nach links verabschiedet. Wir jedoch bleiben am Wasser und folgen weiter der Markierung A7. Wir bleiben lange auf diesem Weg und halten uns stets rechts, immer am Wasser entlang. Eine Zeit lang sieht man keine Markierung mehr, aber solange wir das Wasser rechts von uns in Sichtweite haben, stimmt der Weg! Wir laufen nun eine knappe Stunde am Ufer der Neyetalsperre entlang, bis uns ein verstecktes Schild den **Abzweig des Bergischen Panoramasteiges** 04 nach links in den Wald hinaufweist. Vorsicht, er ist leicht zu übersehen!

Der Waldweg wird bald zu einem Wiesenweg, auf dem wir nun bleiben, uns immer rechts haltend. Schließlich endet er wieder in einem Waldweg, dem wir nach links folgen. Er führt uns zu einer großen Kreuzung, die wir queren. Im steilen Bergab treffen wir auf einen weiteren Weg, in den wir rechts einbiegen, gleich bei der nächsten Gabelung ein paar Meter weiter geht es wieder scharf links. Nach rund 200 Metern führt der Weg nach rechts und ein paar hundert Meter weiter wieder nach links. Gut 15 Minuten später erreichen wir den **Parkplatz** in **Niederlangenberg** 01.

UM DIE VORSPERRE GROSSE DHÜNN

Kleine Runde um ein großes Gewässer

 11,7 km 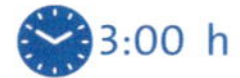3:00 h 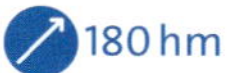180 hm 180 hm 494

START | Vorsperre Große Dhünn. Von der B506 kommend die L409 hinab. Am Ende der Vorsperre rechts zum Parkplatz Neumühle, 189 m [GPS: UTM Zone 32 x: 379.694 m y: 5.661.037 m]
CHARAKTER | Ausnahmslos breite Wald- und Uferwege. Gemäßigte Steigungen.

Der Weg umrundet einmal auf einem schönen, breiten und gut markierten Waldweg die Vorsperre der Großen Dhünntalsperre. Dabei geht es meist nah am Wasser entlang.

▶ Wir starten die Tour am **Parkplatz Neumühle** 01 und gehen zurück zur Fahrstraße, wo wir uns nach links wenden. Wir folgen ihr leicht aufwärts, bis uns kurz nach der Rechtskurve ein Wiesenweg nach links von der Straße wegführt. Am Waldrand entlang folgen wir dem Weg bis zu einer Gabelung: hier scharf um die Rechtskurve herum auf einen Schotterweg. Wir folgen ihm bis zu einer Abzweigung an einem Bankerl: Wer möchte, kann hier nun zur Dhünntal-Vorsperre absteigen und gleich an ihrem Ufer entlangspazieren. Wir bleiben aber auf unserem Waldweg und halten uns links, weiter hinauf. Bald kreuzen wir die **Fahrstraße** 02: Auf der anderen Seite geht es auf einem Schotterweg steil abwärts.

Wir folgen nun stetig diesem Weg. Nach einiger Zeit geht es wieder bergauf und wir gelangen an eine lichte, große Kreuzung: Hier biegen wir rechts ab, wieder abwärts. An der Gabelung mit Schranke

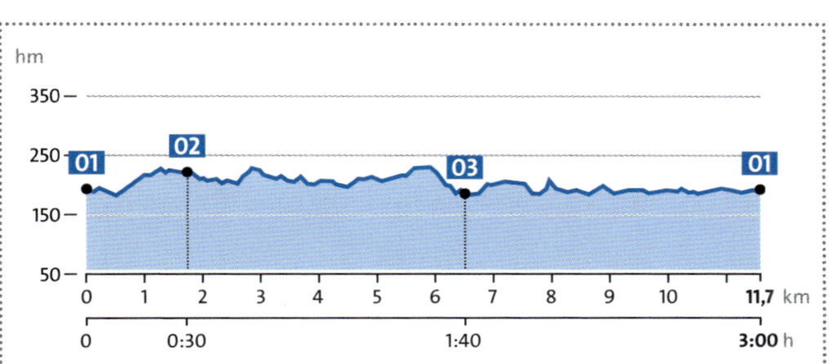

01 Parkplatz Neumühle, 189 m; 02 Kreuzung Fahrstraße, 229 m; 03 Staumauer, 179 m

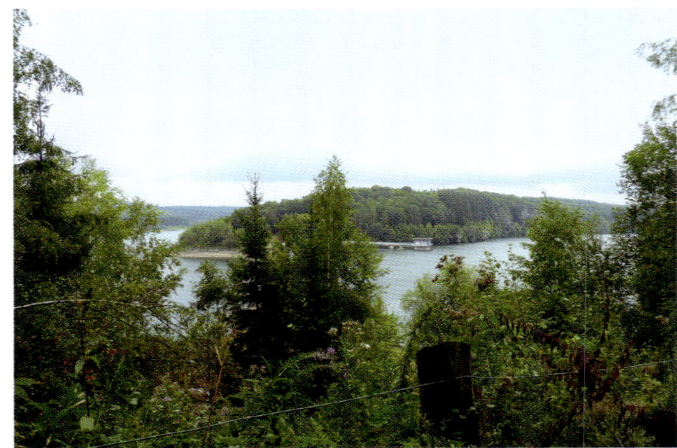
Blick auf die Vorsperre Große Dhünn

biegen wir nach rechts hinab: Wir verlassen den Weg (blau, Dhünn) und folgen nun dem Rechteck des Wegs „Vorsperre Große Dhünn“. Hier treffen wir auch auf den Bergischen Panoramasteig, der uns nun ein Stück begleiten wird. Wir gelangen nach wenigen Minuten zur **Staumauer** 03, die wir überqueren.

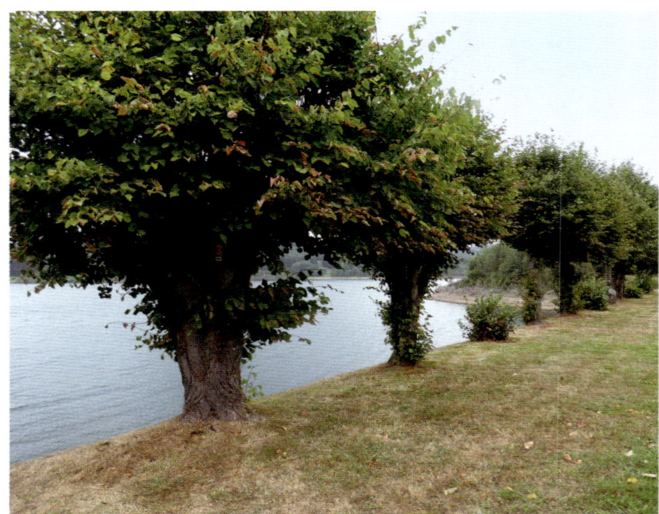
Staumauer der Vorsperre Große Dhünn

Auf der anderen Seite führt uns der Weg links haltend nun wieder hinauf. Nach 1,5 Kilometern trennt sich der Bergische Panoramasteig wieder von unserem Weg. Wir bleiben auf dem Weg „Vorsperre Große Dhünn“. Der Weg führt bequem ohne große Steigungen immer am Wasser entlang, bis wir zu einem Tor gelangen. Wir schlüpfen hindurch und gelangen zur Fahrstraße. Diese überqueren wir nun und sind schon zurück am **Parkplatz Neumühle 01**.

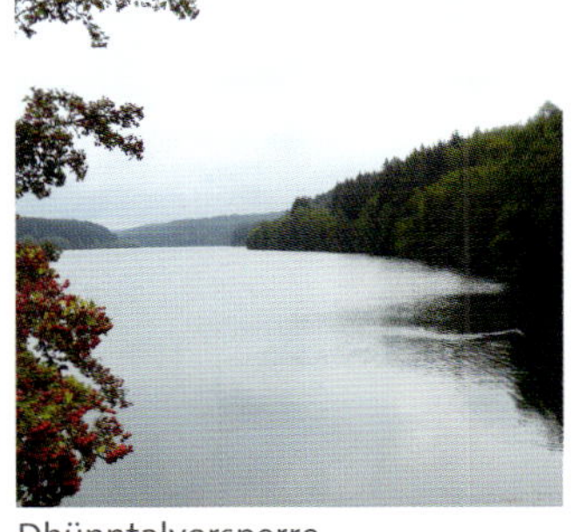

Dhünntalvorsperre

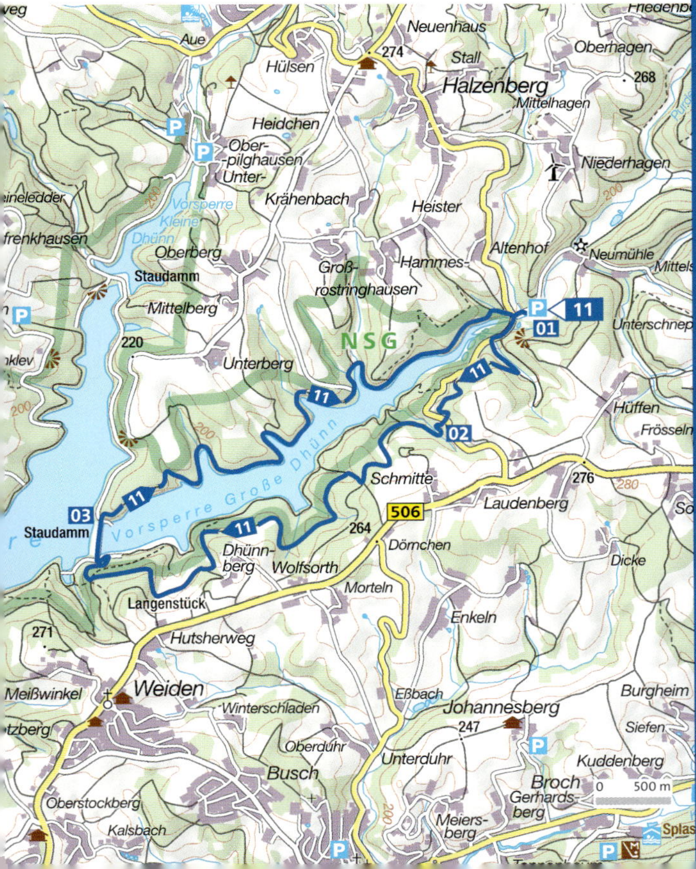

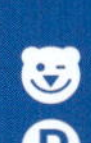
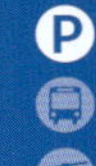
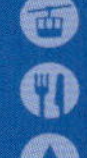

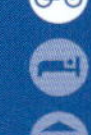

12

IN DEN WÄLDERN BEI WIPPERFELD

Über die Dhünn-Hochflächen

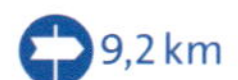

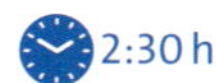

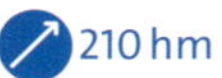

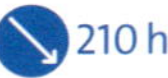

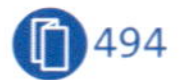

START | Wipperfeld, Parkplatz bei der Kath. Kirche St. Clemens, 271 m [GPS: UTM Zone 32 x: 382.593 m y: 5.661.043 m]
CHARAKTER | Gut begehbare, breite Wald- und Forstwege, kaum Steigungen.

Die spätromanische Pfarrkirche in Wipperfeld ist schon von Weitem zu sehen. Der dazugehörige Friedhof beherbergt Grabkreuze aus dem 17. Jahrhundert. Die stillen Wälder und wenig begangenen Wege bilden eine schöne Abwechslung bei dieser Wanderung.

▶ Wir folgen vom **Wanderparkplatz Wipperfeld** 01 der Markierung A3 in die Professor-Mausbach-Straße hinab. Am Ortsende geht es rechts weiter auf einem Teerweg, wir folgen ab jetzt der Raute mit der 9. Es geht links um die Kurve, am letzten Hof halten wir uns links, auf einen Forstweg leicht hinauf an Weiden vorbei. Am Bankerl geht es weiter vorbei in den Wald hinein und gleich wieder am Waldrand entlang. Nun leicht bergauf, nach etwa 5 Minuten links, im lichten Wald auf einem etwas schmäleren Waldweg nun abwärts. Wir kreuzen bald einen Schotterweg, hier geht es geradeaus hinüber auf einem Wiesenweg leicht bergauf, am Weiher (rechter Hand) vorbei. Der Weg führt hinauf nach **Kofeln** 02.

Auf dem Teerweg nach links, an den Häusern von Kofeln vorbei, dann wieder links, der Teerweg wird zum Forst- und Wiesenweg.

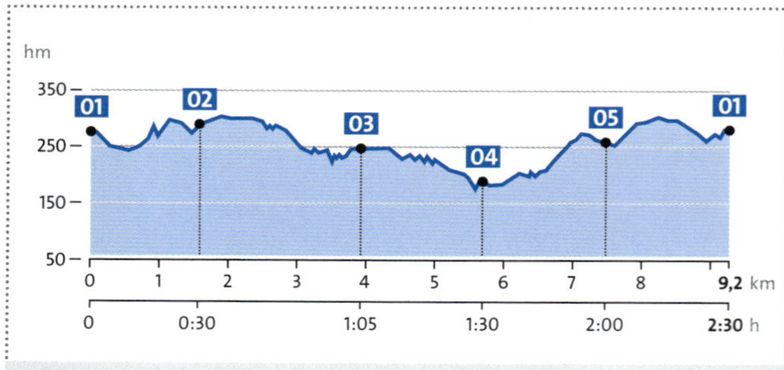

01 Wanderparkplatz Wipperfeld, 271 m; 02 Kofeln, 289 m; 03 Hüffen, 244 m; 04 Neumühle, 188 m; 05 Untermausbach, 253 m

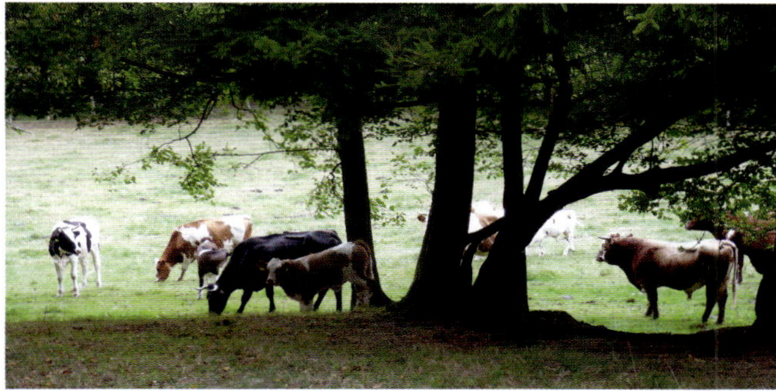

Weide auf den Dhünn-Hochflächen

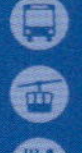

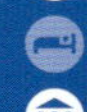

Diesem folgen wir, an der Schotterkreuzung biegen wir rechts ab. Wir überqueren die B605 geradeaus Richtung Ente. Ab hier folgen wir A4. Erst kurz auf Asphalt, dann auf Schotter geht es bald rechts in den Forstweg hinab. Gleich zu Beginn des Waldes halten wir uns auf dem Weg rechts weiter bergab. An der Gabelung mit der Bank halten wir uns links, weiter dem Weg folgend. An der nächsten großen Kreuzung am Waldrand geht es nach links, nach rund 30 Metern jedoch schon wieder nach rechts hinauf Richtung Hüffen.

In der Mitte von **Hüffen** 03 wenden wir uns nach rechts, kurz auf Asphalt, dann wird der Weg zum

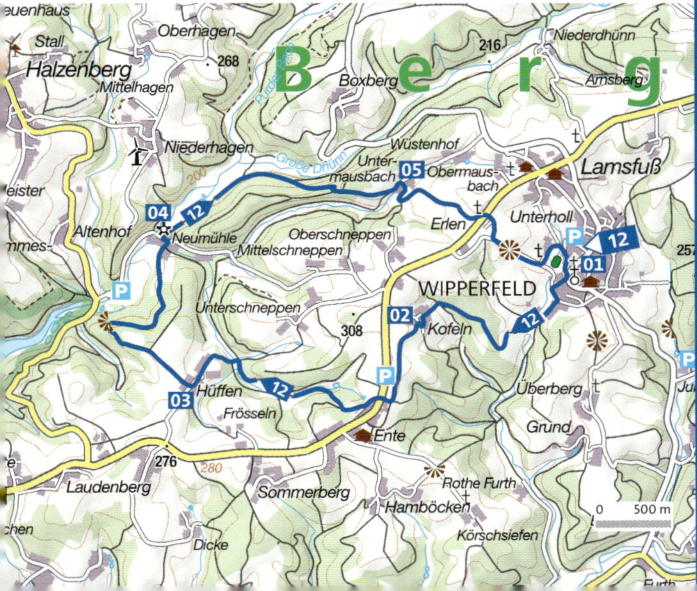

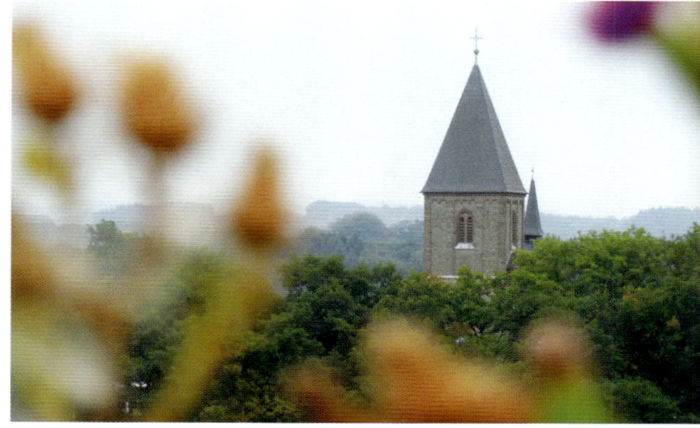

Kirchturm von St. Clemens in Wipperfeld

Schotterweg. Auf diesem bleiben wir, bald leicht bergab. Wir folgen nun immer diesem Weg, größtenteils bergab, bis zur **Neumühle** 04. Den Teerweg überqueren wir geradeaus, weiter auf einem Forstweg. Wir lassen die Mühle links hinter uns liegen. Nun auf breitem Weg am Bach entlang. Nach einiger Zeit geht nach links ein Weg ab. Wir bleiben auf unserem Hauptweg, jedoch schon wenige Meter weiter biegen wir dann schräg rechts ab, einen Wiesenweg hinauf. Der Weg führt nun bergan durch den Wald und endet in einem breiten, bequemen Waldweg. Hier biegen wir links ab, geradeaus hinaus aus dem Wald.

Wanderer auf dem Weg zur Neumühle

Der Weg bringt uns nach **Untermausbach** 05: hier gleich rechts hinab auf ein asphaltiertes Sträßlein. Es führt nach wenigen Metern wieder rechts auf einen Wald- und Wiesenweg. Gleich hinter der Linkskurve geht es hinauf auf einem reinen Wiesenweg nach Erlen. Ab hier folgen wir X. Später überqueren wir nochmals die B605 und laufen weiter auf einem asphaltieren Weg, dann biegen wir am Bankerl nach links ab, nun weiter auf A3.

Es geht hinab nach Wipperfeld. Am Fußballplatz biegen wir nach links auf einen Schotterweg ab, hinterm Fußballplatz vorbei zur Straße. Hier rechts die Straße hinauf und zurück zum **Wanderparkplatz Wipperfeld** 01.

VON THIER ZUR JÖRGENSMÜHLE

Aussichtsreiche Wanderung auf stillen Sträßchen

  8,2 km  2:40 h  150 hm  150 hm  494

START | Thier, Parkplatz neben der Pfarrkirche St. Anna, 284 m [GPS: UTM Zone 32 x: 385.768 m y: 5.659.978 m]
CHARAKTER | Schmale Teerwege und breite Feldwege wechseln sich in stetigem Auf- und Nieder ab.

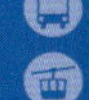

Diese Wanderung führt uns durch kleine Orte, Weiler und Gehöfte rund um Thier. Den Mittelpunkt der kleinen Ortschaft bildet die Katholische Pfarrkirche St. Anna, die zwischen 1895 und 1897 im neugotischen Stil erbaut wurde. Der Hochaltar besteht aus Holz, die Muttergottes mit dem Leichnam Jesu stammt aus dem Jahr 1450, der Kronleuchter aus dem Jahr 1460.

Wir parken auf dem **Wanderparkplatz** 01 an der Kirche in Thier und folgen nun dem Dreieck nach links. Schon nach wenigen Metern zweigen wir rechts in die Höhenstraße ein, um kurz darauf wieder links in die Straße „Dreckerbusch" einzubiegen. Wir folgen ab hier A2 bald auf einem Teerweg hinab. In Wüstenhof halten wir uns geradeaus, der Weg ist nun gepflastert. Wir folgen ihm um eine Linkskurve bergan aus dem Ort heraus. Am Ortsende folgen wir dem T, das uns an den Pferdekoppeln vom Pferdehof vorbei zur Hauptstraße hinabführt. Hier links, nach ungefähr 250 Metern führt ein Teersträßlein nach rechts bergauf. Wir folgen A3 und T nach **Langensiefen** 02. Die kleine Straße bringt uns bis zum Ende des Ortes, dann geht es rechts steil auf

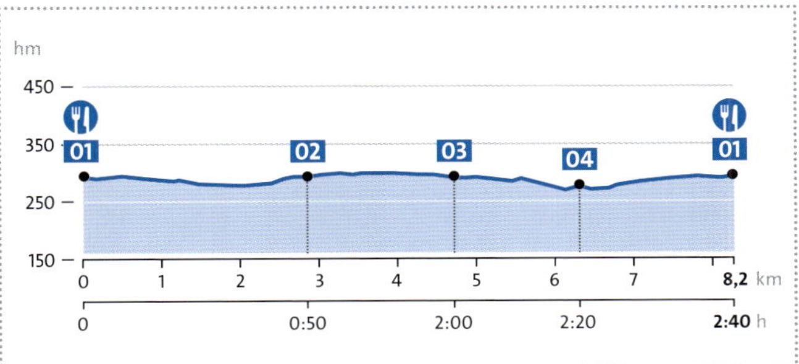

01 Wanderparkplatz Thier, 284 m; 02 Langensiefen, 286 m; 03 Kreuzung Teerstraße, 281 m; 04 Schild „Jörgensmühle 5", 221 m

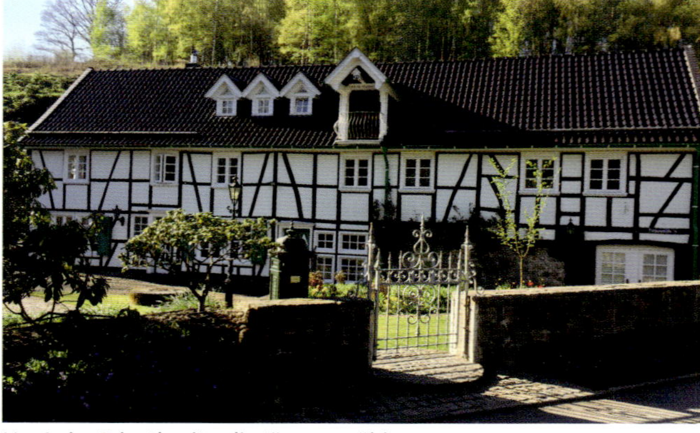

Heute im Privatbesitz: die Jörgensmühle

einen Feldweg hinauf. Er führt uns an einem Aussichtsbankerl vorbei über die Höhen zu einer T-Kreuzung: hier links abbiegen, weiter auf einem steinigen Feldweg. Der Weg führt durch den Wald, an der Kreuzung kurz nach Austritt des Waldes geht es weiter geradeaus. Bald gelangen wir an eine **kleine Teerstraße** **03**, die wir nach rechts hinaufgehen, weiter den Markierungen A3 und T folgend.

Am Steinmarterl vorbei biegen wir nach wenigen Minuten links ab, nun bergauf. Der Weg wird schnell schottrig und führt bald an Wiesen vorbei sanft bergab. An der folgenden Kreuzung mit einem Bankerl biegen wir links ab, weiter abwärts. Um die Rechtskurve herum folgen wir nun dem Hauptweg in den Wald, bald um eine Linkskurve, weiter hinab. Bei der nächsten Gabelung halten wir uns rechts zum Waldrand. Hier können wir wieder an einem Aussichtsbankerl rasten. Wir wenden uns nach rechts, weiter auf unserem Schotterweg. Er führt uns hinab nach Jörgensmühle. Am Ortsrand wenden wir uns links – ein paar Meter nach rechts findet sich die hübsch hergerichtete **Jörgensmühle** **04**, die aber als Mühle nicht mehr zu erkennen ist. Links folgen wir nun A3 und A5. Wir überque-

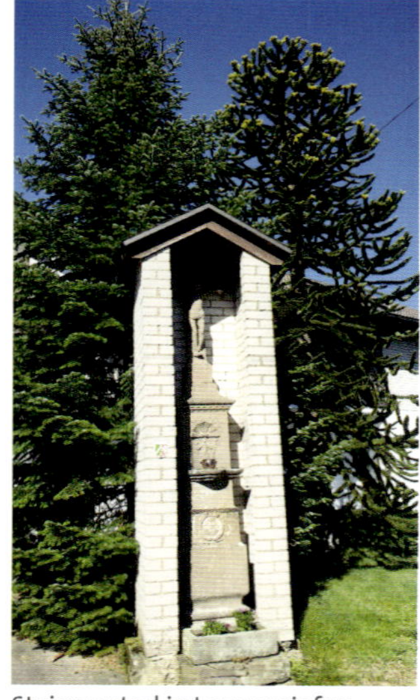

Steinmarterl in Langensiefen

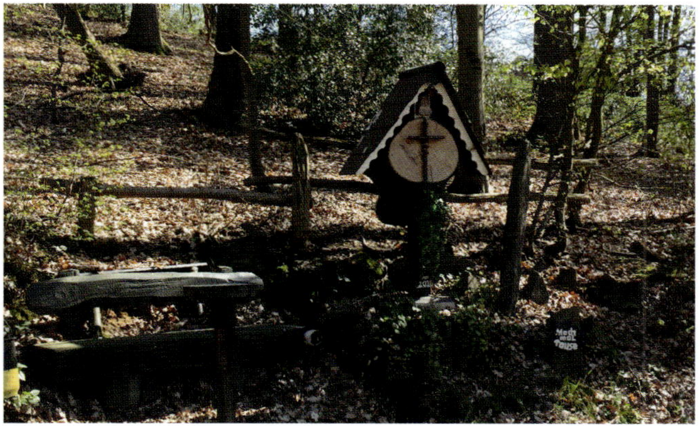

Holzmarterl

ren die Hauptstraße, beim Schild „Jörgensmühle 5“ sofort schräg hinauf auf einen Schotterweg. Er führt uns nach 10 Minuten an einen Teerweg, hier links auf A5, A3 und T. Wir folgen dem Weg nun am Ortsrand entlang, bis wir auf die Vorfahrtsstraße treffen. Hier halten wir uns links zurück zum **Wanderparkplatz Thier 01**.

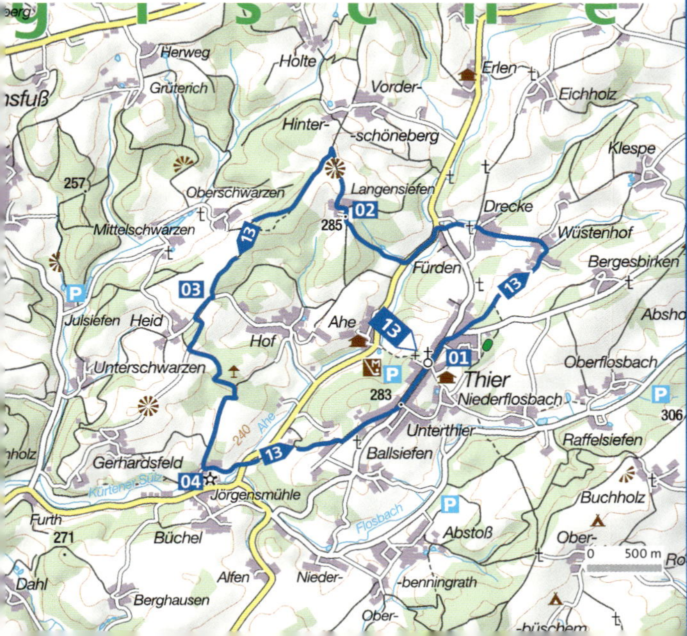

14

VON DOHRGAUL ÜBER AGATHABERG NACH WIPPERFÜRTH

Zu einem der höchstgelegenen Kirchdörfer im Bergischen Land

 14,3 km  4:00 h  280 hm 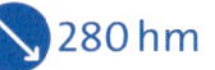 280 hm  494

START | Dohrgaul bei Wipperfürth, von der L302 kommend nach Dohrgaul hinein. Nach ca. 250m die erste Möglichkeit rechts hinauf, 348 m [GPS: UTM Zone 32 x: 391.116 m y: 5.661.787 m]
CHARAKTER | Das Auf und Ab erfordert eine gute Kondition. Die Wege sind gut markiert und begehbar.

Bereits aus der Ferne ist die Kirche St. Agatha zu erkennen. Das hoch gelegene Kirchdorf wird umrundet von einem denkmalgeschützten Kirchweg mit 14 Passionsstationen.

Wir starten am **Wanderparkplatz** in **Dohrgaul** **01**. Es geht zur Straße hinab, dann links mit D1 gemeinsam zur Vorfahrtsstraße. Hier wieder links, dann geradeaus, einen Teerweg aufwärts auf D1 und A3. Wir folgen dem Sträßchen bis Hahnenberg, hier rechts hinab nach Kahlscheuer. In Kahlscheuer verlässt uns D1 nach links, wir folgen dem Weg weiter geradeaus, nun auf dem Kreis. An der Hauptstraße geht es rechts, dann gleich wieder links, wieder einen Teerweg bergauf. An der Gabelung wandern wir geradeaus, Oberdierdorf auf dem Kreis folgen. A1, A3 und A4 gesellen sich nun zu uns. Lange und steil hinauf führt uns der Weg nach **Agathaberg** **02**.

Hier rechts, hinauf zur Hauptstraße, in die wir links einbiegen. An der Kirche geht es wieder rechts

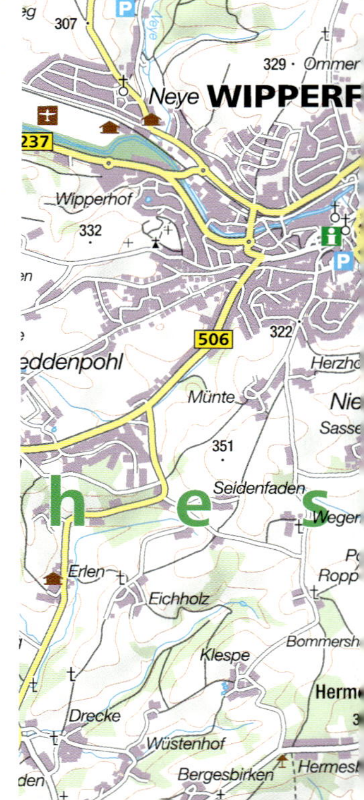

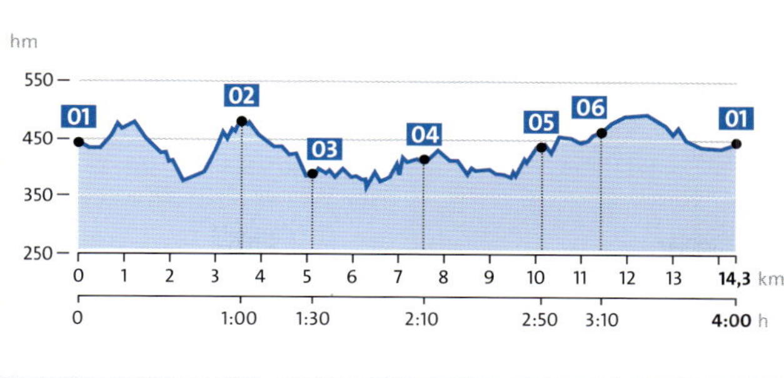

01 Wanderparkplatz Dohrgaul, 348 m; **02** Agathaberg, 371 m;
03 Gaulbach, 286 m; **04** Sportplatz Wipperfürth, 316 m;
05 Bahntrassenunterführung, 286 m; **06** Altensturmberg, 358 m

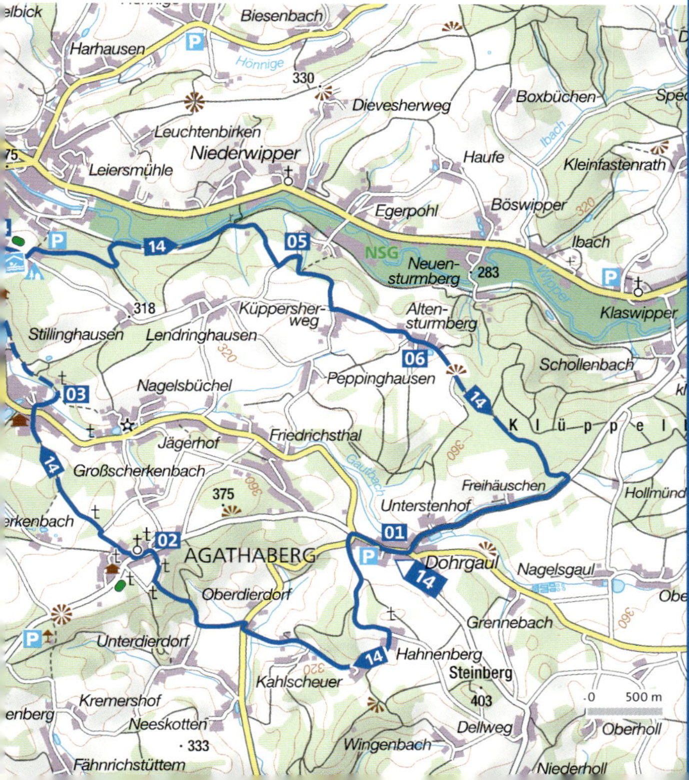

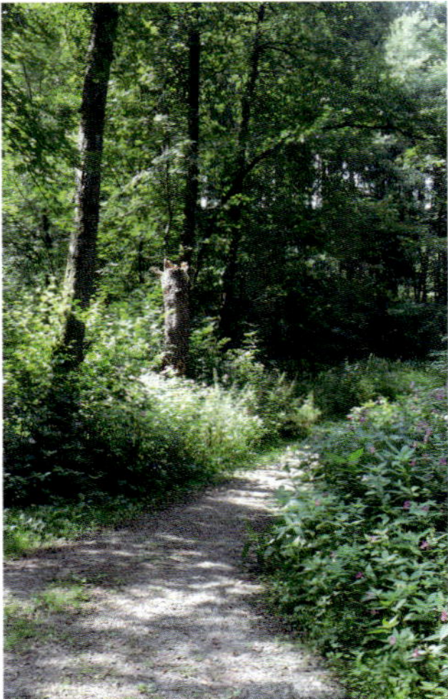

Wälder bei Agathaberg

Richtung Großscherkenbach. Am Wald führt uns ein Weg in der Rechtskurve geradeaus weiter auf einen Feld- und Waldweg. Wir folgen ihm bis Niedergaul. Über die Vorfahrtsstraße geht es geradeaus hinüber, dann folgen wir einem schmalen Teerweg rechts um die Kurve. Nach einem kurzen Stück biegen wir gleich nach der Überquerung des **Gaulbaches** 03 nach links auf einen Waldpfad ein.

Nun geht es immer geradeaus am Bach entlang. Am breiten Forstweg halten wir uns links. Wir folgen ihm bis zu ein paar Häusern, kurz die Straße entlang und wieder auf einen Pfad in den Wald. Wir gelangen zu einem Wohngebiet und folgen nun dem Verlauf des Sonnenwegs, an der Kersting-Stiftung vorbei. An der Straße „Brunsbachmühle" biegen wir rechts in einen Fußgängerweg ein. Gleich darauf halten wir uns wieder rechts bis zur breiten Ostlandstraße. Nun wenden wir uns nach rechts, die Straße hinauf. Ein Stück weiter oben treffen wir auf die „Straße der Arbeit" und die Raute. Weiter geradeaus, an den Schulstätten und am **Sportplatz von Wipperfürth** 04 vorbei.

Am Ende des Sportplatzes biegen wir links auf einen Schotterpfad hinab ab. Unten an der Kreuzung halten wir uns erneut links. Wir erreichen die alte Bahntrasse, der wir nun nach rechts folgen. Nach gut 15 Minuten biegen wir rechts auf einen Waldweg ab. Er führt uns abwärts zur **Bahntrassenunterführung** 05, hier rechts weiter aufwärts.

Der Weg geht allmählich in einen breiteren Waldweg über. An der gepflasterten Straße nun links hinab, nach rund 100 Metern wieder rechts, auf dem „Küppersherweg" wieder hinauf. Am Ortsrand von Küppersherweg wenden wir uns links nach Altensturmberg. Über ein asphaltiertes Sträßlein geht es über die Höhe nach **Altensturmberg** 06, das wir durchqueren. Danach auf schmalem Sträßlein weiter; ca. 150 Meter nach dem Ort zweigt nach links ein Waldweg ab. Wir folgen ihm und treffen nach ca. 10 Minuten an einer Kreuzung auf den „Bergischen Panoramasteig", dem wir nun geradeaus weiter Richtung Ohl folgen. Der Weg führt nun erst schmal, dann breit, dann wieder schmäler durch den Wald hinab bis zur Straße. Hier wenden wir uns nach rechts und wandern mit A4 gemeinsam zurück nach **Dohrgaul**.

Im Ort halten wir uns an der Hauptstraße rechts und erreichen bald den **Wanderparkplatz** 01.

IN DIE STEINBRÜCHE BEI LINDLAR

Auf dem alten Steinhauerpfad

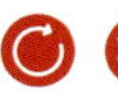 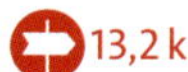 13,2 km 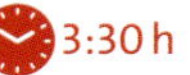 3:30 h 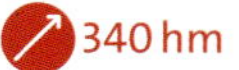 340 hm 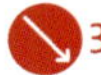 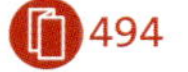 340 hm 494

START | Marktplatz in Lindlar, 224 m
[GPS: UTM Zone 32 x: 386.200 m y: 5.653.182 m]
CHARAKTER | Meist breite Wege; Orientierungssinn und Trittsicherheit sind beim Steinhauerpfad notwendig, Aufmerksamkeit bei der Orientierung in den Wäldern um Schlüsselberg und Heibach. Sonst breite Wald- und Teerwege und ein ständiges Auf und Ab.

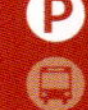

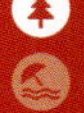

In den Steinbruchbetrieben rund um Lindlar wird seit über 300 Jahren Grauwacke abgebaut und verarbeitet. Die Grauwacke prägt seit fast eintausend Jahren den Kulturraum des oberbergischen Landes. Sie ist ein graubraunes bis graugrünliches Sedimentgestein, das zur Herstellung von Bodenplatten, Fenstereinfassungen, Mauer- und Pflastersteinen verwendet wird. In und um Lindlar sind einige historische Gebäude mit diesem Gestein gebaut worden, so etwa die St. Severin-Kirche im Herzen von Lindlar.

▶ Wir parken am **Marktplatz** von **Lindlar** 01. Am Brunnen direkt bei den Parkplätzen vorbei geht es auf den „Steinhauerpfad“, den „Bergischen Streifzug“ Nummer 8. Zwischen alten Mauern hindurch wandern wir leicht hinauf auf einem gepflasterten Weg. Am Ende der Mauer rechts, dann gleich wieder links in die Straße „Am Falltor“. Wir folgen einer schmalen Gasse hinauf, oben halten wir uns schräg rechts und laufen über den Friedhof. Hinter dem Friedhof an der Straße halten wir uns rechts, hinab zur Hauptstraße, die wir ge-

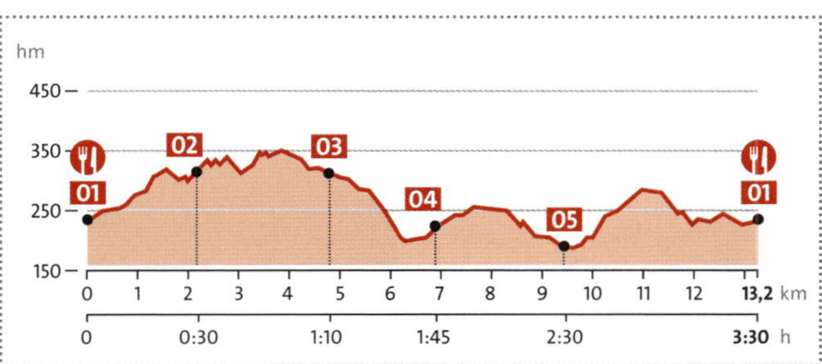

01 Marktplatz Lindlar, 224 m; 02 Steinhauerpfad, 313 m; 03 Hönighausen, 320 m; 04 Kapellensüng, Pfarrkirche St. Agatha, 222 m; 05 Heibach, 185 m

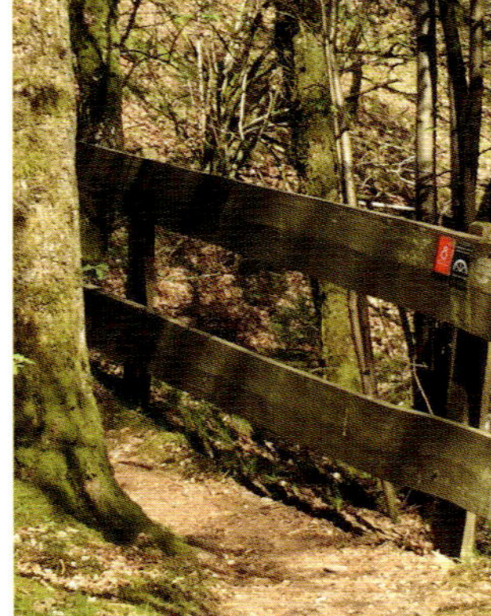
Auf dem Steinhauerpfad

radeaus in die Borromäusstraße queren. Schotter führt uns schnell bergauf, bald an Häusern vorbei. An der Teerkreuzung geht es nach links wieder hinauf in den Wald. Wir folgen ihm bis zur Gabelung, hier rechts, weiter bergauf, weiter auf dem „Steinhauerpfad“. Der Weg mündet in eine asphaltierte kleine Straße, die wir nach links hinabgehen. Vor uns können wir durch den Zaun den Steinbruch erspähen. Wir wenden uns nach rechts hinauf; nach ca. 100 Metern führt uns der richtige **Steinhauerpfad** **02** scharf nach links.

Auf einem Pfad führt uns der Weg nun durch das Steinbruchgebiet, schlängelt sich mal auf, mal ab. Nach ungefähr 20 Minuten erreichen wir über sechs Steinstufen wieder einen breiten Waldweg. Hier biegen wir rechts ab und folgen nun dem halben Mühlrad, der Markierung des Themenwanderwegs „Straße der Arbeit“. Es geht zunächst abwärts, an der nächsten Kreuzung jedoch gleich rechts wieder hinauf. Oben an der Kreuzung mit dem Steinkreuz weiter geradeaus und bergauf. Wir verlassen den Wald, der Weg mündet in einem asphaltierten Weg. Wir folgen ihm bis zu einer T-Kreuzung, hier links abbiegen, nun auf dem Dreieck, hinab nach **Hönighausen** **03**.

Wir marschieren durch das Örtchen hindurch, geradeaus weiter auf den Schotterweg. Diesem folgen wir nun immer – auch über die nächste Kreuzung – geradeaus. Im Wald wird er zu einem Teerweg. Wir folgen ihm stetig hinab bis Hartegasse. Hier treffen wir auf eine Straße, in die wir links einbiegen und bis zur Hauptstraße folgen. Hier wieder links, nach rund 20 Metern rechts in den „Mühlenweg“ (Dreieck und A3). Wir folgen dem Sträßlein, das uns schnell auf einen asphaltierten Weg am Bach entlang führt. Ein

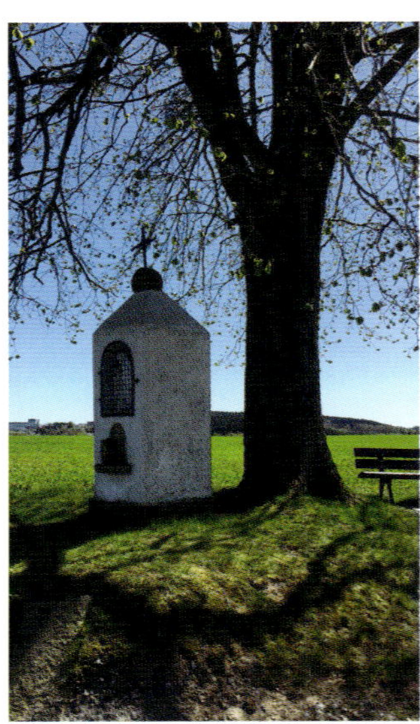
Steinmarterl

kurzes Stück später geht es rechts hinauf auf einen Schotterweg. Er wird bald zu einem Wiesenpfad, der uns auf eine Straße und weiter hinauf zur **Pfarrkirche St. Agatha** in **Kapellensüng** **04** bringt.

Hier folgen wir der Straße „Lindenfeld" links haltend aus Kapellensüng heraus Richtung Schlüsselberg, auf A1 auf geteertem Weg bergauf. Wir passieren Hammen, es geht weiter geradeaus, nun ebener. Durch das Örtchen Schlüsselberg hindurch folgen wir ab hier dem Balken. Am Ende des Ortes biegen wir am letzten Haus rechts erst auf Schotter ab und wandern dann auf einem Feldweg leicht bergauf. An der folgenden Weggabelung geht es links leicht hinab auf einen Wiesenweg. Immer steiler führt er uns in den Wald hinab, nach einer scharfen Linkskurve halten wir uns gleich wieder links in einen schwer erkennbaren und schlecht gekennzeichneten Waldweg. Wir folgen ihm leicht hinab, bald aus dem Wald heraus, wo wir auch ein Bächlein queren. Es geht nun auf Wiese am Waldrand entlang hinauf zu einer Straße. Hier geht es links hinab nach **Heibach** **05**.

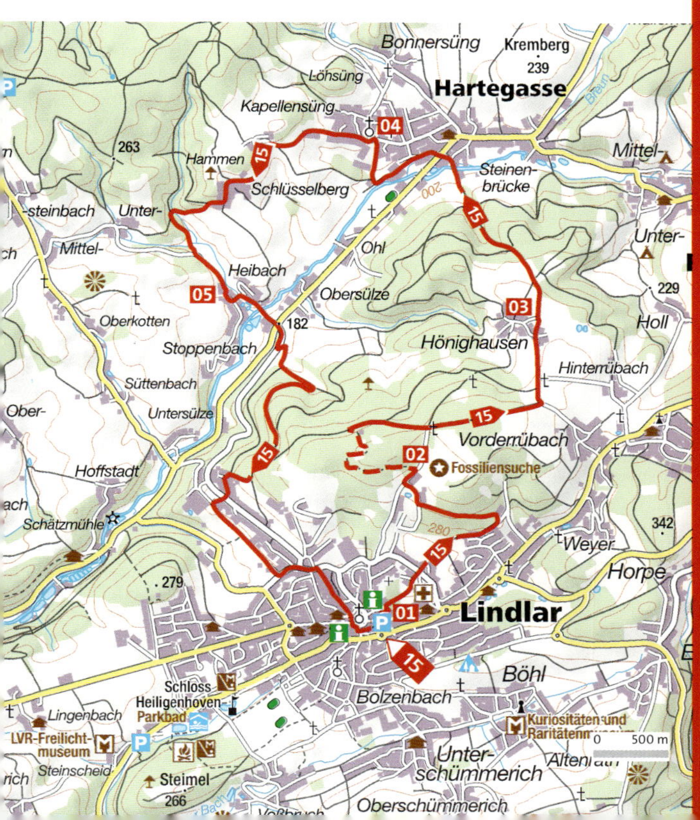

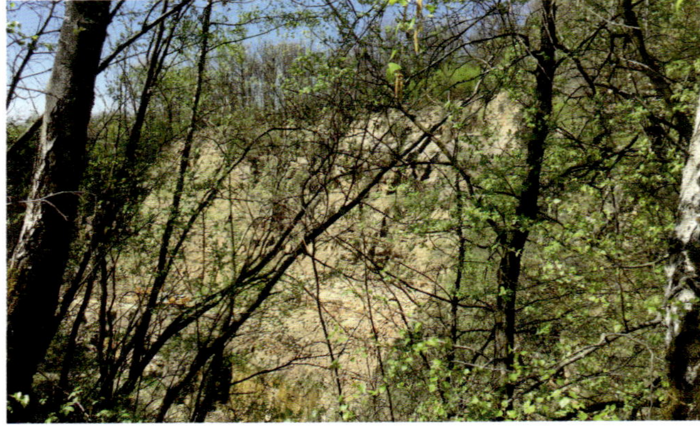
Blick in den Steinbruch

Wir laufen durch den Ort hindurch, bis wir zur L284 gelangen. Wir überqueren sie geradeaus, folgen der Straße jedoch nur wenige Minuten, bis uns der Balken scharf links auf einen Forstweg hinaufführt. Diesem folgen wir nun, kurz nach Waldeintritt halten wir uns an der Gabelung links, etwas später an der Gabelung biegen wir rechts ab, weiter aufwärts. Nach rund 10 Minuten gesellt sich von links ein Weg zu uns, wir bleiben weiter geradeaus. Bald geht es hinab zum Ortsrand von **Lindlar**.

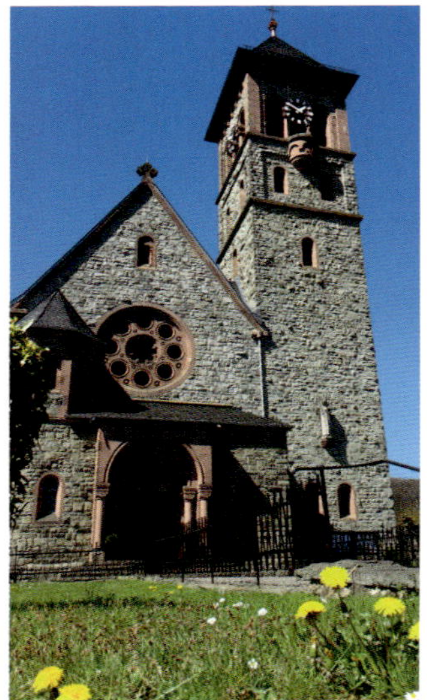
Kirche in Kapellensüng

Wir sind nun auf einer Straße im Wohngebiet angelangt und folgen ihr nun immer links haltend hinab zur Hauptstraße. Wir überqueren diese und wenden uns nach links, nach etwa 40 Metern biegen wir rechts ab. Der Balken führt uns rechts haltend kurz über Schotter an einem Hof vorbei, nach wenigen Metern müssen wir links abbiegen (das Wegzeichen an der Mauer ist schwer zu erkennen!). Wir sehen schon den Pfad, der uns nun zwischen Ortsrand und Wiese zu einer Straße führt. Diese links hinauf, nun immer der Vorfahrtsstraße folgen, bis wir bei der Kamper Straße rechts abbiegen. Wir folgen ihr nun immer hinab, links über den Kirchplatz zurück zum **Marktplatz Lindlar** 01.

VON LINDLAR NACH HEILIGENHOVEN

Auf Wallfahrt zu den kleinen Kapellen rund um Lindlar

  11,2 km 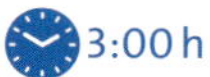 3:00 h 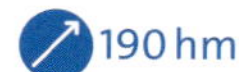 190 hm  190 hm  494

START | Marktplatz in Lindlar, 223 m
[GPS: UTM Zone 32 x: 386.200 m y: 5.653.182 m]
CHARAKTER | Angenehm breite Wege und abwechslungsreiche Landschaften.

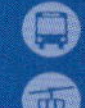
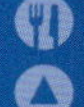

Schloss Heiligenhoven, eine ehemalige Burg und Rittergut, wurde 1928 vom Kreis Wipperfürth erworben. Fast 30 Jahre später wurde es an eine Stiftung verkauft, die es in eine Erholungsstätte umwandelte. Bei einem Brand 1973 brannte es vollkommen nieder und wurde in neobarocker Formensprache neu errichtet. Der wunderschöne Schlosspark von Heiligenhoven ist im englischen Stil eines Landschaftsparks angelegt und öffentlich zugänglich.

▶ Wir starten am **Marktplatz** von **Lindlar** 01 bei der Touristeninfo, gegenüber vom Supermarkt. An der Dr.-Meinerzhagen-Straße wenden wir uns am Kreisverkehr links, stadtauswärts. Wir folgen dem Balken ein paar Meter, dann führt er uns nach rechts in die Straße „Am langen Hahn". Nach einem kurzen Stück führt uns die Straße nach links weiter. An der nächsten Möglichkeit rechts, „Am langen Hahn" weiter hinauf. Oben links auf den Schwalbenweg, nun zusammen mit A3 und dem Jakobsweg. Wir folgen der Straße weiter hinauf, bald links in den Lerchenweg. Schon bald weisen uns die Schilder den Weg nach rechts, über Treppen hinauf. Oben an der Straße wenden wir uns

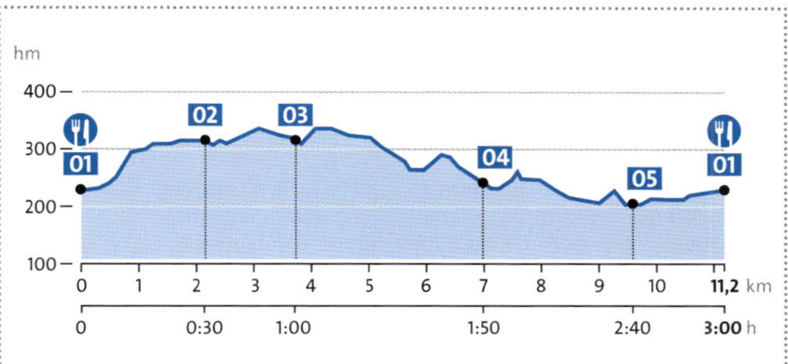

01 Marktplatz Lindlar, 223 m; 02 Eichholz, 302 m; 03 Burg, Marienkapelle, 304 m; 04 Voßbruch, 230 m; 05 Schlosspark Heiligenhoven, 213 m

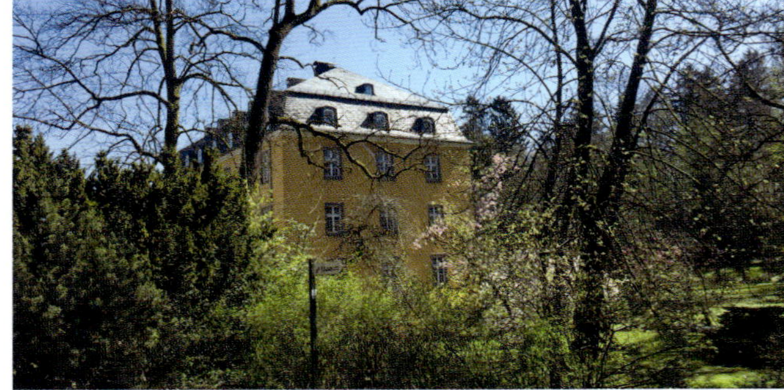

Schloss Heiligenhoven

nach links und verlassen allmählich Lindlar; am Kreisverkehr halten wir uns rechts und erreichen nach 15 Minuten **Eichholz** 02.

Durch den Ort hindurch, am Ortsende biegen wir rechts in die Talstraße ein, kurz darauf links in die Burger Straße und folgen nun dem Bergischen Panoramasteig und dem halben Mühlrad („Straße der Arbeit"). Achtung: der Bergische Panoramasteig wurde auf diese Ausweichstrecke verlegt, da aufgrund von Sturmschäden die ursprüngliche Streckenführung nicht mehr begehbar ist.

Wir folgen dem schmalen asphaltierten Weglein bis nach **Burg**. An der **Marienkapelle** 03 biegen wir rechts ab und wandern auf einem Feldweg bergauf. An der nächsten Kreuzung halten wir uns links Richtung Voßbruch, nun geht es auf breitem Schotterweg über die Höhen. An der T-Kreuzung halten wir uns links, leicht abwärts. Nach ein paar hundert Metern führen uns der Jakobsweg und der Bergische Panoramasteig rechts über einen Wiesenweg weiter hinab. Wir folgen dem Weg für etwa 15 Minuten erst auf-, dann abwärts. An der Kreuzung folgen wir unserer Markierung weiter auf einem Wiesenweg steil bergab. Am Gartenzaun des ersten Hauses zweigen wir links auf einen Wiesenpfad ab, der uns sanft hinaufführt und schnell breiter wird. Wir erreichen einen Feldweg, dem wir geradeaus hinabfolgen. An den Höfen vorbei geht es auf ein geteertes Sträßlein weiter abwärts. Bevor wir unten an die Gabelung gelangen, führt der Bergische Panoramasteig rechts auf einem schmalen Pfad zwischen den Häusern hindurch. Unten am Sträßlein wenden wir uns nach rechts und folgen unserem Zeichen nach **Voßbruch** 04 und bald aus dem Ort heraus bergauf.

Beim Ortsendeschild geht es geradeaus auf einen Teerweg Richtung Johanneskapelle. An der nächsten Kreuzung links auf einen Waldweg hinauf zur Kapelle. An der folgenden Gabelung halten wir uns links: Wir verlassen hier den Bergischen Panoramasteig und folgen nun A1 und A3. Sie führen uns hinab, bald aus dem Wald heraus, am Waldrand entlang bis zu einer weiteren Kapelle, der Dreifaltigkeitskapelle

Unterheiligenhoven. Hier wenden wir uns nach rechts, weiter auf A1. Wir folgen dem Weg nun immer geradeaus; nach rund 5 Minuten machen wir einen Abstecher nach links hinab über eine Brücke, dem Schild „Schloss" folgend. Wir erreichen den **Schlosspark Heiligenhoven 05**.

An den Weihern vorbei wandern wir durch den Park Richtung Schloss. Beim Schloss führt uns der Parkpfad rechts wieder hinauf. Wir erreichen unseren Weg, den wir kurz zuvor verlassen haben, und biegen wieder nach links ein, folgen damit dem Zubringer Bergischer Panoramasteig, immer geradeaus. Bald kreuzen wir einen asphaltierten Weg, dann wird unser Weg zum Pflasterweg. An dessen Ende kurz nach links und wieder rechts, über den Pendlerparkplatz hinüber. Geradeaus weiter über die Straße führt der Weg nun durch ein Wohngebiet und schließlich wieder auf die Dr.-Meinerzhagen-Straße. Wir halten uns rechts und erreichen kurz darauf wieder den **Marktplatz** in **Lindlar 01**.

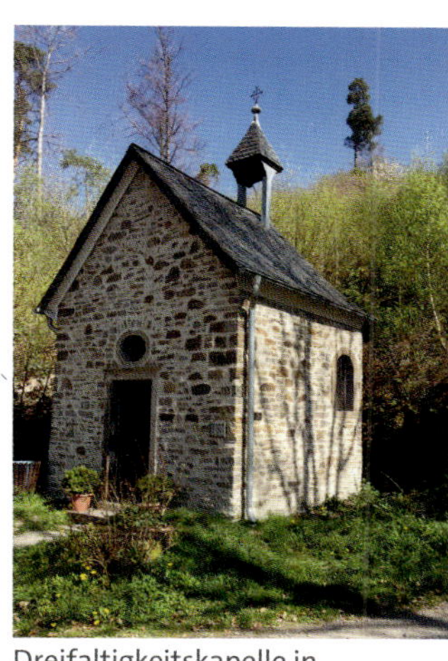

Dreifaltigkeitskapelle in Unterheiligenhoven

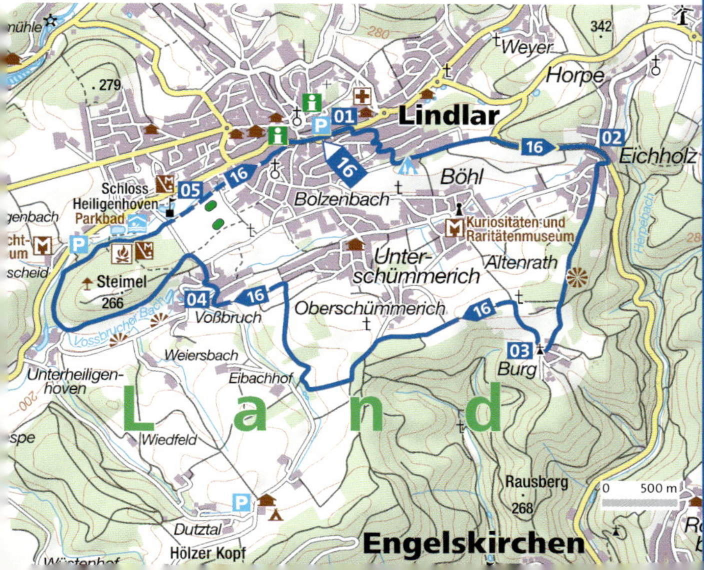

17

VON DER SCHEELER MÜHLE ZUM SCHLOSS GIMBORN

Auf zu verfallenen Burgen und Schlössern

 11,7 km  3:15 h  240 hm  240 hm 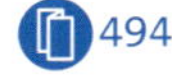 494

START | Scheel, in der Mitte der Straße „Scheeler Mühle“, nahe der Scheelbachhalle, 232 m
[GPS: UTM Zone 32 x: 390.174 m y: 5.656.215 m]
CHARAKTER | Die Anstiege in dieser Tour sind teils sehr steil und führen durch unwegsames Gelände. Lange Hosen sind hier aufgrund von stacheligem Buschwerk nicht verkehrt! Gute Orientierung erforderlich, da oft die Markierungen fehlen!

Im Wasserschloss Gimborn residierten schon im 16. Jahrhundert die Herren von Schwarzenberg. Die Wasserburgruine Eibach befindet sich östlich von Scheel in einem kleinen See. Die Anlage stammt aus der Mitte des 10. Jahrhunderts. Die Burgruine Neuenberg war einst eine Höhenburg, umgeben von einem Ringwall und einem Ringgraben. Baugeschichtliche Befunde der Burg weisen auf eine Entstehung im 12. Jahrhundert hin.

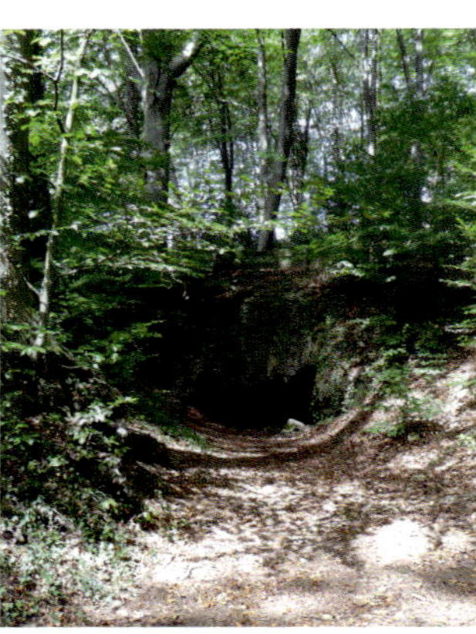
Zwergenloch

Wir starten unsere Tour am **Pendlerparkplatz Scheeler Mühle** 01. Der Weg führt uns auf der Markierung A3 am Sportplatz vor-

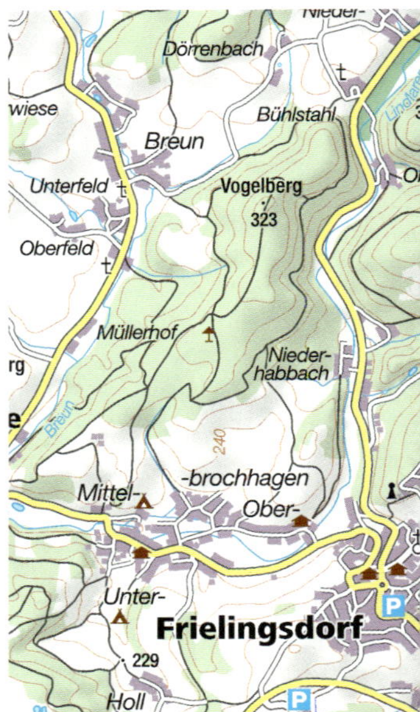

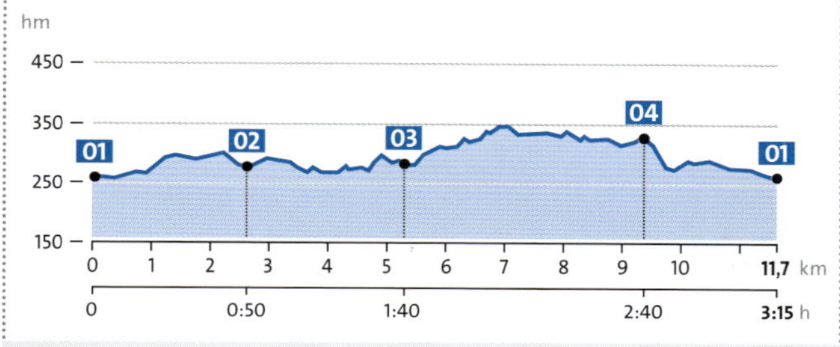

01 Pendlerparkplatz Scheeler Mühle, 232 m; 02 Ruine Eibach, 262 m; 03 Schloss Gimborn, 270 m; 04 Ruine Neuenberg, 336 m

bei. Wir erreichen bald ein Sträßlein, in das wir rechts einbiegen. In der folgenden Linkskurve im Anstieg biegen wir halb rechts auf einen Wiesenweg ab, der uns sehr steil durch hohes Gras und Disteln nach oben führt. Achtung: Der Weg ist unübersichtlich markiert. Wir treffen auf einen Forstweg, in den wir links einbiegen (Achtung: keine Markierung!). An der nächsten großen T-Kreuzung biegen wir am Weidezaun links ab und gelangen an eine Straße, die wir überqueren. Auf dem Feld- und Waldweg geht es weiter, bis uns nach ungefähr 500 Metern ein Holzschild links hinab zur Ruine Eibach schickt. Wir folgen dem unmarkierten (!) Pfad bergab durch gero-

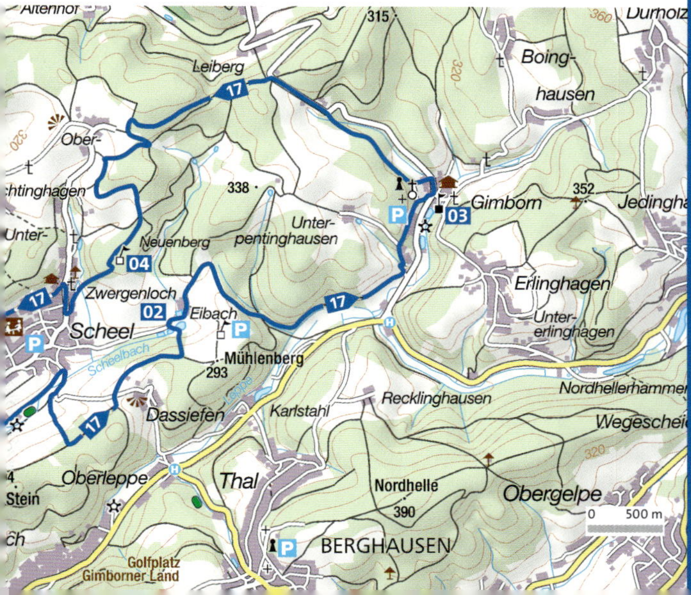

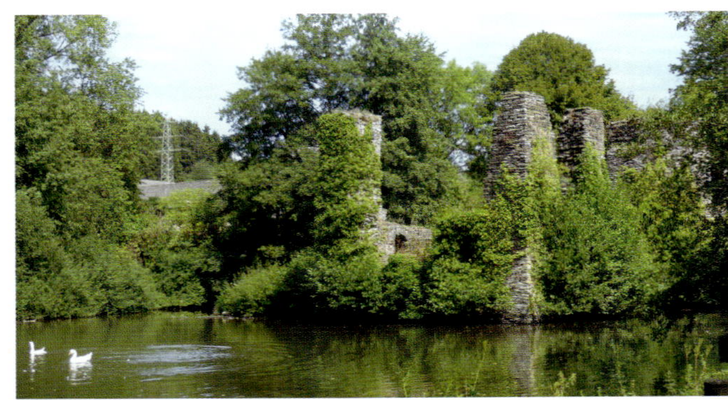

Ruine der Wasserburg Eibach

deten Wald, bis wir auf zwei Weiher stoßen. Hier wenden wir uns nach links und gleich darauf geht es wieder rechts, zwischen den beiden Weihern hindurch zur Straße. Hier biegen wir rechts ab und haben schon zu unserer Linken den Blick auf die **Ruine Eibach** 02.

Wir folgen der Straße am Gut Eibach vorbei auf einen Feldweg. Er führt uns bergauf, wenige Meter später an eine Kreuzung: Hier geht es weiter geradeaus mit der Markierung A1. Wir folgen dem Weg nun immer geradeaus bis zu einem Teersträßchen, in das wir links einbiegen. Gleich nach der Rechtskurve geht es links einen äußerst steilen Pfad hinauf. Er endet in einer Straße, die uns nach rechts hinab zum **Schloss Gimborn** 03 führt.

Unten am Schlosshotel halten wir uns links weiter auf A2 in die „Naturparkstraße". In der Kurve geht es gleich wieder links auf A1/A2, über eine Wiese hinauf in den Wald. Im Wald halten wir uns rechts und gelangen nach stetem Auf und Ab an die Hauptstraße. In diese biegen wir nach links ein, geradeaus etwas bergan, in der nächsten Rechtskurve führt uns auf der linken Seite gleich der erste Weg rechts auf Schotter. Auf breitem Weg wandern wir nun immer geradeaus, bis wir nach gut 20 Minuten eine T-Kreuzung erreichen. Hier biegen wir links ab und folgen diesem Weg nun um die Kurve herum, leicht bergab. An der folgenden Kreuzung im Wald geht es nach rechts, bergauf und aus dem Wald heraus. Wir folgen dem Weg am Waldrand entlang. Schnell führt er uns wieder abwärts: Noch bevor wir die Straße erreichen, biegen wir jedoch links A3 folgend auf einen weiteren Feldweg ab. Er verläuft erst in einer Linkskurve, dann in einer Rechtskurve, schließlich leicht abwärts zu einer Kreuzung am Waldrand, wo uns ein Schilderbaum erwartet. Das Holzschild schickt uns geradeaus weiter über die Kreuzung hinüber Richtung **Ruine Neuenberg** 04, die kurz darauf erreichen.

Weiter auf dem Weg, links leicht hinter uns liegt die Ruine. Nun halten wir uns ein paar Meter geradeaus, dann links und gleich wieder

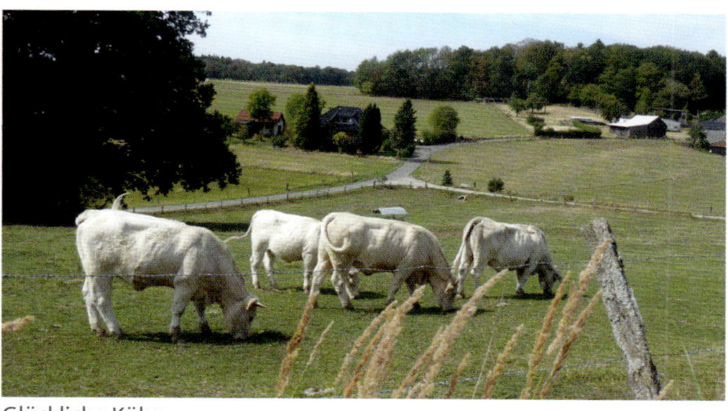

Glückliche Kühe

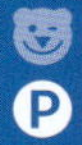
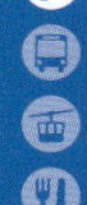
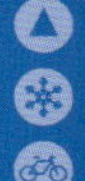
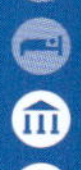

rechts. Hier gibt es keine Schilder, etwas Orientierungssinn ist daher erforderlich! Nach gut 50 Metern wird aber der Pfad wieder erkennbar, der nun steil hinabführt, am Zwergenloch vorbei. Unten angekommen halten wir uns rechts über ein Brücklein und folgen dem Pfad nach ein paar Metern links und dann rechts zwischen einer Hecke und einem Gartenzaun hindurch. An der Straße biegen wir nach rechts ab, nun immer bergauf. An der „Alten Landstraße" zweigen wir nach links ab und folgen dieser gut 500 Meter hinab. In der Linkskurve führt ein schmaler gepflasterter Fußgängerweg geradeaus weiter bergab. Wir treffen nun auf die „Neue Landstraße" und folgen ihr weiter bergab. An der Hauptstraße halten wir uns links, nach rund 50 Metern führt eine Straße nach rechts hinab zur **Scheeler Mühle** und zurück zum **Pendlerparkplatz 01**.

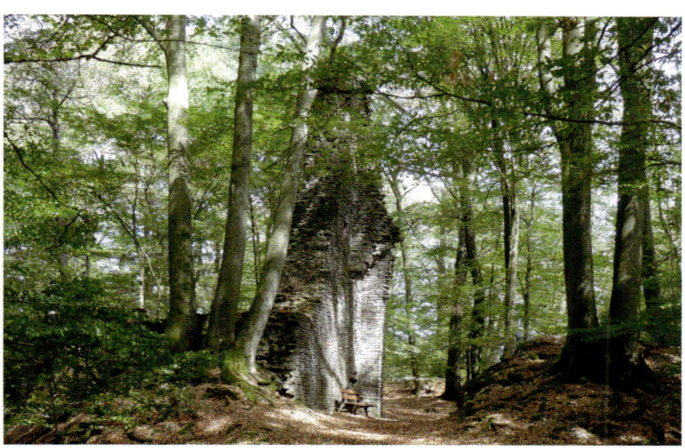

Ruine Neuenberg

VON MARIENHEIDE ZUR BRUCHER TALSPERRE

Wanderspaß und Badevergnügen

 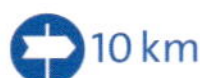 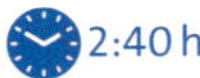   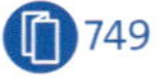

10 km | 2:40 h | 180 hm | 180 hm | 749

START | Marienheide, an der Straße „Zum Wasserturm“ P&R Parkplatz, 353 m
[GPS: UTM Zone 32 x: 397.258 m y: 5.660.095 m]
CHARAKTER | Oftmals hoch und runter auf meist sehr bequemen Wegen.

Die Brucher Talsperre dient der Hochwasserregulierung und der Niedrigwasseraufhöhung. Das aufgestaute Gewässer ist der Brucher Bach, es wird aber auch Wasser aus der Wipper zugeführt. Der Brucher Stausee hat sich zu einem beliebten Naherholungsgebiet entwickelt, auf dem man schwimmen, surfen und Boot fahren kann.

▶ Wir starten am **P&R-Parkplatz Marienheide** 01 an der Straße „Zum Wasserturm“. Von seinem nördlichen Ende (das vom Supermarkt am weitesten entfernt ist) führt der „Bergische Fuhrmannsweg“ (Nr. 9 der Bergischen Streifzüge) leicht schräg rechts auf die Gleise zu, auf schmalem Schotterweg an Obstbäumen vorbei. Beim Pflasterweg geht es nun rechts bergauf. An der Straße nach links und vor dem Gleisübergang links hinab auf einem Teerweg. Unten führt er uns gleich wieder rechts haltend auf schmalem Pfad hinauf in den Wald. Wir folgen kurz der Markierung durch den Wald. Sie führt uns jedoch schnell wieder heraus, erst bergab, dann wieder bergauf bis zu einer kleinen Straße. Hier kreuzen wir gleich rechter Hand am Bahnübergang

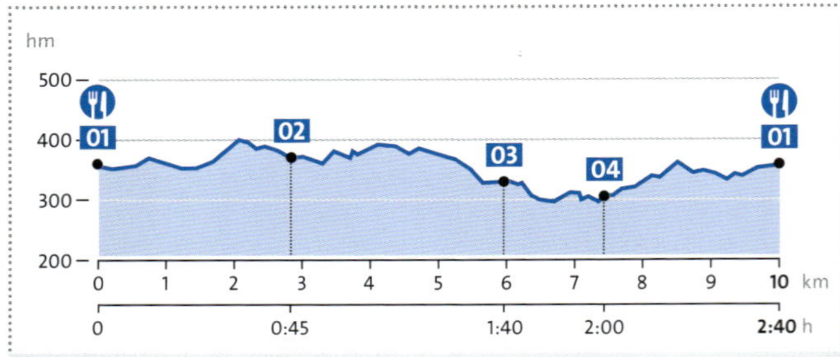

01 Marienheide, P&R-Parkplatz, 353 m; 02 Brucher Talsperre, 376 m; 03 Gleisbrücke, 329 m; 04 Däinghausen, 303 m

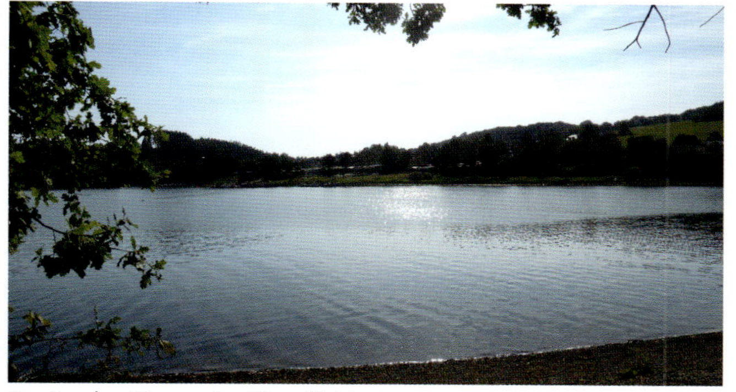

Der Brucher Stausee im Abendlicht

die Gleise. Ein Pfad führt nun am Waldrand und Koppeln entlang. Wir folgen diesem nun immer aufwärts, nach gut 5 Minuten erreichen wir eine der Infotafeln des „Bergischen Fuhrmannsweges Nr. 9“. Der Weg wird breiter; wir folgen ihm, am Tennisplatz links, dann gleich auf dem Teerweg links hinauf und geradeaus hinab zur **Brucher Talsperre 02**.

Hier wenden wir uns auf der anderen Straßenseite auf einen Fußweg nach rechts, am Wasser entlang. Kurz hinter der Infotafel D folgen wir nun A7 rechts die Straße hinauf. Sie führt uns über die B256 in die „Schöneborner Straße“ hinab. Wir folgen nun der Straße, bis sie uns nach wenigen Minuten wieder in einer Linkskurve hinaufführt. An den Hallen von „Arns

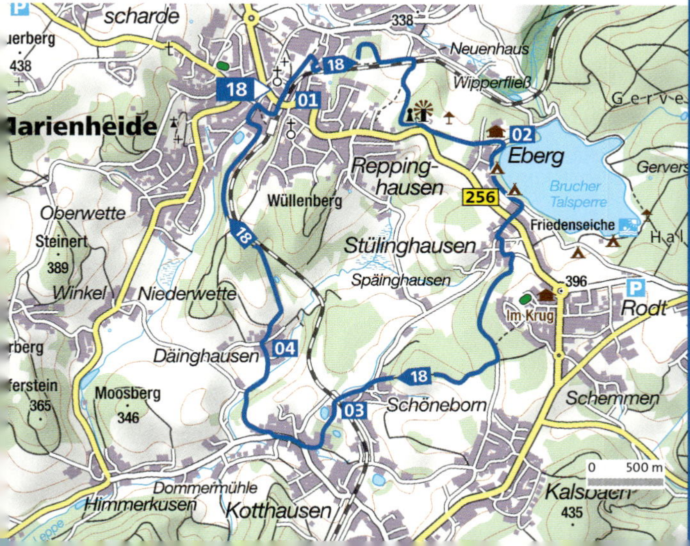

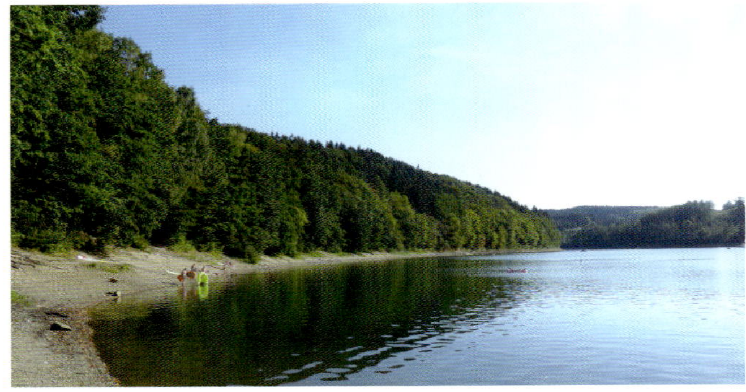

Der Brucher Stausee lädt zum Baden ein

Reisen" vorbei und gleich rechts in den Feldweg abbiegen, weiter auf A7. Der Wald- und Feldweg führt nach gut 15 Minuten an eine große Kreuzung, die wir rechts hinab laufen. An einer Tannenschonung vorbei geht es bald auf schmalem Pfad hinab bis Schöneborn. Bei den ersten Häusern biegen wir rechts auf einen Wiesenweg ein, doch nur für wenige Meter. Er führt uns gleich wieder nach rechts zur Straße. Hier wenden wir uns nach links weiter bergab. Wiederum nach wenigen Metern biegen wir rechts haltend auf die Straße „Im Kämpchen" ab. Wir folgen der kleinen Straße unter der **Gleisbrücke** **03** hindurch und weiter nach Kotthausen.

Rechts um die Kurve bis zur Vorfahrtsstraße, in die wir rechts einbiegen. Wir folgen der „Alten Landstraße" rechts bergauf; sie mündet in einem Feldweg, der uns durch ein Laubwäldchen führt. Weiter bergab, bis wir an eine Teerstraße gelangen, der wir nach rechts nach **Däinghausen** **04** folgen.

Immer geradeaus auf der Straße geht es nun stetig, zum Teil steil bergauf. Der Weg mündet in einen Feldweg. Auf diesem Weg immer entlang, an Koppeln vorbei, bergauf. Achtung: teilweise keine Markierung! Der Weg ist bald wieder teils asphaltiert, zu unserer Rechten begleiten uns nun die Gleise. An der Gleisbrücke wenden wir uns nach links, wählen den rechteren der beiden Wege. Nach rund 150 Metern biegen wir rechts auf einen schmalen Pfad ab, der uns nun hinabführt – Achtung: Diese Abzweigung ist leicht zu übersehen, die Markierungen sind hinter Laubwerk versteckt!

Durch vorwiegend Laubwald geht es nun hinab bis zu einem Weiher. Hier richten wir uns nach rechts. Wir folgen dem Weg durch den Park, halten uns rechts leicht hinauf am Spielplatz vorbei bis zur Straße. Dieser folgen wir geradeaus und biegen an deren Ende nach rechts in die Landwehrstraße ein. An der nächsten Kreuzung biegen wir wieder rechts ab und erblicken schon den Rewe. In wenigen Minuten erreichen wir den Busbahnhof und schlendern zum **Parkplatz Marienheide** **01** zurück.

UM DEN LINGESER SEE

Ein kleiner See für heiße Tage

 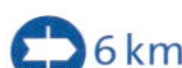 6 km  1:40 h 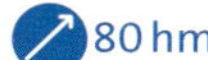 80 hm 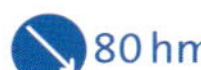 80 hm 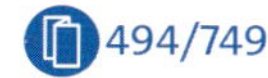 494/749

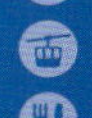

START | Parkplatz Lingesetalsperre, 354 m
[GPS: UTM Zone 32 x: 397.561 m y: 5.661.359 m]
CHARAKTER | Kurze Wanderung auf durchgehend bequemen Schotter- und Asphaltwegen.

Die Tour ist ideal für heiße Tage, denn sie führt überwiegend durch schattigen Wald. Für Abkühlung zwischendurch lädt die Lingesetalsperre (Lingeser See) an vielen Stellen zum Baden ein.

▶ Wir beginnen unsere Wanderung am **Parkplatz Lingesetalsperre** 01 und folgen der Wegmarkierung A6. Beim Campingplatz Lingese wechseln wir auf die andere Straßenseite, von dort geht es auf schmalem Asphaltweg hinunter zum Stausee. Bevor es jedoch ganz zur Wasserkante geht, führt uns die Markierung nach links auf einen Schotterweg. Nach gut 10 Minuten erreichen wir die **Staumauer** 02, auf der wir ans andere Ufer wechseln.

Auf der anderen Seite biegen wir nach links ab, doch schon nach wenigen Metern wenden wir uns wieder nach rechts den Teerweg hinauf, A6 folgend. Wir bleiben auf diesem Weg, der uns zunächst oberhalb des Sees in den Wald führt. Wir wandern durch einen schönen Laubwald. Nach 15 Minuten erreichen wir linker Hand einen **Campingplatz** 03, an dem wir vorbeigehen. Am westlichen Ende des Sees führt A6 auf eine schmale Teerstraße, in die wir rechts einbiegen. Nach einigen Minuten führt uns unsere Markierung

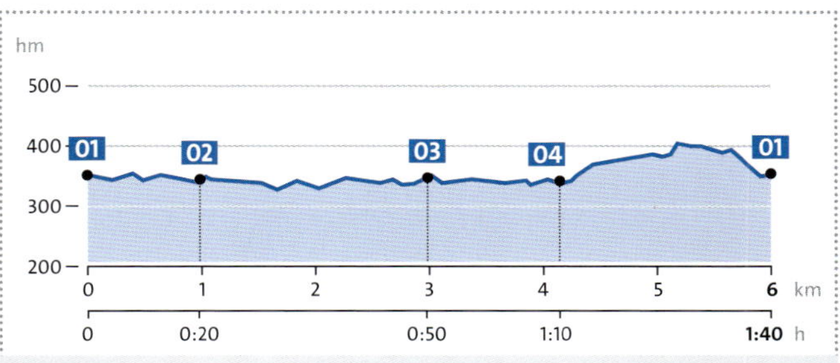

01 Parkplatz Lingesetalsperre, 354 m; 02 Staumauer, 348 m;
03 Campingplatz, 345 m; 04 Linge, 339 m

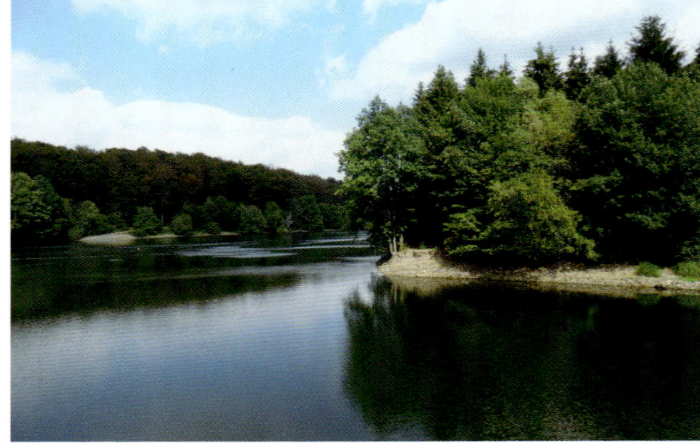

Blick von der Staumauer

auf einem noch schmäleren Teerweg nach rechts leicht bergab. Wir bleiben auf diesem Weg, bis wir eine Straße erreichen. Hier biegen wir rechts ein und gehen auf dem Schotterweg neben der Fahrstraße entlang; vorbei an den hübschen Häuschen von **Linge** 04.
Am Ortsausgang führt uns A6 einen Teerweg links hinauf. Wieder an einem Campingplatz vorbei geht es nun immer bergauf, der Weg geht in einen Feldweg über und bald wieder in einen geteerten Weg. An der Kreuzung im Wald wenden wir uns nach rechts, auf Schotter geht es bergab. Am Wanderschild des Bergischen Wander-

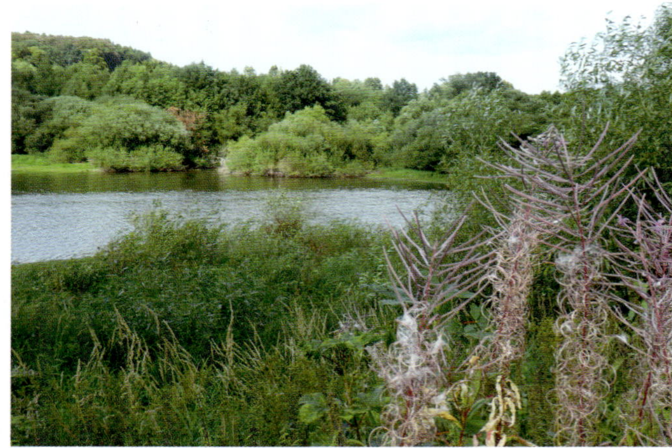

An den Ufern der Lingesetalsperre

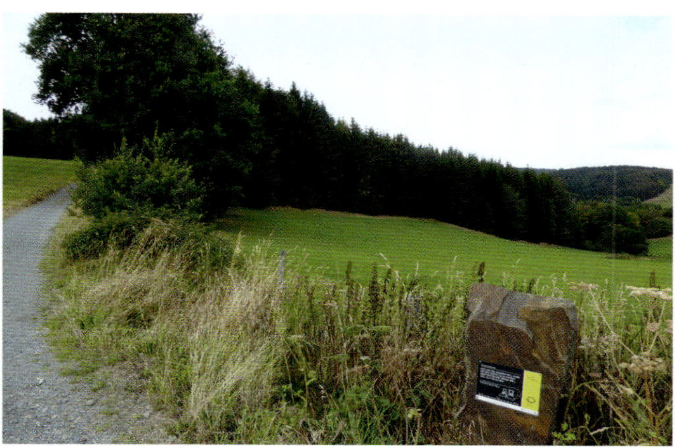

Der Weg zurück zur Talsperre

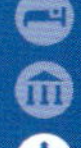

landes folgen wir dem Weg weiter geradeaus, an idyllischen Lichtungen vorbei in den Wald. Kurz nach Betreten des Waldes führt uns der Bergische Panoramasteig links hinauf, zunächst durch einen Laubwald. Im Aufwärtsgang halten wir uns nochmals links; wir folgen dem schönen schmalen Waldweg, bis wir den Ortsrand von Griemeringhausen erreichen. Hier gleich rechts auf den Pfad in den Wald hinab. Wir stoßen auf einen Schotterweg, dem wir geradeaus weiter abwärts folgen. Steil führt er uns schließlich auf einem asphaltiertem Weg zurück zum **Parkplatz Lingesetalsperre 01**.

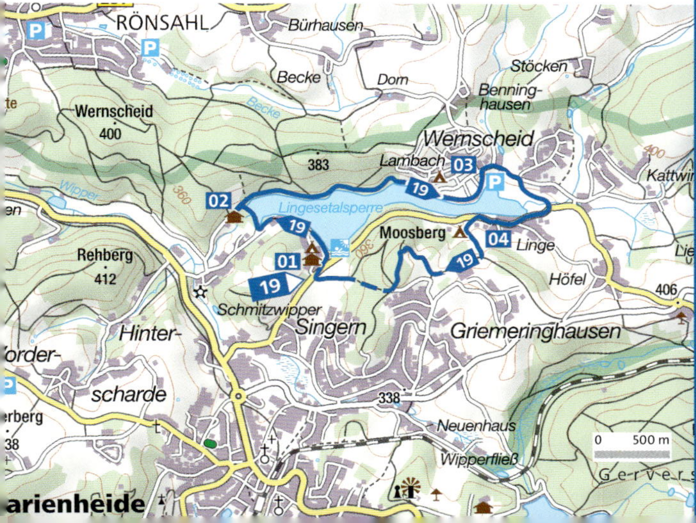

VON DANNENBERG ÜBER DEN UNNENBERG NACH MÜLLENBACH

Vom Aussichtsturm zur Bonte Kerke

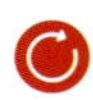 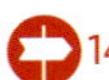 14,5 km  4:00 h 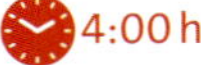 410 hm 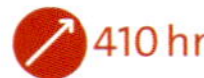 410 hm 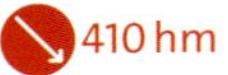 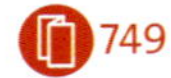 749

START | Dannenberg, Parkplatz von Unnenberg die L337 kommend kurz vor Ortsanfang auf der linken Seite, 442 m
[GPS: UTM Zone 32 x: 402.099 m y: 5.659.086 m]
CHARAKTER | Abwechslungsreiche Tour überwiegend im Wald auf Waldwegen und Waldpfaden; manchmal auch Teersträßlein. Nach Unnenberg geht es lange sehr steil und schmal auf einem Waldpfad bergab. Hier kann es bei Nässe rutschig werden!

Der Unnenberg ist mit einer Höhe von 506 Metern die höchste Erhebung im Oberbergischen Kreis. Vom Aussichtsturm aus hat man einen Panoramablick auf die Genkel- und Aggertalsperre. Bei gutem Wetter reicht die Sicht bis Köln.

Wir starten unsere Tour am **Wanderparkplatz Dannenberg** 01. Von hier aus folgen wir dem Zuweg zum Bergischen Panoramasteig Richtung Genkeltalsperre. Es geht steil hinauf, oben treffen wir auch gleich den Bergischen Panoramasteig, dem wir nach rechts folgen. Im unteren Teil der folgenden Rechtskurve geht es links auf einen Wiesenweg hinab, dann in den Wald. Wir erreichen eine asphaltierte Straße, hier links hinab, unten wieder rechts auf einen Waldweg. Er führt uns nun immerzu bergab, an der Gabelung halten wir uns links weiter auf dem Bergischen Panorama-

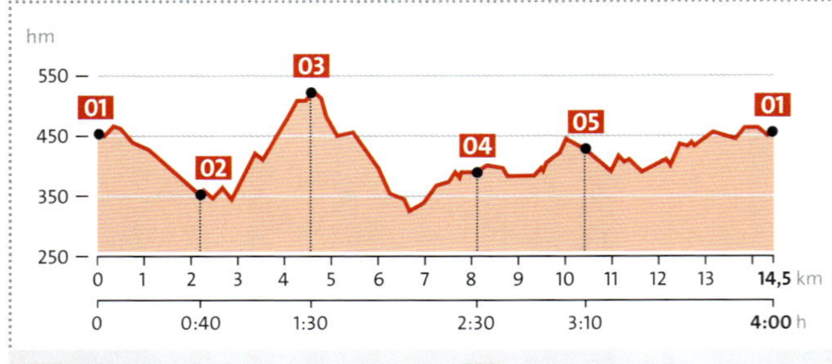

01 Wanderparkplatz Dannenberg, 442 m; 02 Genkeltalsperre, 338 m; 03 Aussichtsturm Unnenberg, 506 m; 04 Obernhagen, 383 m; 05 Müllenbach, 406 m

steig. Nun immer diesem Weg folgen. Nach rund 400 Metern stoßen wir wieder auf eine Gabelung mit einer Infotafel – wir haben die **Genkeltalsperre** 02 erreicht.

Hier geht es nun rechts weiter, der Bergische Panoramasteig verlässt uns nach links, wir folgen dem A2. Bei der nächsten Gelegenheit verlassen wir die Talsperre nach rechts, weiter auf A2 nun einen steilen Waldweg mit viel Wiese und groben Steinen hinauf. An der T-Kreuzung geht es links auf bequemerem Waldweg weiter, noch ein Stück bis zur Straße, die wir geradeaus überque-

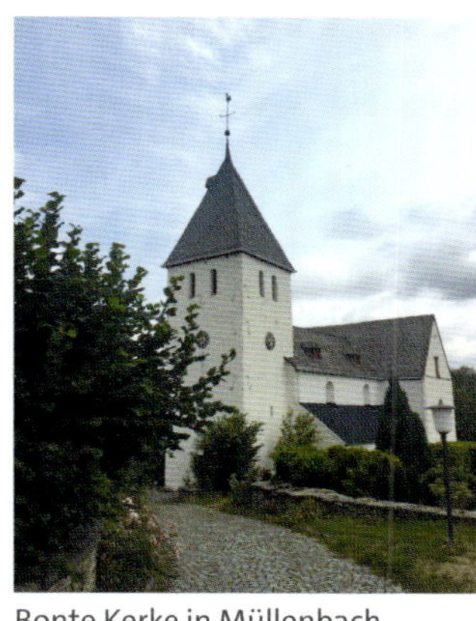

Bonte Kerke in Müllenbach

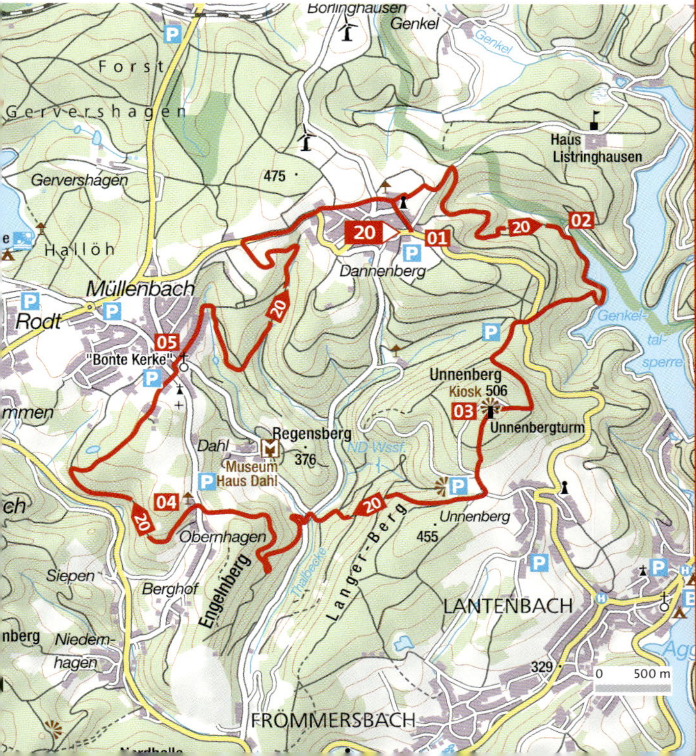

ren. Ein Holzschild zeigt uns nun schon den Weg; auf der asphaltierten Straße wandern wir hinauf zum **Unnenberg** 03 mit dem **Aussichtsturm.**

Der Weg führt zwischen Gaststätte und Turm hindurch. Gleich hinter dem Turm halten wir uns links, auf A2 und X einen schmalen Pfad steil hinab zur Straße. Hier links, nach rund 100 Metern wieder rechts. Am Wanderparkplatz halten wir uns rechts auf einen Waldweg hinab und folgen A3 und X und der „Straße der Arbeit". Der Weg wird bald zum Pfad, immer steiler geht es nun hinab. Wir gelangen an einen breiten Waldweg, hier geradeaus weiter auf dem Pfad hinab. Bald erreichen wir einen weiteren, breiten Waldweg, auch dieser wird gequert. Weiter geht es steil hinab, beim nächsten Waldweg biegen wir diesmal links ein und folgen A3 bis zur Straße. Hier nach links, nach

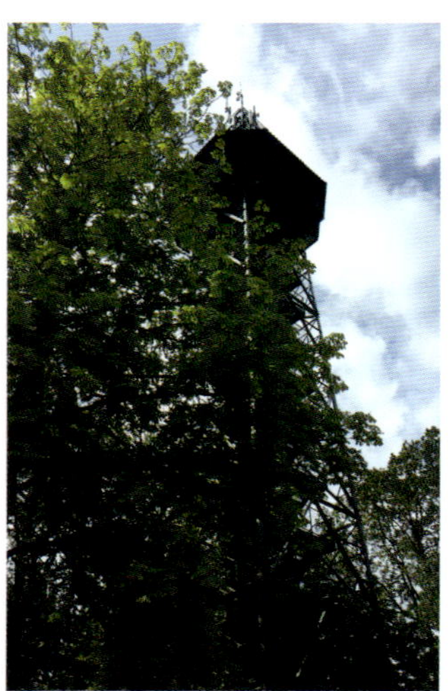

Aussichtsturm Unnenberg

wenigen Meter jedoch wieder rechts hinauf, erneut in den Wald. Wir folgen dem Waldweg nun immer hinauf auf A3, nach rund 10 Minuten an der Bank macht der Weg eine scharfe Rechtskurve. Wir gelangen an den Ortsrand von **Obernhagen** 04 und eine Straße, die wir queren.

Auf der anderen Seite geht es weiter auf einem Wiesenweg, der uns in den Wald leitet. Nach gut 20 Minuten führen uns A2 und A3 scharf nach rechts, ein paar Meter einen Pfad hinauf wieder auf einen Wald- und Wiesenweg, dem wir in einer Waldschneise hinauffolgen. Zu unserer Linken befindet sich ein aufgelassener Steinbruch. Kurz vor Ende des Waldes halten wir uns links, nun auf einem schmäleren Waldweg, der zum Pfad durch Gestrüpp wird und uns an den Ortsrand von **Müllenbach** 05 führt.

Wir folgen der Straße links hinab nach Müllenbach hinein, queren die folgende Straße und halten uns dann gleich links bergab. Ein paar Schritte nur bis zur Kreuzung, dann geradeaus weiter auf A2 und der Straße „Zu den Rödelteichen". An der Rechtskurve geht es weiter auf A2, bei der nächsten Gabelung am Hochstand links abwärts. Unten halten wir uns an der Weggabelung links und folgen A2 nun wieder hinauf. Der Waldweg bringt uns zu einer Straße, der wir nach rechts folgen. Sie führt uns nach **Dannenberg**, direkt geradeaus hinein in den Ort, ein letzter Anstieg, dann immer auf der Straße geradeaus, bis wir zur bekannten Kreuzung mit dem Bergischen Panoramasteig gelangen. Wir folgen dem blauen Zuweg nach rechts abwärts zum **Wanderparkplatz Dannenberg** 01.

ENTLANG DER AGGERTALSPERRE UND NACH LIEBERHAUSEN

Zu einem See mit zwei Armen

 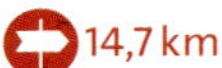 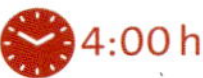 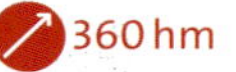 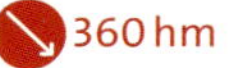 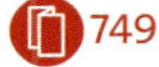

14,7 km | 4:00 h | 360 hm | 360 hm | 749

START | Bruch, Parkplatz Freibad Bruch, 293 m
[GPS: UTM Zone 32 x: 405.361 m y: 5.656.677 m]
CHARAKTER | Etwas längere Tour auf meist bequemen Wegen. Häufige An- und Abstiege, teilweise sehr steil.

In Lieberhausen befindet sich eine von fünf „Bonte Kerken" des Bergischen Landes. Das Kirchlein aus dem 12. Jahrhundert ist im Inneren mit bunten Wandmalereien aus dem Mittelalter verziert. Der Weg führt uns erst entspannt an die Ufer der Aggertalsperre, bis wir – nach einem Besuch auf dem „Knollen" – vorbei an schönen Waldrändern und dicht bewachsenen Wald- und Wiesenwegen schließlich das Fachwerkdorf Lieberhausen erreichen.

Wir starten am **Parkplatz** am **Freibad Bruch** 01 gegenüber der Straße „Am Buchhagen". Auf dem geteerten Sträßlein folgen wir der Markierung A2 hinauf. Nach gut 15 Minuten gelangen wir an eine T-Kreuzung: Hier wenden wir uns nach rechts auf den Schotterweg, weiter bergauf, und folgen nun dem Weg Nummer 10 der Bergischen Streifzüge, dem „Energieweg". Hier erwartet uns auch schon eine Infotafel (E). An der nächsten Kreuzung (bei der Infotafel D) geht es nach

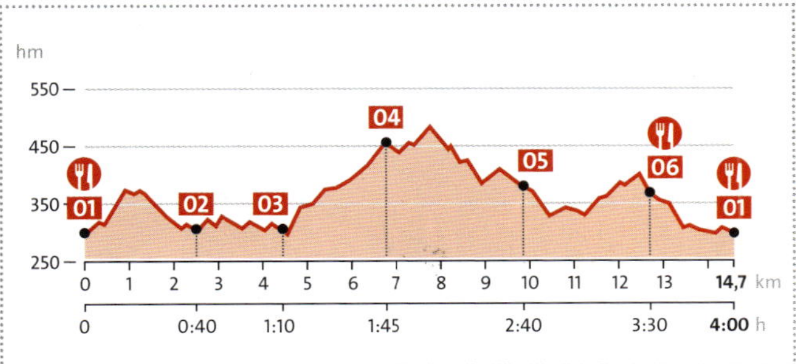

01 Bruch, Parkplatz Freibad Bruch, 293 m; 02 Aggertalsperre, 309 m; 03 Parkplatz Aggertalsperre, 308 m; 04 Aussichtsturm Knollen, 453 m; 05 Höh, 382 m; 06 Lieberhausen, 369 m

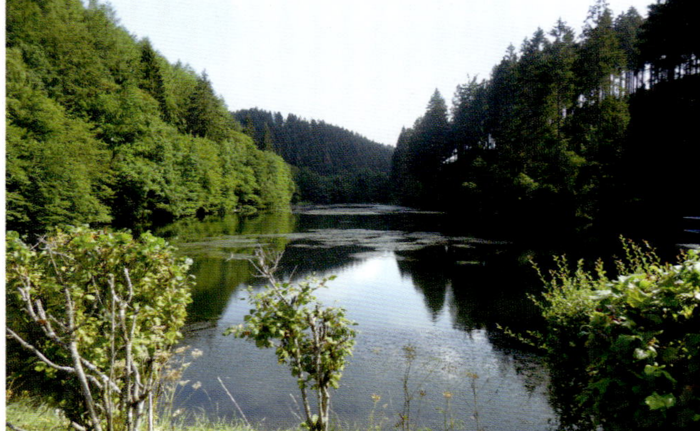

An der Aggertalsperre

links und nach ein paar Metern gleich wieder rechts bergab. Unten an der Gabelung folgen wir dem „Energieweg" weiter geradeaus und bergab. Schließlich führt uns der Weg an einen Teerweg, in den wir rechts einbiegen. An der nächsten Gabelung halten wir uns links und laufen auf einem kleinen Wall über das östliche Ende der **Aggertalsperre** **02**.

Auf der anderen Seite wenden wir uns nach rechts und wandern nun am Wasser entlang. Nach 30 Minuten erreichen wir den **Parkplatz**

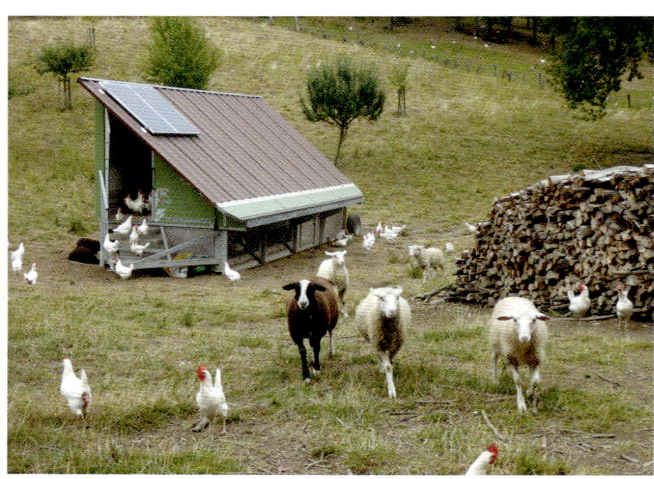

Vertragen sich gut: Schafe und Hühner

Aggertalsperre 03. Hier geht es sofort links einen schmalen, sehr steilen Teerweg bergauf. Wir folgen ab dort der Markierung A3. Oben angekommen geht es nach links auf dem Bürgersteig der Straße „Schöne Aussicht" weiter bergauf. Nach 15 Minuten biegen wir nach einer Bushaltestelle links in einen schmalen, halb geteerten, halb geschotterten Weg ab. Er wird immer breiter und führt zum Teil steil bergauf.

Wir erreichen eine Kreuzung: Zu unserer Rechten befindet sich nun der **Aussichtsturm Knollen 04**, zu dem wir einen kleinen Abstecher machen können. Wenn nicht, halten wir uns geradeaus und folgen der Nummer 11 der Bergischen Streifzüge, dem „Feuer- und Flammeweg". Es geht über bequeme Wald- und Feldwege mit manch schönem Weitblick, einmal überqueren wir auch eine Lichtung.

Nach gut 15 Minuten geht es nach rechts in den Wald hinauf, weiter der Nummer 11 folgend. Der Weg wird allmählich zum Pfad, dem wir erst links, dann rechts haltend folgen. Bald begegnet uns auch die Infotafel E von Weg 11, der schließlich in einen Wiesenweg mündet. Vor der Tannenschonung wenden wir uns nach rechts, weiter bergab. Unser Weg macht einen

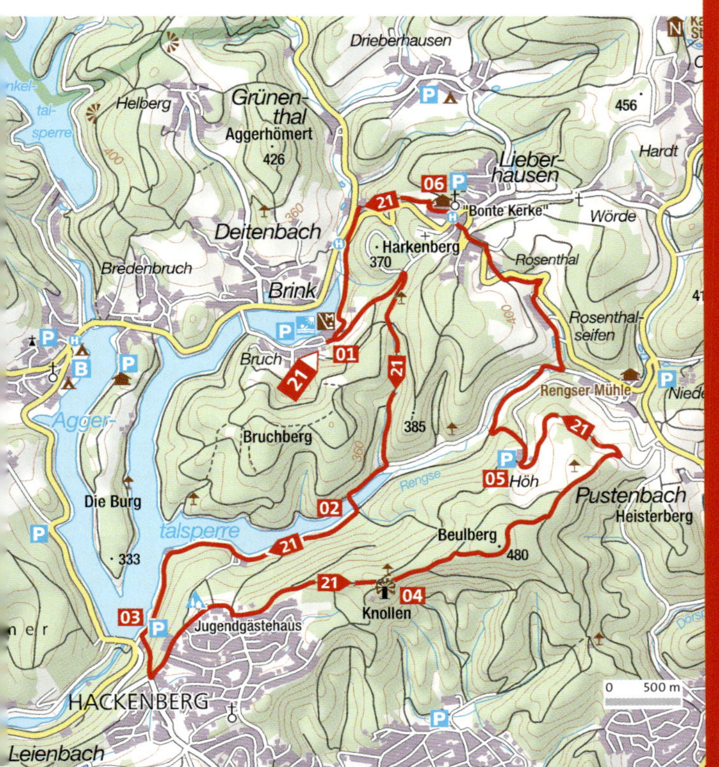

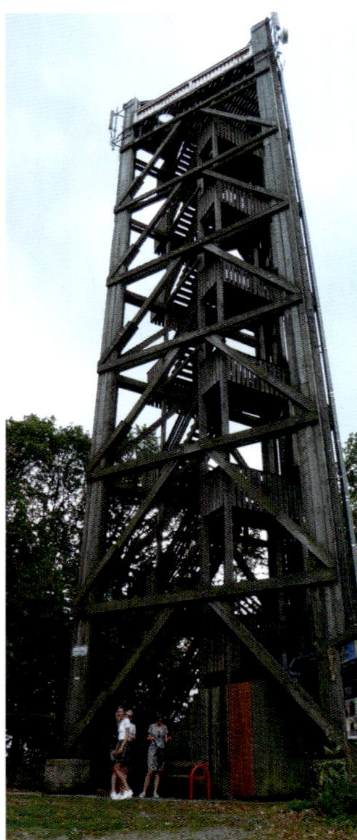

Am Aussichtsturm Knollen

Rechtsknick durchs Heidekraut. Schnell wird er jedoch wieder zum breiten Waldweg, der schließlich in einen weiteren Waldweg einmündet. Hier biegen wir links ab. Wir folgen nun der Markierung A1, aber Achtung: Hier ist kein Schild vorhanden! Der Weg führt bergab, aus dem Wald hinaus und an Wiesen vorbei, geht schließlich in einen asphaltierten Weg über. Wir folgen ihm abwärts zu einer Gabelung, dort nach links, weiter auf A1. Ab hier laufen wir wieder auf einem Schotterweg, der uns leicht bergan führt. Wieder an Weiden und Wiesen vorbei bringt er uns schnell hinab nach **Höh** **05**. An der Straße wenden wir uns nach rechts, kurz vor dem Parkplatz biegen wir jedoch wieder links auf einen Wiesenweg und zur Markierung A3. Der Weg führt stetig bergab zu einem Schotterweg. Hier biegen wir rechts ein und folgen wieder dem Bergischen Streifzug Nummer 10. Hinter einem Brücklein, das wir passieren, gehen wir nach rechts auf asphaltiertem Weg. Nach ca. 200 Metern folgen wir nach links dem Bergischen Panoramasteig Richtung Lieberhausen. Er führt nach 10 Minuten an ein paar Häusern vorbei an die Straße. Wir folgen ihr bis zur Vorfahrtstraße: hier links auf einen Pfad, der neben der Hauptstraße verläuft. Er führt uns nach der Linkskurve über die Hauptstraße, leicht rechts haltend hinauf, am Hühnerhof vorbei.

Der Weg führt uns über die Straße, dann steil einen geteerten Pfad geradeaus bergab. Wir erreichen so die „Bonte Kerke" von **Lieberhausen** **06**. Sie ist auf jeden Fall einen Blick wert!

Wir folgen nun weiter dem Bergischen Panoramasteig an Kirche und Häusern vorbei (wir lassen die Kirche rechts hinter uns liegen), bis uns die kleine Straße hinab in einen Schotterweg führt. Nun immer bergab, bei der nächsten Kreuzung scharf links weiter abwärts zur Straße. Hier links und nach rund 300 Metern wieder links Richtung „Strandbad Bruch". Nach wenigen Metern geht es nun wieder rechts bergauf auf einem schmalen Teerweg, der uns in gut 10 Minuten zurück zum **Parkplatz** beim **Strandbad Bruch** **01** führt.

RUND UM BERGNEUSTADT

Zu einer historischen Altstadt mit verwinkelten Gassen

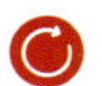  14,8 km 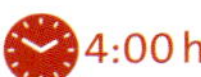 4:00 h 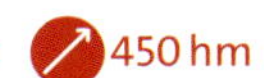 450 hm 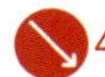 450 hm 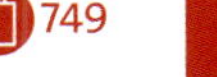 749

START | Parkplatz Martin-Luther-Straße bei Bergneustadt-Wiedenest, 245 m [GPS: UTM Zone 32 x: 407.481 m y: 5.653.059 m]
CHARAKTER | Anstrengende Tour aufgrund der vielen, teilweise sehr steilen Auf- und Abstiege.

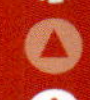

Diese abwechslungsreiche Tour führt uns in ein Städtchen mit der zweitältesten Altstadt des Bergischen Landes. Die denkmalgeschützten Bauten gewähren einen Blick in die mittelalterliche Struktur; der Aussichtsturm Knollen bietet bei klarem Weter einen weiten Blick über das Bergische Land bis hinein ins Siebengebirge.

▶ Wir starten beim Parkplatz in der **Martin-Luther-Straße** in **Bergneustadt-Wiedenest** **01**. An der Infotafel des Bergischen Streifzuges Nummer 11 wenden wir uns nach links. Wir folgen der Straße und halten uns schnell leicht rechts und leicht bergauf. Unser Zeichen ist A1. Es führt uns unter einer alten Backsteinbrücke hindurch, dann am Waldrand auf einem Schotterweg hinauf. Schnell treffen wir auf einen breiteren Weg, in den wir rechts einbiegen. Nach ungefähr 200 Metern führt er uns nach links, nun zusammen mit dem Bergischen Panoramasteig. Ein Wiesenweg bringt uns hinauf zu einer großen T-Kreuzung. Wir machen hier einen kleinen Abstecher zum **Naturdenkmal**

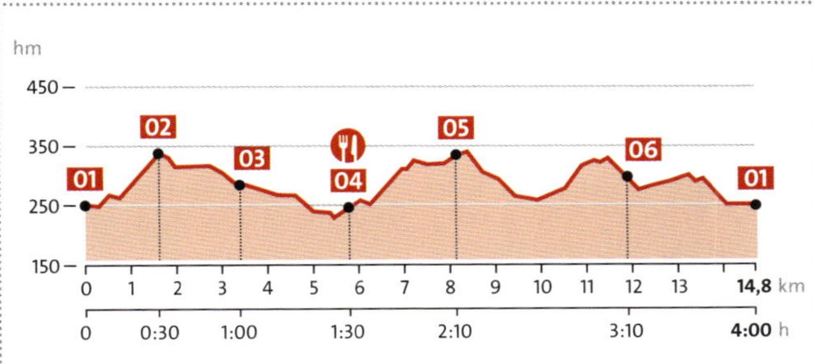

01 Parkplatz Martin-Luther-Straße in Wiedenest, 245 m; **02** Naturdenkmal Karrengleise, 384 m; **03** Kreuzung „Feuer- und Flammeweg", 299 m; **04** Heimatmuseum Bergneustadt, 246 m; **05** Abzweigung Straße „Zum Knollen", 395 m; **06** Ortsrand von Bergneustadt-Wiedenest, 315 m

Karrengleise 02: Dafür nehmen wir zu unserer Linken den mittleren der drei Wege (Wiesenweg) und erreichen nach ein paar Minuten das Naturdenkmal. Wieder zurück an der Kreuzung folgen wir nun A1 hinab. Auf schottrigem Weg geht es bergauf und bergab am Waldrand entlang. Wir halten uns die nächste Kreuzung geradeaus, an der darauffolgenden großen Kreuzung biegen wir scharf rechts auf einen asphaltierten Weg ab. Nach gut 500 Metern stoßen wir in einer Rechtskurve auf den Bergischen Streifzug Nummer 11, den **„Feuer- und Flammeweg“** 03, dem wir nach links auf einen Schotterweg folgen.

Wir bleiben auf diesem Weg, bis er an einer Teerstraße endet. Hier wenden wir uns nun rechts weiter bergab. Über die Johann-Budde-Straße geht es hinüber, weiter geradeaus nun gemächlicher abwärts. Über ein paar Treppen zur K55, hier rechts auf den Bürgersteig hinab. Nach ungefähr 200 Metern überqueren wir die K55 und biegen gleich rechts auf die Straße „Am Rathaus“ ein. Wanderschilder führen uns nach links über den Rathausplatz. Am Kreisverkehr überqueren wir die Kölner Straße (B 55), dann gleich links über die Talstraße. Nach wenigen Metern biegen wir links ein, steil bergauf in die Straße „In der Leie“. An der nächsten Kreuzung geht es weiter hinauf, den Schildern Richtung Altstadt nach. Wir folgen dem Schild Heimatmuseum in die Wallstraße.

Wir laufen am **Heimatmuseum Bergneustadt** 04 vorbei und zwischen den hübschen Fachwerkhäusern rechts und wieder links hindurch auf die Hauptstraße. Wir folgen nun stetig dem Bergischen Streifzug Nummer 11. An der Hauptstraße links das Kopfsteinpflaster hinab. Der „Feuer- und Flammeweg“ führt uns bis ans Ende der Häuschen, wo wir eine Treppe hinaufsteigen. Wir überqueren die Hauptstraße und folgen dem Hackenberger Weg auf der anderen Seite weiter bergauf, teilweise geht es sehr steil aufwärts. Beim letzten Haus links auf den Weg am Zaun entlang. Nach rund 5 Minuten gelangen wir an eine Kreuzung: hier rechts halten und die „Breite Straße“ hinablaufen, dann rechts auf die Straße **„Zum Knollen“** 05. Hier immer entlang, bis die Straße am Ortsende in einen Feldweg übergeht.

Hier weiter bergauf, wir sehen schon den Aussichtsturm. Nach rund 300 Metern biegen wir jedoch rechts ab und folgen nun dem Quadrat. Die Markierung führt uns extrem steil bergab durch den Wald; bei der folgenden Kreuzung

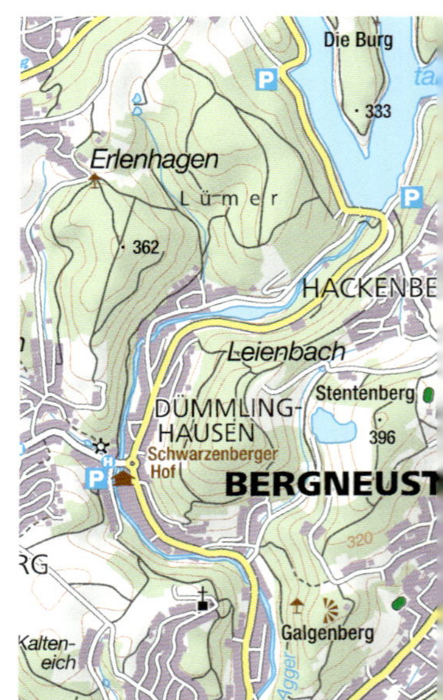

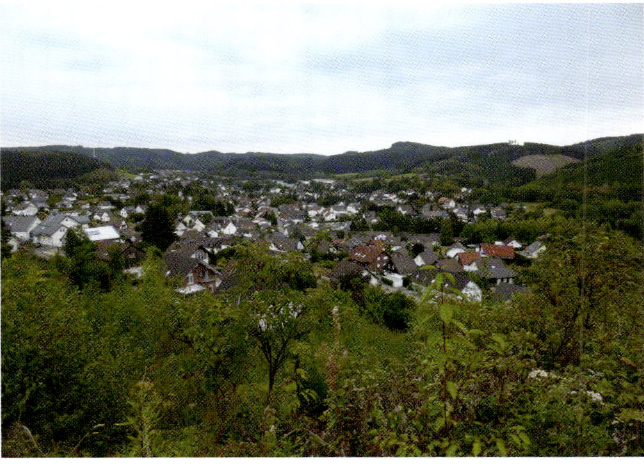

Blick auf Bergneustadt

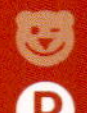
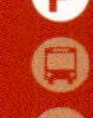

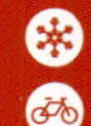

im Wald gehen wir geradeaus hinüber, weiter bergab. Wir befinden uns wieder am Ortsrand von Bergneustadt. Wir biegen in die Längenstraße links ein, steil abwärts, an der nächsten Gabelung links halten, bis wir die Vorfahrtsstraße erreichen. Unten in der Rechtskurve biegen wir links in die Wiedeneststraße ab. Dieser

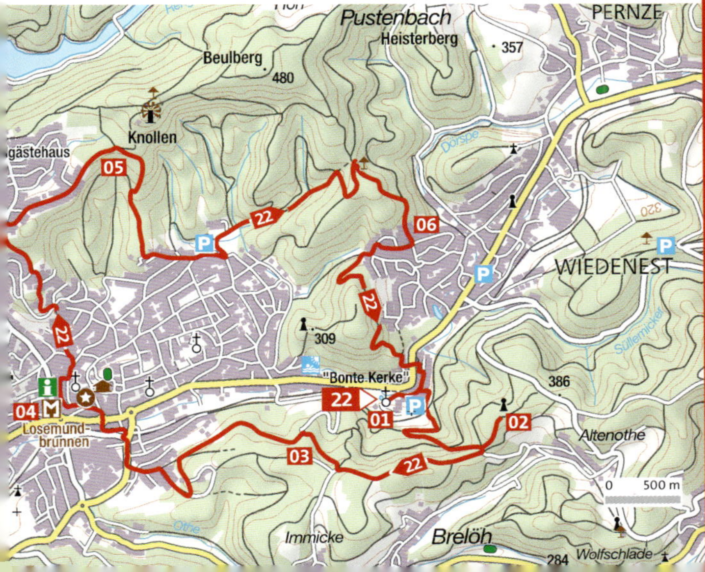

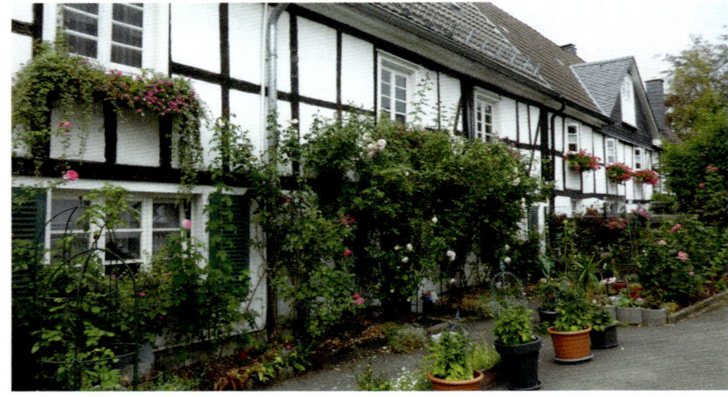

Fachwerk in Bergneustadt

folgen wir um die Rechtskurve der Friedrich-Ebert-Straße und wandern geradeaus in den Wald bergauf, zunächst auf einem Waldweg, dann durch dichtes Gras. Wir halten uns nun immer rechts weiter bergauf: Der Weg wird nach und nach zu einem Pfad, immer steiler durch hohes Gras und Gestrüpp. Schließlich gelangen wir nach anstrengender Steigung an einen breiten Waldweg. Achtung! Ab hier nun ein Stück unmarkiert: An diesem breiten Waldweg biegen wir rechts ein; er führt um eine Linkskurve und trifft auf einen weiteren Weg, dem wir nach links bergab folgen, bis wir an eine Kreuzung gelangen. Hier treffen wir wieder die Nummer 11, den „Feuer- und Flammeweg", dem wir nach rechts folgen. Wir passieren die Infotafel D und erreichen wieder **Bergneustadt-Wiedenest 06**.

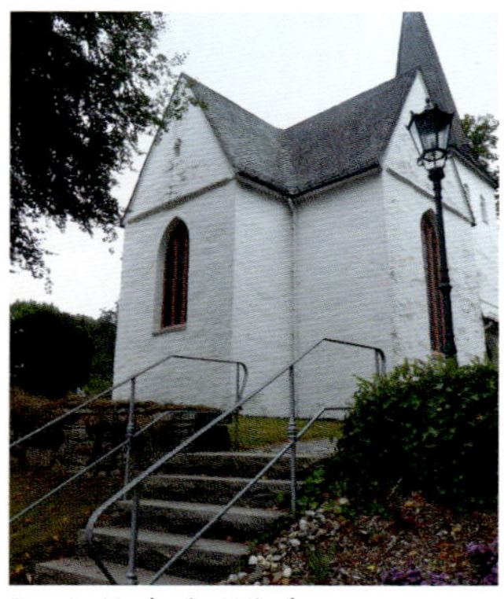

Bonte Kerke in Wiedenest

Auf einem geteerten Weg geht es nun weiter bergab, am „Sonnenweg" biegen wir rechts ein. Am Ende der Straße wieder links, wieder hinab auf die Straße „Auf dem Rosten". Im Linksknick der Straße biegen wir nach rechts ab auf einen Schotterweg, dann gleich wieder links hinauf. An der nächsten Kreuzung führt uns die Nummer 11 nach links, weiter aufwärts. Bald führt uns linker Hand ein Pfad in den Wald hinab, wir folgen ihm bis zu einem Teerweg. Diesen geradeaus weiter hinab, bis wir die K55 erreichen. Wir überqueren sie, wenden uns nach rechts, gehen aber nur wenige Meter, bis wir links über eine kleine Brücke laufen. An der Eichendorffstraße wieder rechts. Sie führt uns zurück zum **Parkplatz 01**.

DURCH DIE WACHOLDERHEIDE BEI ECKENHAGEN

Durch verzaubertes Heideland

  8,2 km 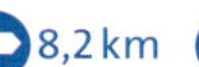  2:10 h 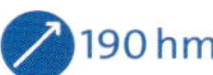  190 hm 190 hm 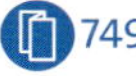 749

START | Eckenhagen, Wanderparkplatz am Ende der „Landwehrstraße", 370 m
[GPS: UTM Zone 32 x: 408.810 m y: 5.649.520 m]
CHARAKTER | Schöner Weg durch Heidelandschaft. Bequeme Wege, gemäßigte Anstiege und alles gut markiert.

Um Brenn- und Bauholz zu gewinnen, wurde seit dem Mittelalter immer mehr Wald abgeholzt. Die so entstandenen Wiesen wurden anschließend intensiv als Weideland genutzt. Auf den kargen Böden entwickelten sich weitläufige Heideflächen. Die Branscheider Wacholderheide zählt heute zu den letzten Wacholderheiden im Oberbergischen Land – Schaf- und Ziegenherden sollen sie davor bewahren, endgültig von Wald überwuchert zu werden.

▶ Vom **Wanderparkplatz Eckenhagen** 01 folgen wir zunächst der Markierung 12 der Bergischen Streifzüge, dem „Wacholderweg". Er führt uns geradeaus auf den Feldweg hinauf. An der ersten Kreuzung bleiben wir geradeaus, auch an der zweiten Kreuzung folgen wir ihm weiter geradeaus bergan über Schotter.

Auch an der nächsten Gabelung geht es weiter geradeaus – wir treffen hier auf den Bergischen Panoramasteig und die Infotafel B des Wacholderweges. Weiter geht es bergauf, bis wir – auf der Höhe angekommen – links abbiegen, leicht hinab Richtung Neuenothe.

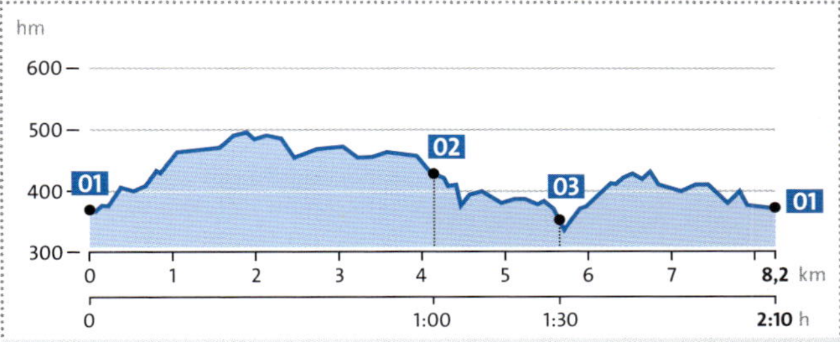

01 Wanderparkplatz Eckenhagen, 370 m; 02 Hecke, 426 m; 03 Branscheid, 369 m

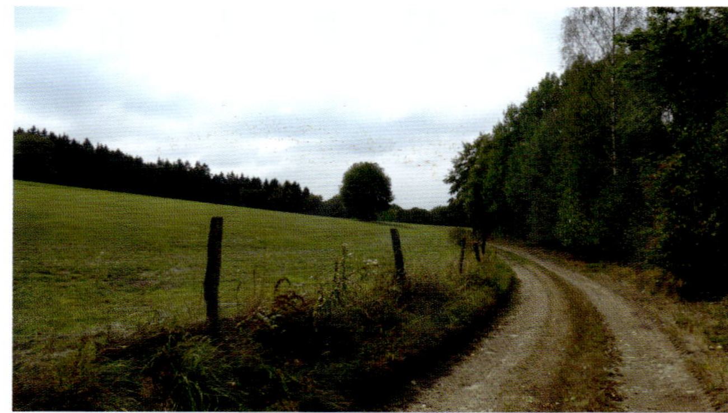

Auf Feldwegen nach Eckenhagen

Ein Holzschild mit der Aufschrift „Wacholdergebiet Fußweg" weist uns hier zusätzlich den Weg, nun weiter auf dem Bergischen Panoramasteig. An der nächsten Gabelung geht es geradeaus, hier folgen wir nun wieder dem „Wacholderweg" mit der Nummer 12. Durch lichten Wald geht es auf breitem Weg an Wacholderheiden vorbei, erst leicht hinab, dann wieder hinauf. Bald treten wir aus dem Wald heraus und kommen an eine Kreuzung: Hier biegen wir links ab und sind nun auf der „Straße der Arbeit". Wir treffen auf einen Teerweg, in den wir links einbiegen; es geht nun leicht hinab. An der nächsten Kreuzung, die asphaltiert ist, wenden wir uns wiederum nach links hinab nach Hecke. Nach wenigen Minuten erreichen wir **Hecke** 02.

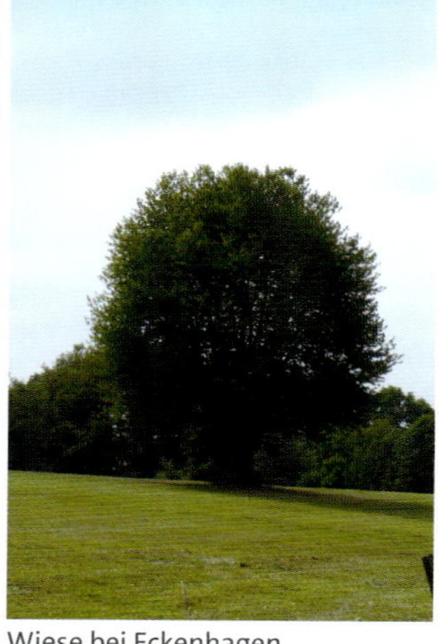

Wiese bei Eckenhagen

Am Ende des Örtchens geht es an der Kreuzung scharf nach links, nun weiter auf dem Bergischen Panoramasteig (Schild „Eckenhagen 5,7 km"). Kurz nach der Rechtskurve leitet uns die Markierung links einen Schotterweg hinauf. Dieser führt schnell wieder sanft bergab, durch den Wald und am Waldrand entlang. An der nächsten Wegverzweigung biegen wir rechts ab, auf Asphalt geht es hinab. Unten an den Fachwerkhäuschen von **Branscheid** 03 angekommen, leitet uns die Markierung scharf nach links. Wir werden wieder hinaufgeführt. An der nächsten Weggabelung treffen wir erneut auf den Wacholderweg, dem wir nun nach rechts um die Kurve und weiter bergauf folgen. Ein Holzschild weist uns die Richtung nach Eckenhagen. An der nächsten Kreuzung folgen wir dem Weg links um die Kurve herum; wieder bei der nächsten Kreuzung mit Infotafel E führt uns die Markierung rechts hinab Richtung Wiedenhof. An der nächsten Gabelung halten wir uns links um die Kurve, nach wenigen Metern geht es dann rechter Hand in einen Wald- und Wiesenweg. Auf ihm erreichen wir in einer guten Viertelstunde den Ortsrand von **Eckenhagen**. An den Gärten richten wir uns nach links, an der Straße nochmals links. So erreichen wir den **Wanderparkplatz** **01**.

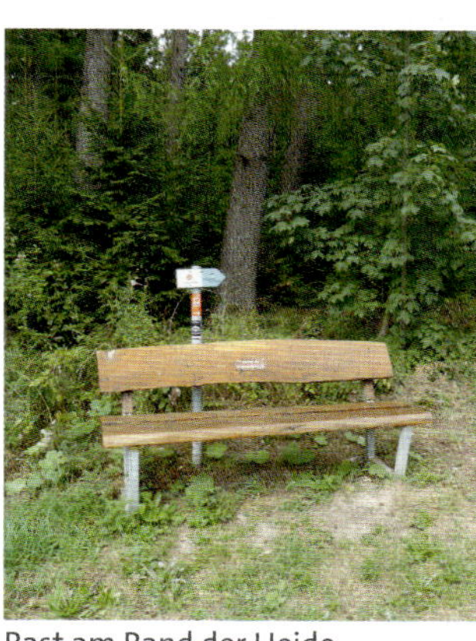

Rast am Rand der Heide

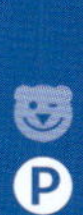

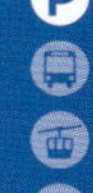

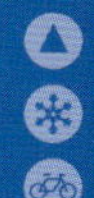

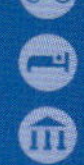

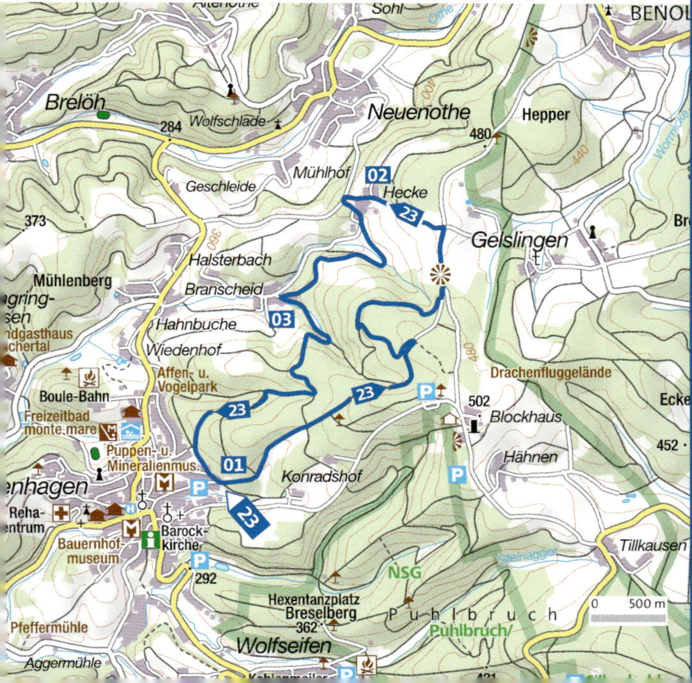

VON RÜNDEROTH ÜBER DIE HOHE WARTE ZUR AGGERTALHÖHLE

Auf den Spuren einer bislang unentdeckten Höhle

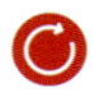 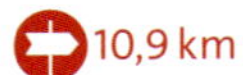 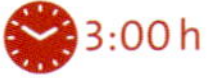 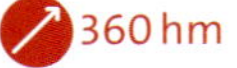 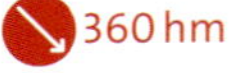 

10,9 km | 3:00 h | 360 hm | 360 hm | 847

START | Bahnhof Ründeroth, 145 m
[GPS: UTM Zone 32 x: 392.243 m y: 5.6503.38 m]
CHARAKTER | Gerade am Anfang sehr steil, dazu lange Auf- und Abstiege, die ein gewisses Maß an Kondition erfordern. Die Wege sind jedoch fast durchgängig breit und gut begehbar.

1880 zufällig entdeckt, ist die Aggertalhöhle mit einer Ganglänge von 1071 Metern eine der längsten Höhlen im Rheinland. Die Höhle liegt im Naturschutzgebiet Altenberg im Walbachtal und ist für den Besucherverkehr vom 1. April bis 1. November jeweils von Donnerstag bis Sonntag geöffnet.

▶ Wir starten unsere Wanderung am **Bahnhof** in **Ründeroth** 01; von dort folgen wir zunächst einmal A4 über die Gleise, dann wieder links, die Straße „Cronenburg“ hinauf. An der Straße „Dorffeld“ biegen wir rechts ab, die Straße weiter steil hinauf. Oben geht es um die Rechtskurve herum in die Straße „Am Himmelchen“. An ihrem Ende links auf einen schmalen Pflasterweg hinauf, dann rechts auf einen Pfad einbiegen. Er führt durch lichten Laubwald auf einen breiten Waldweg, in den wir rechts einbiegen. Dem äußerst spärlich markierten Weg folgen wir nun immer geradeaus hinauf. Er wird zunehmend steiler. An der Kreuzung bei der Schutzhütte hal-

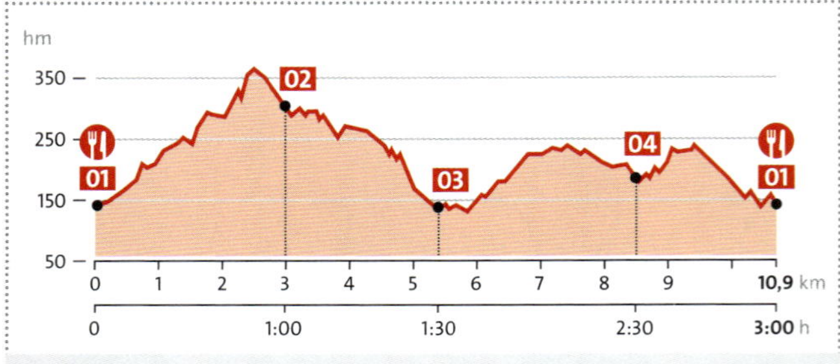

01 Bahnhof Ründeroth, 145 m; 02 Aussichtsturm „Hohe Warte“, 358 m; 03 Holzbrücke, 138 m; 04 Aggertalhöhle, 167 m

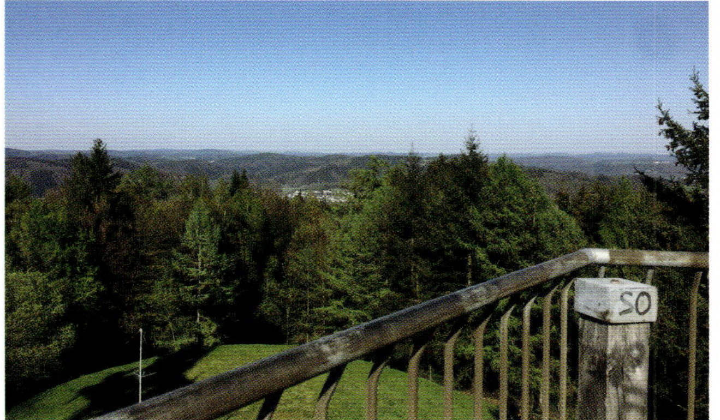

Blick von der Hohen Warte

ten wir uns rechts, weiter auf A4 und <. An der nächsten Gabelung halten wir uns links, nun geht es nochmals rund 20 Minuten steil bergauf, bis wir endlich den **Aussichtsturm „Hohe Warte“** 02 erreichen.

An der Paul-Claudius-Hütte schlagen wir den Weg nach rechts ein, auf dem Bergischen Panoramasteig geht es hinab nach Ründeroth. Es geht nun wieder steil hinab auf schönem Waldweg. An der Kreuzung nach rechts weiter auf dem Bergischen Panoramasteig. Bei nächster Gelegenheit links auf schmalerem Waldweg weiter hinab. Der Weg wird immer schmäler und führt uns schließ-

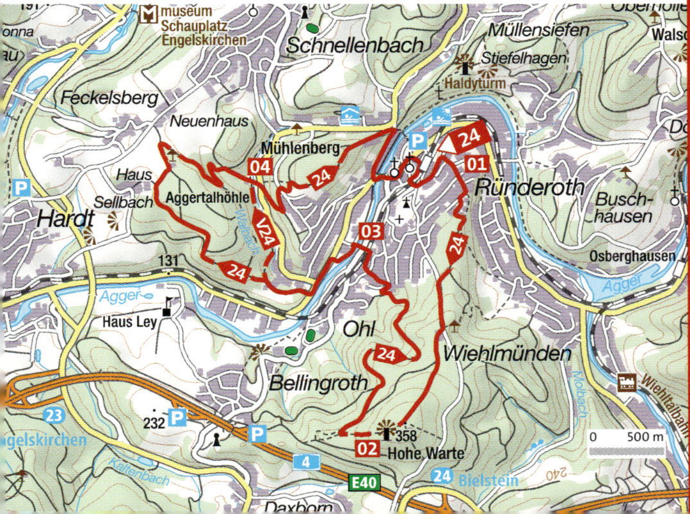

Neuentdeckung der Windloch-Höhle

Im März 2019 wurde direkt gegenüber der Aggertalhöhle eine weitere Höhle entdeckt, deren Höhlengänge insgesamt mehr als 5 Kilometer lang sind. Der Arbeitskreis Kluterthöhle hat das Windloch offiziell als „Riesenhöhle" vorgestellt. Sie gilt nun als drittgrößte Höhle in Nordrhein-Westfalen, eine Steigerung ist jedoch noch möglich, da noch längst nicht alle Höhlengänge erforscht sind. In der über 35 Millionen Jahre alten Tropfsteinhöhle befinden sich Kristalle, Fossilien und seltene Gipsformationen. Für Besucher wird die Höhle jedoch nicht geöffnet werden. Auf Grund der sensationellen Entdeckung gibt es nun auch einen neuen Bergischen Streifzug (Nr. 14): Der „Höhlenweg" führt vom Bahnhof Ründeroth über die Aggertalhöhle und den Mühlenberg samt Windloch zum Haldyturm und über den Weinberg wieder zurück zum Bahnhof.

lich über Wurzelwerk auf einen breiten Waldweg. Diesem folgen wir nach rechts. Achtung: Nach knapp 15 Minuten führt uns ein leicht zu übersehender Pfad nach rechts durch dichten Wald und bringt uns an ein Sträßchen am Ortsrand; diesem folgen wir abwärts. Auf der Straße „Im Bruck" geht es nun hinab, dabei halten wir uns immer rechts, bis wir die Gleise überqueren können. Gleich nach den Gleisen folgen wir der Straße nach links, nach wenigen Metern wieder rechts über eine **Holzbrücke** **03**.

Gleich danach links an der Agger entlang Richtung Aggertalhöhle. Der Weg führt uns an die Hauptstraße, hier halten wir uns links, nach einigen Minuten wieder rechts in die Straße „Am Hasack", die bergauf führt. Hinter dem letzten Haus geht es in den Wald.

Nun können wir uns entscheiden: Wem die Beine schon schwer sind, der kürzt ab und wendet sich an der Gabelung nach rechts und folgt dem Zubringer Bergischer Panoramasteig zur **Aggertalhöhle** **04**. Wer noch Reserven hat, um eine halbe Stunde länger zu wandern, der folgt dem Bergischen Panoramasteig und hält sich links. Wir entscheiden uns für den längeren Weg und folgen ihm weiter bergauf durch einen eindrucksvollen Buchenwald. Nach 1,5 Kilometern biegen wir rechts ab und folgen nun A2 stetig bergab in gut 10 Minuten zur **Aggertalhöhle** **04**.

Wir queren die Hauptstraße und wandern einen steilen Pfad schräg rechts hinauf, nun auf A3 und der „Straße der Arbeit". Bei der Bank scharf links auf einem Wiesenpfad und an Gärten vorbei. Oben an der Straße queren wir diese, steigen ein paar Treppen hoch und folgen weiter dem Pfad. An Gärten entlang führt er uns bis zu einem breiten Forst- und Waldweg. Hier rechts auf unseren Wegzeichen weiter. Der Weg führt hinab, wird zu einem asphaltierten Weg und mündet in die Straße „Hohenstein". Hier rechts bergab und unten nach links an der Kirche vorbei auf der Hauptstraße und der Bahnhofstraße zurück zum **Bahnhof** von **Ründeroth** **01**.

VON DRABENDERHÖHE NACH BIELSTEIN

Durch junge, lichte Laubwälder

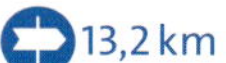

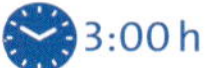

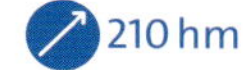

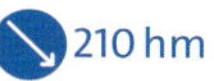

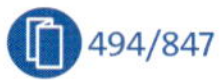

START | Drabenderhöhe, „Drabenderhöher Straße“ Ecke „Oskar-Hartmann-Straße“, 310 m
[GPS: UTM Zone 32 x: 391.478 m y: 5.644.643 m]
CHARAKTER | Angenehme Runde, an manchen Stellen etwas steil! Wald-, Feld- und Forstwege sowie Straßen halten sich die Waage.

Das Burghaus in Bielstein wurde 1720 vom homburgischen Bergvogt und Kanzleirat Christian Schmidt errichtet und war Sitz des Ersten Bürgermeisters von Bielstein. Bis 1901 residierte dort die Gemeindeverwaltung, dann ging es in Privatbesitz über. Schließlich wurde die Burg wieder von der Stadt zurückerworben. 2005 renovierte ein Wiehler Privatunternehmer das Gebäude und stellte es 2008 der Öffentlichkeit zur Verfügung. Seitdem ist es das kulturelle Zentrum der Stadt Wiehl mit einem vielseitigen Programm aus Musik, Kabarett, Comedy, Kinderveranstaltungen und Lesungen.

▶ Wir starten am **Wanderparkplatz „Alter Schulplatz“** an der Ecke „Oskar-Hartmann-Straße“ in **Drabenderhöhe** 01. Vom Parkplatz aus wenden wir uns nach rechts und folgen dem Jakobsweg die Straße hinab. Über den Kreisverkehr geradeaus drüber führt er uns bald auf der linken Seite auf einem Fußgängerweg an der Straße entlang aus dem Ort heraus. Am Ortsende halten wir uns links, folgen noch ein Stück der Straße, bis uns

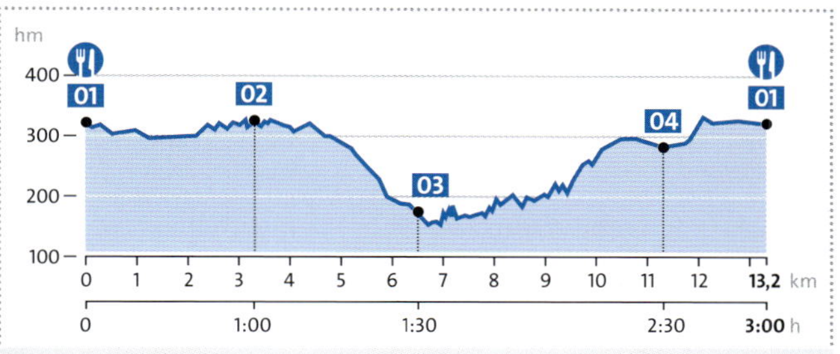

01 Drabenderhöhe, Wanderparkplatz „Alter Schulplatz“, 310 m;
02 Buchenwald, 322 m; 03 Bielstein, 180 m; 04 Immen, 280 m

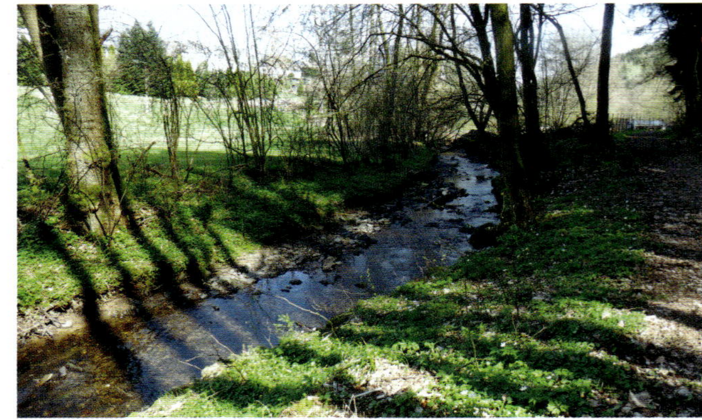
Am Bach entlang

der Jakobsweg nach rechts auf ein autofreies, asphaltiertes Weglein führt. Diesem folgen wir geradeaus. Der Weg geht in einen Schotterweg über, der uns durch jungen **Buchenwald** 02 führt.

An der nächsten Kreuzung treffen wir auf den Bergischen Streifzug Nummer 17, den „Bierweg". Hier weiter geradeaus und an der nächsten Gabelung rechts. Nach etwa 5 Minuten treffen wir wieder auf eine Kreuzung, hier scharf links und ganz leicht bergauf. Die folgende Straße überqueren wir geradeaus, weiter auf einem schönen Waldweg, nun immer weiter geradeaus bis zu einer T-Kreuzung. Hier links hinab, weiter dem „Bierweg" folgend. Wir erreichen den Ortsrand von **Bielstein** 03.

Oberhalb des Ortes folgen wir dem „Bierweg" bis zu einer Gabelung, dort nach rechts. Bei den Häusern und Tafel F des Bergischen Streifzuges Nr. 17 („Bierweg") geht es scharf links auf den Heideweg hinab. Wir folgen ihm bis ganz unten zur Bechtstraße.

Hier wenden wir uns nach links und folgen nun dem Quadrat in den Ort hinein, immer an der Hauptstraße entlang, bis wir auf die Bahngleise treffen. Statt sie zu überqueren, wenden wir uns nach links und folgen erneut dem „Bier-

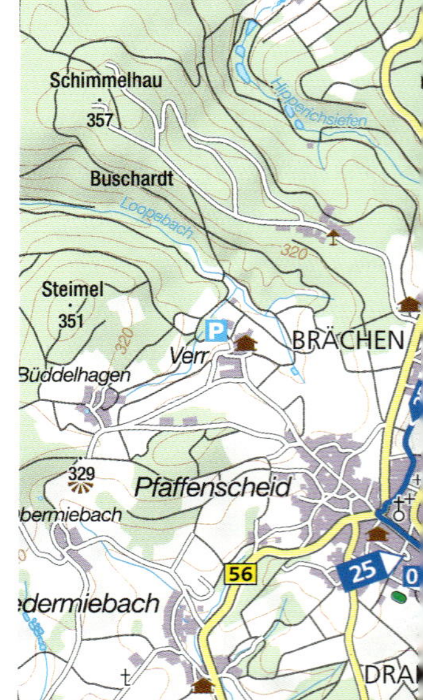

weg“ in die Bielsteiner Straße. Wir passieren das Brauhaus der Erzquellbrauerei Bielstein. Gleich danach links hinauf in die Burgstraße – wenn man rechter Hand ein paar Meter weitergeht, kann man sich auf der linken Seite das alte Burghaus von außen ansehen.

Wir wenden uns allerdings nach links in die Straße „Kirberg“, dann links in Brindöpkestraße. Diese entlang vor zur Hauptstraße, die wir überqueren. Der „Bierweg“ führt uns auf einem schmalen Pfad am Bach entlang, kurz bergauf. Nach wenigen Metern erreichen wir einen Schotterweg, dem wir kurz nach rechts folgen, der aber gleich zu einem Pfad wird, der uns steil bergauf leitet. Oben angekommen wenden wir uns nun nach rechts und folgen dem Bergischen Panoramasteig. Bald ein Waldweg, führt er uns zur Straße. Wir biegen links ein Richtung Drabenderhöhe, nach wenigen Metern jedoch wieder nach rechts auf einen Waldweg, der uns zur Hauptstraße bringt. Nun rechts, ein paar Meter die Straße entlang, wenden wir uns bei der nächsten Möglichkeit nach links, queren die Straße und folgen einem Schotterweg bergauf.

Der Weg führt uns in den Wald hinein, bis der Bergische Panoramasteig uns scharf links weiter hinauf an den Waldrand führt. An der Gabelung nun weiter geradeaus bzw. links gewandt und nun weniger steil bergauf. Bei nächster Gelegenheit geht es rechts über einen Wiesenweg hinauf; hier gesellt sich A3 dazu. Der Weg endet in einem Schotterweg, in den wir rechts einbiegen. An der Kreuzung weiter geradeaus, ein kurzes Stück unmarkiert, führt uns der Weg nun auf A3 weiter. Wir folgen ihm auf einem asphal-

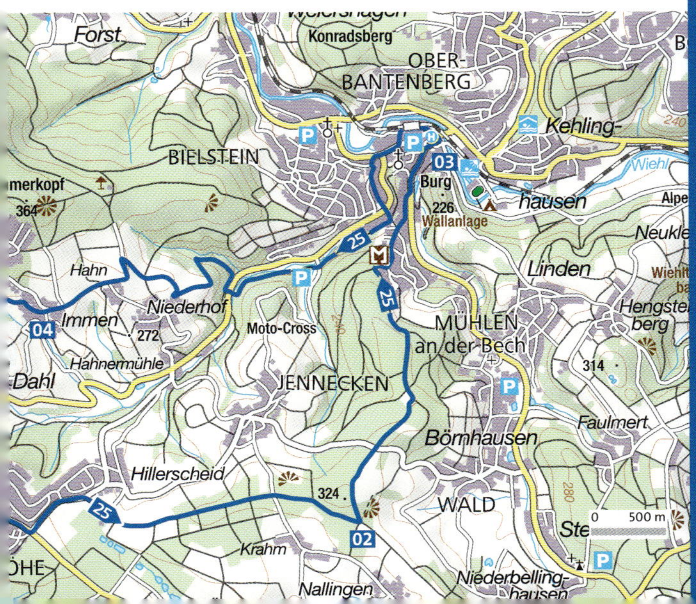

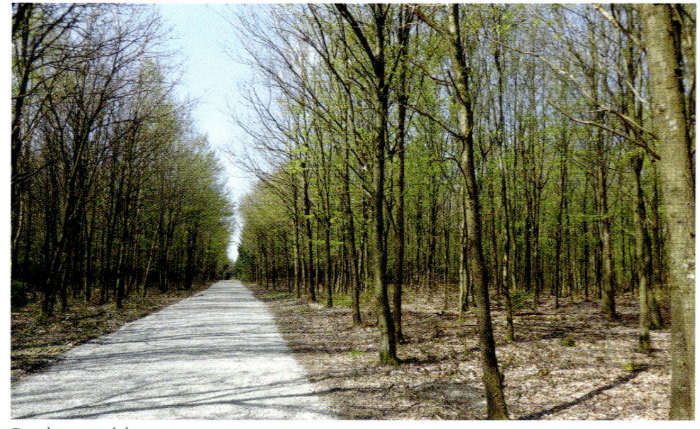

Buchenwald

tierten Sträßlein. Durch die Häuser von Hahn hindurch kommen wir nach **Immen** 04.

In Immen folgen wir der Straße nach rechts, am Spielplatz vorbei und gleich links leicht hinab. Die nächste Straße wieder rechts, weiter auf A3. Wir folgen dem Weg, der uns in einer Linkskurve über einen Bach führt, kurz darauf in einen Feld- und Wiesenweg. Wir halten uns rechts und gelangen in den Ortsteil Brächen. Nun geht es geradeaus weiter, hinauf Richtung Drabenderhöhe, nun auf dem Zubringer des Bergischen Panoramasteiges. Wir folgen dem Weg bis zur Kirche, halten uns links, die nächste Straße wieder links und kommen so zurück zum **Parkplatz Drabenderhöhe** 01.

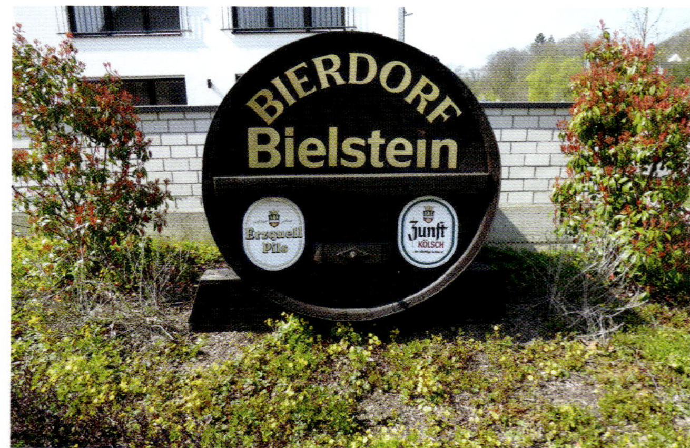

Bierdorf Bielstein

DURCH DIE WÄLDER BEI MARIENHAGEN

Besuch einer „Bonte Kerken"

 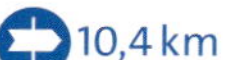  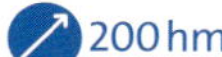 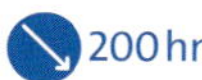 

START | Marienhagen, „Dorfplatz", Parkplatz beim Gasthaus, 310 m [GPS: UTM Zone 32 x: 400.353 m y: 5.648.556 m]
CHARAKTER | Lange, breite Waldwege; zur Alpermühle steil bergab, im Wald gemäßigt, aber sehr lange bergauf.

Sehenswert ist die „Bonte Kerke" in Marienhagen mit ihren mittelalterlichen Wandmalereien. Bei Baumaßnahmen wurden diese 1907 wiederentdeckt, nachdem sie während der calvinistischen Reformation im 17. Jahrhundert übermalt worden waren.

Wir starten am **Dorfplatz in Marienhagen** 01. A2 führt uns rechts in die Alpestraße hinab. An der nächsten Kreuzung folgen wir dann dem „Alten Mühlenweg" weiter abwärts. Auf einem Wiesen- und Schotterweg führt er steil bergab, unter der Autobahn hindurch, bis zur Landstraße. Wir überqueren diese, danach geht es gleich links herum auf einen Pfad, der uns an den Alpebach führt, den wir auf großen Steinen überqueren. Wir treffen gleich danach einen Schotterweg, in den wir rechts einbiegen. Wir gehen nun an der **Alpermühle** 02 vorbei.

An der nächsten Gabelung halten wir uns rechts und folgen nun A3 bis zur nächsten Kreuzung immer leicht bergab. An besagter Kreuzung biegen wir nach links auf A2

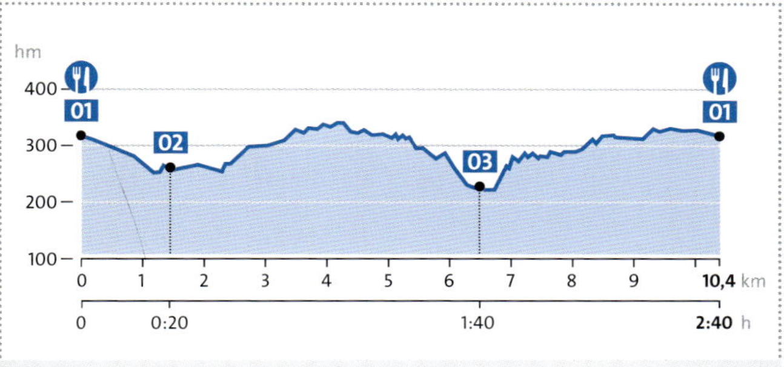

01 Dorfplatz Marienhagen, 310 m; 02 Alpermühle, 251 m;
03 Alpe, 219 m

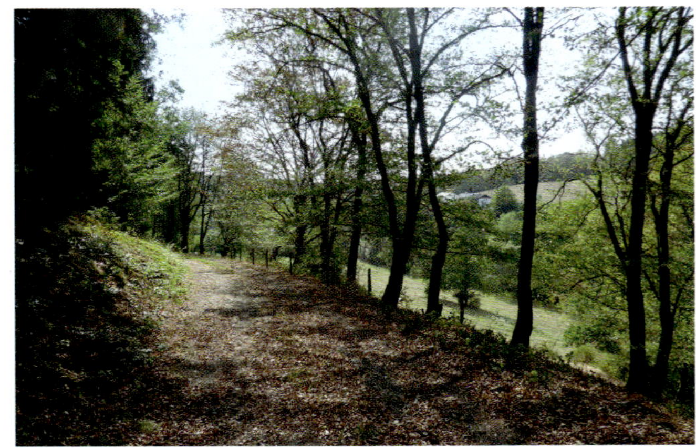
Auf dem Weg nach Neuenhaus

ab. Der Weg führt nun stetig bergauf, mal flacher, mal steiler. Nach einer guten halben Stunde gelangen wir an eine Gabelung: Hier biegen wir rechts ab und folgen nun dem Kreis. Er führt uns auf einem schönen, breiten Waldweg lange sanft bergab. Nach einer guten halben Stunde erreichen wir erneut eine Gabelung: Hier halten wir uns rechts, weiter bergab. Schließlich erreichen wir Oberholzen. Der Weg führt am Ortsrand auf einen Teerweg weiter abwärts. An der nächsten Teergabelung nach rund 100 Metern wenden wir uns nach rechts und folgen nun X11. An der Hauptstraße führt uns das Zeichen nach links. Kurz vor dem Ortsende nach rechts wieder hinauf – wir folgen dem X in den „Neuenhausener Weg".

Nach wenigen Metern kommt ein scharfer Knick nach rechts, X (und auch A4) führen uns nun hinter den Höfen von **Neuenhaus** 03 vorbei hinauf bis zu einem Teerweg. Diesen überqueren wir, halten uns leicht links auf einen sehr schmalen, schlecht erkennbaren Pfad in den Wald hinein. Nun geht es immer leicht bergan (Achtung, gute Orientierung notwendig, nicht einwandfrei erkennbarer Weg und schlechte Markierung). An den Bäumen müssen wir unsere Zeichen suchen. Es geht nun ca. 50 Meter hinauf, dann halten wir uns leicht rechts, um auf dem Pfad zu bleiben. Es gibt nur wenige Markierungen, aber wir laufen einfach immer geradeaus. Nach 5 Minuten erreichen wir eine kleine Lichtung, auf der sich vier Wege kreuzen: Hier folgen wir dem X weiter geradeaus durch den Wald.

Nach etwa 20 Minuten gelangen wir an eine T-Kreuzung, hinter ihr die Autobahn: Wir biegen links ab, folgen dem Weg, der uns auf die Straße führt. Wir halten uns rechts und überqueren die Autobahn. Auf der anderen Seite führt uns nach 50 Metern ein Pfad am roten Gebäude nach rechts. Wir folgen ihm um die Industriegebäude herum. Wir gelangen an die Straße „Zum Scherbusch", in

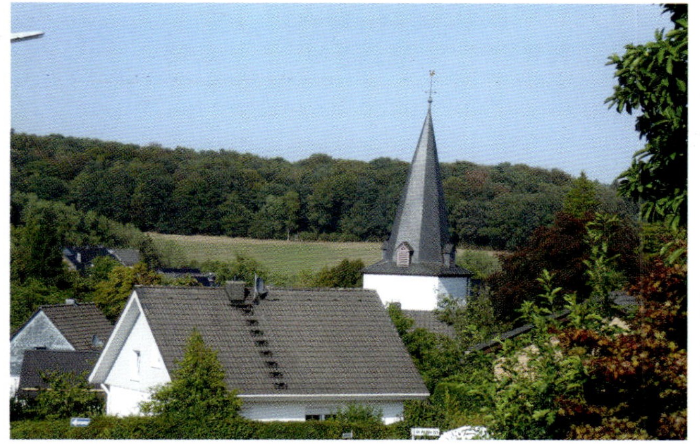

Die Kirchturmspitze der „Bonte Kerke“ Marienhagen

die wir rechts einbiegen und die schon bald in die Straße „An der Höhe“ übergeht. Nun immer geradeaus bis wir nach rund 500 Metern in die Marienhagener Straße rechts einbiegen. Nach gut 100 Metern erreichen wir wieder den **Dorfplatz** von **Marienhagen** **01**.

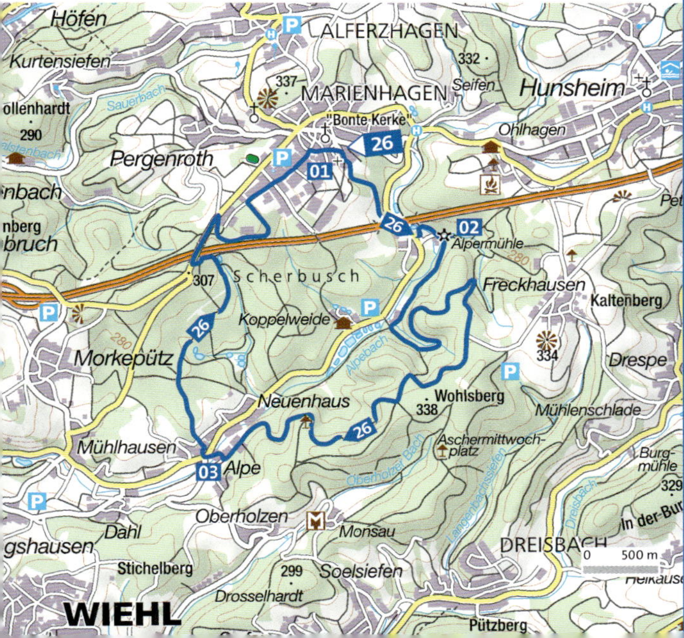

VON NÜMBRECHT NACH MARIENBERGHAUSEN

Abwechslungsreiche Runde über Höhen und Wälder bei Schloss Homburg

  13,6 km  3:40 h 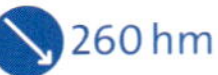 260 hm 260 hm  847

START | Nümbrecht, Parkplatz bei „Holsteinsmühle", 222 m [GPS: UTM Zone 32 x: 397.358 m y: 5.642.017 m]
CHARAKTER | Häufiges Auf- und Ab, auf überwiegend breiten Wegen.

Die Kirche in Marienberghausen gehört zu den fünf „Bonte Kerken" (Bunte Kirchen) im Oberbergischen Kreis und ist besonders wegen ihrer über 500 Jahre alten Wandmalereien sehenswert.

Wir starten am **Parkplatz an der Holsteinsmühle** **01** und folgen dem Teerweg nach Huppichteroth. Unsere Markierung ist das G der „Schlossblicke" (orange). In Huppichteroth nun am Ende der Straße „Zur Holsteinsmühle" rechts die Straße „Dorfwinkel" hinauf, dann wieder hinab. Die Huppichterother Straße queren und weiter auf der Straße „Bogengasse", die einen Rechtsbogen macht. An der Straße „Schlagweg" führt uns der Weg nach links, aus der Ortschaft über Asphalt hinaus. Die Markierung führt nach 500 Metern auf einem Waldweg hinab zur Hauptstraße. Diese überqueren wir geradeaus. Auf einer kleinen Straße geht es hinauf nach **Gerhardsiefen** **02**.

Am Ortsausgang, kurz nach dem Ortsschild, führt uns das G nach links, weiter hinauf Richtung Hasenberg. Es geht weiter auf diesem Weg durch den Wald. Am Waldende kommen wir an eine Kreuzung: wir folgen dem Weg links hinab. Nach ca. 100 Metern geht es rechts nach Hasenberg. An den Höfen vorbei, nach dem Ort in der Linkskurve folgen wir rechts dem Weg hinauf in den Wald. Der Schotter-

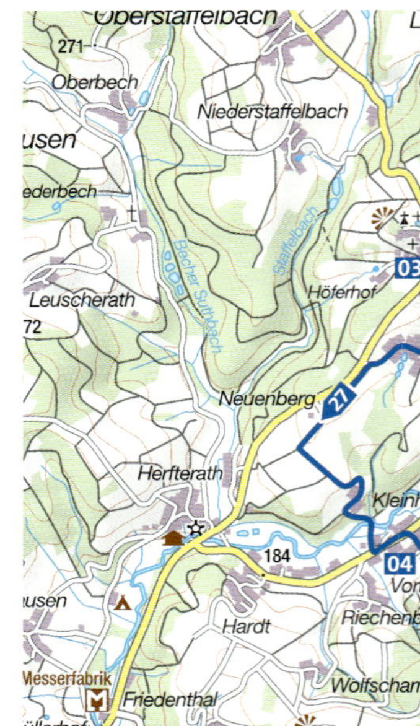

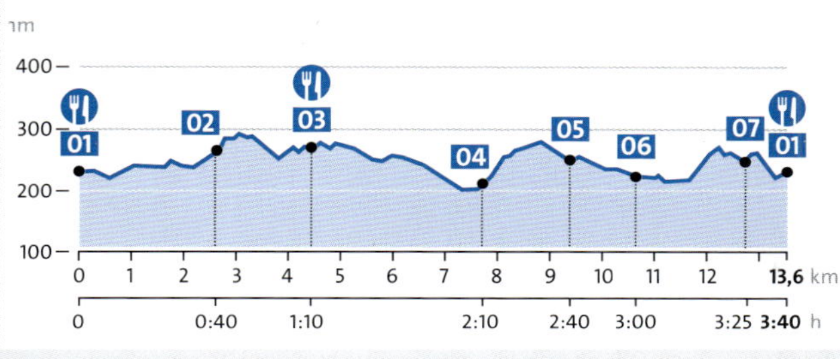

01 Parkplatz Holsteinsmühle, 222 m; **02** Gerhardsiefen, 265 m; **03** Marienberghausen, 269 m; **04** Vorholz, 206 m; **05** Heddinghausen, 246 m; **06** Göpringhausen, 219 m; **07** Naturdenkmal „Dicke Steine", 250 m

weg führt uns gleich links um die Kurve weiter bergauf. Nach dem Waldaustritt geht es links auf dem Schotterweg weiter aufwärts. An den ersten Häusern von **Marienberghausen** **03** vorbei, zum Ende der Straße: hier nach rechts in den „Beerser Weg". Nach wenigen Minuten geht es links in den „Brunnenweg". Er führt uns hinab, dann an einem Gärtchen vorbei wieder hinauf zur Humperdinckstraße; hier wenden wir uns nach links und erreichen die Kirche. An der Kirche vorbei weiter auf der Humperdinckstraße. Dann links weiter auf der Straße „Breiter Weg", die bergab nach Hochstraßen führt.

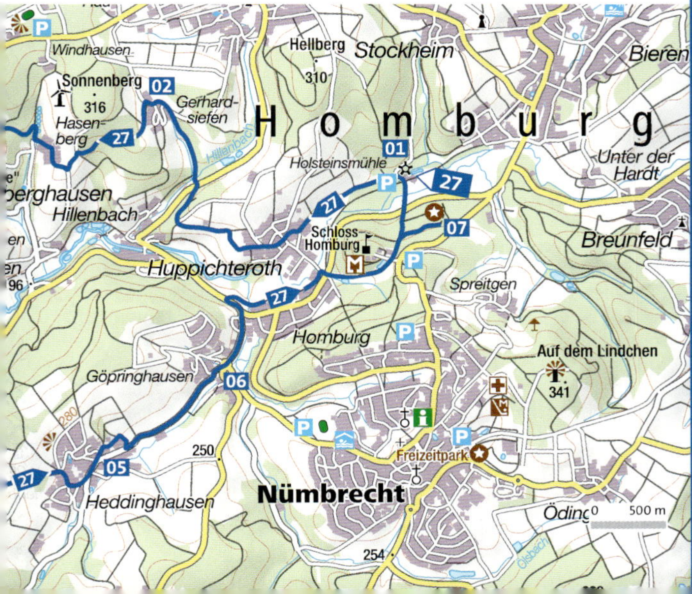

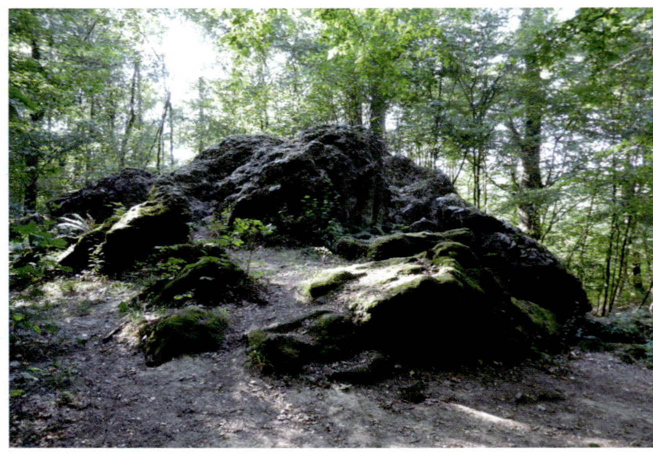

Naturdenkmal „Dicke Steine“

Dort wenden wir uns nach rechts, an der Bundesstraße dann links. Vorbei geht es an Neuenberg, wir folgen einem asphaltierten Weg um eine Linkskurve. Weiter hinab, über die Bröl hinüber. An der Hauptstraße geht es nach links und ca. 150 Meter später rechts nach **Vorholz** **04** hinauf.

Wir folgen dem Weg; er führt an eine Kreuzung mit Schotter- und Waldwegen. Hier biegen wir rechts ab, durch den Wald bergauf; bald kommen wir an einem Infobüchlein vorbei. Kurz danach macht der Weg eine scharfe Linkskurve, danach treten wir allmählich aus dem Wald heraus und kommen an Pferdekoppeln vorbei. An der schmalen Teerstraße halten wir uns links nach **Heddinghausen** **05**.

An der Kreuzung, gleich nach dem Ortsschild, geht es rechts in die „Heddinghauser Straße“. Hinab führt der Weg, geradeaus, bis uns nun das Quadrat nach links hinaufschickt. Ein paar Meter nur, dann wieder rechts in eine Schotterstraße („Taubensiefen“). A führt uns nun rechts hinab um die Kurve. Kurz vor der Straße geht es links auf einen Fußgänger- und Radweg. A lässt uns einmal die Straße kreuzen, weiter geht es auf dem Fußgängerweg, an **Göpringhausen** **06** vorbei.

Am Kreisverkehr halten wir uns links in die Göpringhauser Straße. An der Hauptstraße (Homburger Straße) links, doch schon nach wenigen Metern erneut rechts, einen Wiesenweg hinab. An der folgenden Straße halten wir uns rechts, überqueren die Hauptstraße, nach wenigen Metern führt uns A nach links in den Wald hinauf. Wir erreichen Schloss Homburg, wandern an diesem vorbei, auf einem Waldweg in den Wald hinab und nach Norden Richtung Holsteinsmühle.

Nach einem kurzen Abstecher nach rechts zum **Naturdenkmal „Dicke Steine“** **07** erreichen wir den **Parkplatz Holsteinsmühle** **01**.

VON NÜMBRECHT ZUR WIEHLER TROPFSTEINHÖHLE

Durch schattige Wälder mit Wildpark und Tropfsteinhöhle

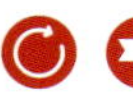 15,8 km 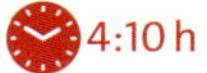 4:10 h 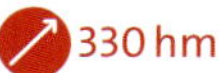 330 hm 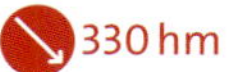 330 hm  847

START | Nümbrecht, Parkplatz bei „Holsteinsmühle“, 218 m [GPS: UTM Zone 32 x: 397.358 m y: 5.642.017 m]
CHARAKTER | Ein wenig Kondition aufgrund der Länge erforderlich. Gutes Schuhwerk ist empfehlenswert, da es auf oft schmalen Pfaden ständig bergauf und bergab geht.

Auf dieser abwechslungsreichen Wanderung ist für Jung und Alt etwas geboten. Ein Wildpark mit stattlichen Ebern, eine Tropfsteinhöhle, die in unterirdische Märchenwelten entführt, ein verfallener Turm und die wunderschöne Natur lassen das Herz des Wanderers höherschlagen.

▶ Am entgegengesetzten Ende des **Parkplatzes Holsteinsmühle** 01 folgen wir dem Panoramaweg leicht bergauf und etwas rechts haltend in den Wald hinein. Bei der ersten Abzweigung biegen wir links ab. Der Weg wird allmählich zum Pfad. Am breiten Schotterweg geht es nach links, dann gleich wieder rechts Richtung Wiehl. In einer Linkskurve wandern wir in den Wald hinauf, im Wald folgen wir dem Weg nach rechts, wieder leicht hinab. Er führt uns um eine Kurve; kurz vor dem Waldaustritt wieder nach

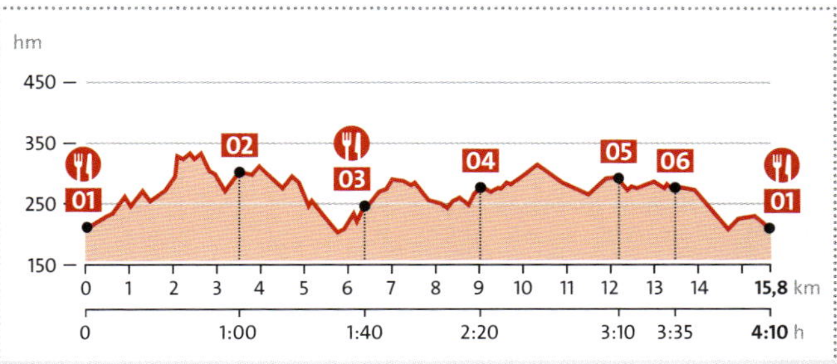

01 Parkplatz Holsteinsmühle, 218 m; 02 Aussichtsbank, 295 m; 03 Tropfsteinhöhle Wiehl, 242 m; 04 Rommelsdorf, 275 m; 05 Oberbierenbach, 286 m; 06 Bierenbachtal, 274 m

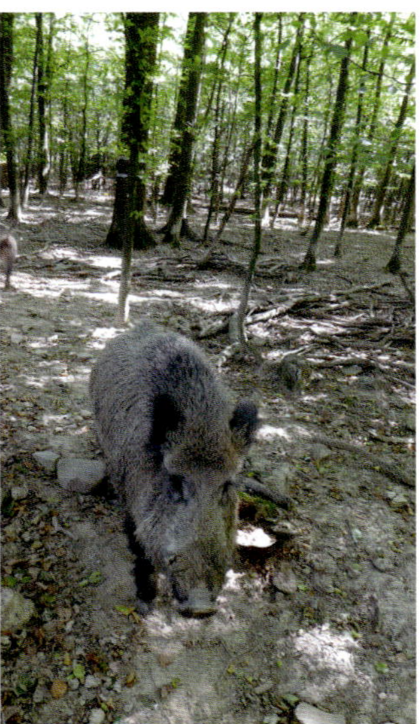

Wildgehege bei Wiehl

links zu einer Kuhweide und halb im Wald zur Straße. Dort wenden wir uns nach links, nach ungefähr 50 Metern wieder rechts. Über einen Wiesenweg geht es bis zum Wald, dann geradeaus auf einem Pfad am Waldrand entlang, bis wir auf einen breiten Waldweg treffen. Hier biegen wir links ein, die nächste Gabelung dann rechts, am Waldrand entlang. Nach ca. 100 Metern geht es nach links in den Wald. Nach wenigen Minuten auf dem nächsten Weg, den wir treffen, rechts hinab zu einem Teerweg. Hier biegen wir links ab und gehen nun wieder bergan. Noch vor der Hauptstraße leitet der Bergische Panoramasteig nach rechts, durch ein paar Bäume hindurch und über Wiesen hinab zu einem Teerweg. Hier wenden wir uns nach links, weiter abwärts. Wir begegnen einem Schotterweg, dem wir wieder links hinauf zur Straße folgen. Diese überqueren wir, dann geht es rechts haltend auf einem Wiesenweg hinauf, weg von der Straße.

An der **Aussichtsbank** 02 halten wir uns rechts hinab über eine Wiese zum Waldrand. Hier links, am Waldrand entlang hinauf zu einem Sträßlein. Wir folgen ihm geradeaus leicht hinab zur Vorfahrtsstraße. Ab hier folgen wir nun A2 nach rechts. Zu Beginn der nächsten Rechtskurve führt uns ein Wiesenweg in den Wald. Wir folgen ihm geradeaus. Am Waldaustritt stoßen wir auf ein Teersträßlein, das uns geradeaus hinaufführt. Wir folgen dem Weg oben weiter geradeaus und statten dem **Bismarckturm**, den wir wegen Baufälligkeit allerdings nur

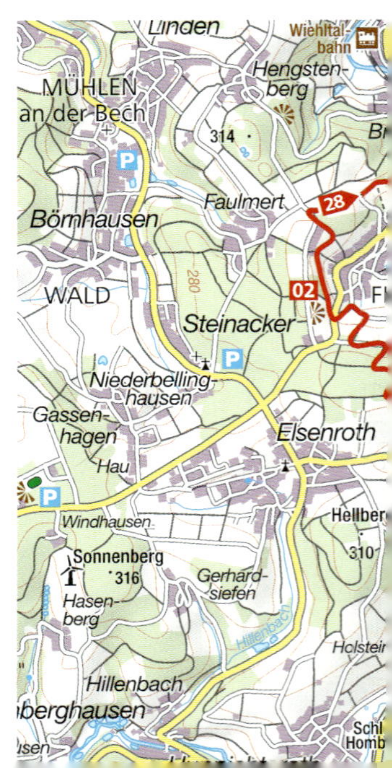

von außen betrachten dürfen, einen Besuch ab.

Dann kehren wir zum Teersträßchen zurück; nun geht es nach links, bergab. Wir passieren das Ortsschild von Wiehl. Nach ca. 200 Metern folgen wir nach rechts einem schmalen Pfad weiter hinab am Zaun entlang. Über eine Wiese geht es steil bergab, dann nach rechts zur Straße. Hier biegen wir links ein. Nach ein paar Metern folgen wir einem Sträßlein hinauf in den Wald. Auf einem Waldweg geht es immer geradeaus bis zu einem Parkplatz. Unter der Fußgängerunterführung durch erreichen wir die **Tropfsteinhöhle Wiehl** 03.

Ab hier folgen wir A1 Richtung **Wildpark**. Am Wildschweingehege vorbei, die nächste Abzweigung rechts hinauf folgen wir nun kurz dem Balken-Symbol. Wer möchte, kann eine gemütliche Runde durch den Wildpark drehen.

A1 führt uns am Hirschgehege vorbei bis Atzenhagen. Wir gehen die Jägerstraße hinunter und biegen an der T-Kreuzung nach links ab. Beim Haus Nummer 24 geht es rechts die Wiese hinab. An Koppeln vorbei gelangen wir auf einen Schotterweg; hier nach links, die nächste Kreuzung rechts am Waldrand entlang. Nach gut 5 Minuten gelangen wir an eine größere Kreuzung: hier folgen wir A1 links hinauf. Nun begleitet uns ein Stück der Jakobsweg. Nach einigen hundert Metern führen uns A1 und X rechts zwischen Weiden auf einem Wiesenweg hinab. Im Wald gleich an der Kreuzung

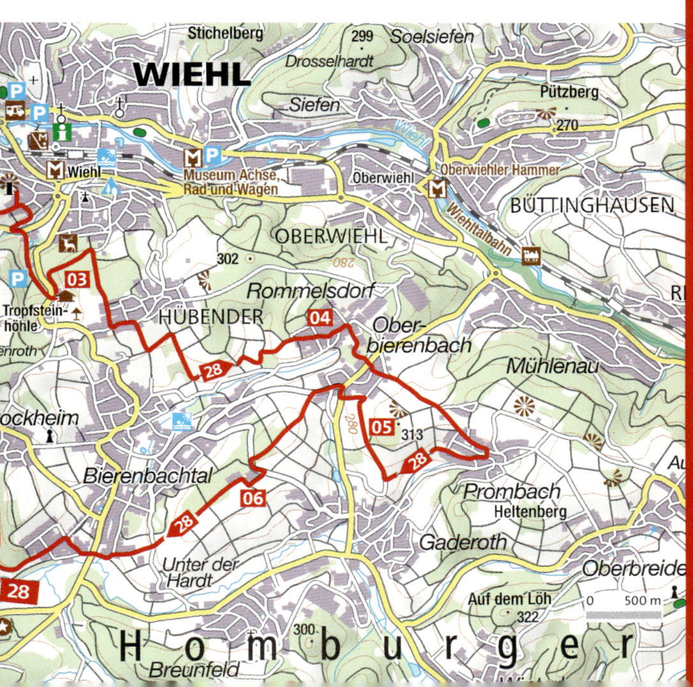

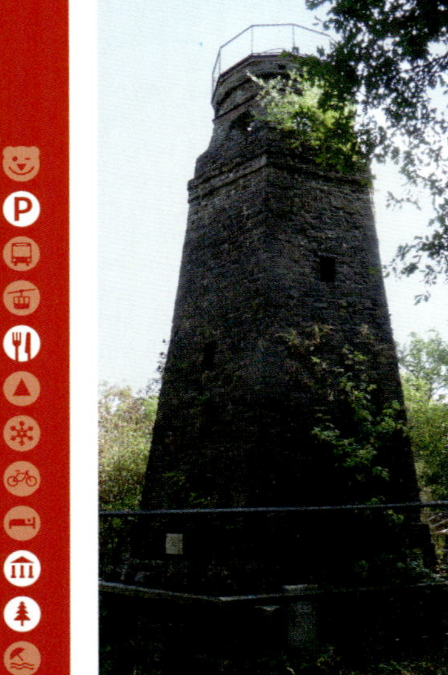

Verfallener Bismarckturm

wenden wir uns nach links, nach 30 Metern wieder nach rechts auf einen Pfad am Zaun entlang. Es geht nun immer aufwärts, der Weg leitet uns erst nach rechts, dann nach links um die Kurve zu einer Straße am Ortsrand von **Rommelsdorf** 04.

Dieser folgen wir geradeaus, nun weiter auf X. (A1 führt nach wenigen Metern scharf links auf einen Feldweg hinauf.) Wir folgen dem Finkenbachweg bis zu seinem Ende und biegen dann links in die Rommelsdorfer Straße ein, die leicht bergaufführt. Nach wenigen Minuten geht es auf der Straße „Kranüchel" rechts hinab. Wir folgen X vor dem starken Linksknick nach rechts ein paar Meter, dann sind wir an der Hauptstraße. Diese queren wir schräg rechts. Direkt gegenüber auf dem Asphaltweg geht es hinauf nach Prombach.

Wir folgen hier nun dem U durchs Örtchen und biegen rechts in die Straße „Im Tor" ab. Bei der Straße „Wiesenkamp" halten wir uns rechts und folgen der Markierung „T/Schlossblicke". Sie führt uns geradeaus und leicht hinab in einen Feldweg. Achtung: Die Markierung T auf schwarzem Grund und das blaue „T/Schlossblicke" wechseln sich ab, aber beide sind nun unsere Wegzeichen! Bald geht es über einen Wiesenweg bis zu einer Teerstraße. Hier wenden wir uns nach rechts hinauf.

Kurz nach dem Ortsschild von **Oberbierenbach** 05 folgen wir einem Schotterweg links hinab. Er führt uns auf eine Straße, die wir geradeaus queren, über eine Wiese hinüber und dann am Teersträßchen wieder rechts. An der Vorfahrtstraße geht es nach links und nach ungefähr 50 Metern wieder links einen Teerweg hinauf. Wir folgen dem Weg bis zur Straße. Hier geht es nun links hinab. Nach ein paar Metern rechts auf die Straße „Auf dem Höchsten". Wir folgen diesem Weg nochmals rechts, dann links um die Kurve. Nun immer geradeaus bis **Bierenbachtal** 06.

Wir überqueren die Hauptstraße und folgen der Straße „Kalkofener Straße" leicht links und halten uns an der nächsten Kreuzung rechts bergauf zum „Mühlenweg". Dort nach links und an Wohnhäusern vorbei durch Wald und über Felder zurück zum **Parkplatz der Holsteinsmühle** 01.

VON ÖDINGHAUSEN ZUM „LINDCHEN“ UND NACH MALZHAGEN

Vom Aussichtsturm zum Hexenweiher

 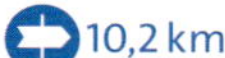 10,2 km 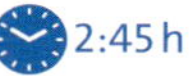 2:45 h  200 hm 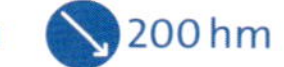 200 hm  847

START | Nümbrecht-Ödinghausen, Parkplatz am Sportpark, 319 m [GPS: UTM Zone 32 x: 398.148 m y: 5.640.062 m]
CHARAKTER | Mäßiges Auf und Ab auf Waldwegen und asphaltierten Sträßchen. Im Wald vor Distelkamp ist ein wenig Orientierung und ein gutes Auge auf Grund der schlechten Beschilderung erforderlich.

Vom hölzernen Aussichtsturm „Auf dem Lindchen“ hat man einen wunderbaren Weitblick bis zum Rhein, dem Siebengebirge und dem Rothaargebirge. Doch zuerst muss man 154 Stufen erklimmen und befindet sich dann schließlich 175 Meter über dem Meeresspiegel. Nur einen Katzensprung vom Startpunkt unserer Wanderung entfernt befindet sich der Kurpark von Nümbrecht, der 1974 im Zuge der Landesgartenschau entstand.

▶ Vom **Parkplatz am Sportpark von Nümbrecht** 01 laufen wir den Schotterweg hoch, zu unserer Rechten den Golfplatz. An der Kreuzung geht es nach links, leicht bergauf, A3 folgend. Die nächste Kreuzung überqueren wir geradeaus, biegen jedoch schon nach wenigen Metern nach rechts auf

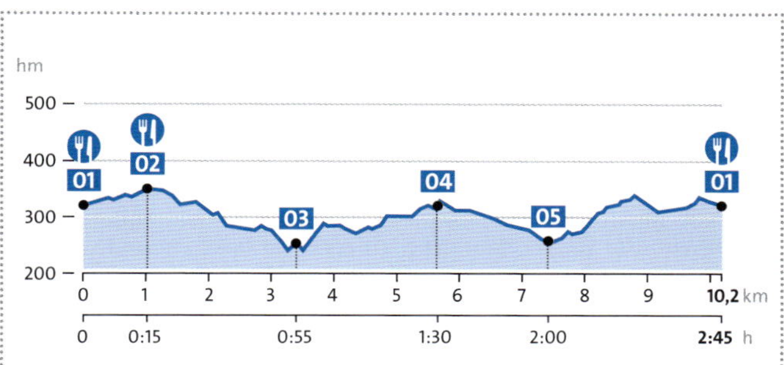

01 Nümbrecht, Parkplatz am Sportpark, 319 m; 02 Aussichtsturm „Auf dem Lindchen“, 347 m; 03 Hexenweiher, 248 m; 04 Distelkamp, 312 m; 05 Malzhagen, 252 m

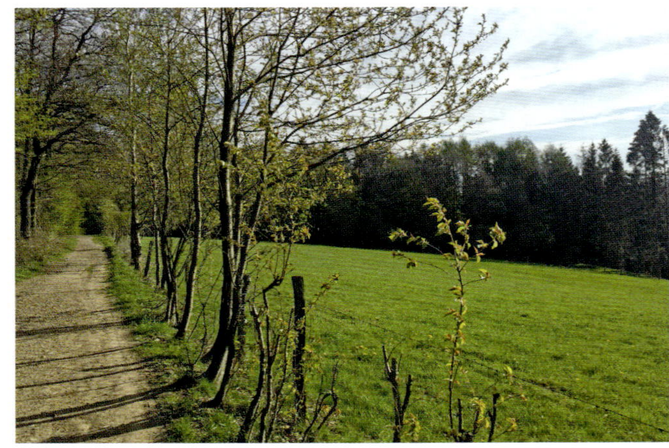

Auf dem Weg zum „Lindchen“

A3/ V5 und den Bergischen Panoramasteig ab. Wir folgen nun dem Waldweg, an der nächsten Gabelung halten wir uns rechts am Waldrand entlang, bei der folgenden Gabelung links. Kurz darauf erreichen wir den **Aussichtsturm „Auf dem Lindchen“** **02**.

An diesem geht es nun vorbei, ab hier weiter auf dem Bergischen Streifzug Nummer 21, dem „Klangpfad“. Er führt uns ein Sträßchen hinab, bei der ersten Gelegenheit geht es rechts weiter abwärts auf einem Waldweg. Wir halten uns weiter rechts, an der T-Kreuzung beim Rastplatz biegen wir nach links auf einen schmalen Wanderweg ein. Wir folgen dem Weg bis zur Hauptstraße, in die wir nach rechts einbiegen. Nach wenigen Metern geht es gleich wieder rechts auf breiterem Pfad, dann wieder rechts auf einen asphaltierten Weg. Wir befinden uns noch immer auf dem „Klangpfad“, dem wir nun nach Spreitgen folgen. Durch das Örtchen geradeaus hindurch gelangen wir schließlich an die Gabelung mehrerer Feldwege: wir nehmen den linkesten, er führt leicht abwärts. Es geht schnell immer steiler bergab, der Weg mündet in einen Wiesenweg, der bald an einer T-Kreuzung endet, hier biegen wir rechts ein.

Wir kommen zu ein paar Fischweihern, den **Hexenweihern** **03**. Hier verlässt uns der Bergische Streifzug, wir folgen nach links dem weißen Punkt in den Wald, zwischen den Weihern hindurch geht es aufwärts. Nach knapp 10 Minuten führt uns der Weg nach links, kurz steil hinab, dann wieder hinauf. Auf der anderen Seite biegen wir links ein und wir wandern wieder Richtung Weiher, die wir bald von oben sehen können. Wir folgen dem schönen Waldweg für gut 10 Minuten, bis wir an der nächsten T-Kreuzung nach rechts einbiegen und leicht aufwärts weiterwandern. Nach ein paar hundert Metern verlassen wir den Wald und gelangen an eine schmale Teerstraße. Wir halten uns rechts, weiter leicht bergauf. Noch bevor die Straße wieder in lichten Laubwald eintritt, geht's an der Bank links, am Waldrand entlang in den Ort **Distelkamp** **04**.

Hier wenden wir uns nach links, an Häusern vorbei und an Zäunen entlang. Bei der T-Kreuzung biegen wir wieder links ab und folgen dem Sträßlein nun geradeaus bis zur Hauptstraße. Diese überqueren wir leicht schräg nach links und folgen einem geteerten Weg kurz hinauf und weiter bis zu einer T-Kreuzung, in die wir links einbiegen. Achtung, hier keine Markierung! Nach gut 10 Minuten zweigt nach rechts ein Weg ab, den wir einschlagen; wir laufen noch immer auf einem asphaltierten Weg. Hier ist das Wegzeichen auf dem Teerboden zu finden! Wir folgen dem Weg um eine Linkskurve und an der Reitanlage vorbei. Allmählich führt er uns hinab nach **Malzhagen** **05**.

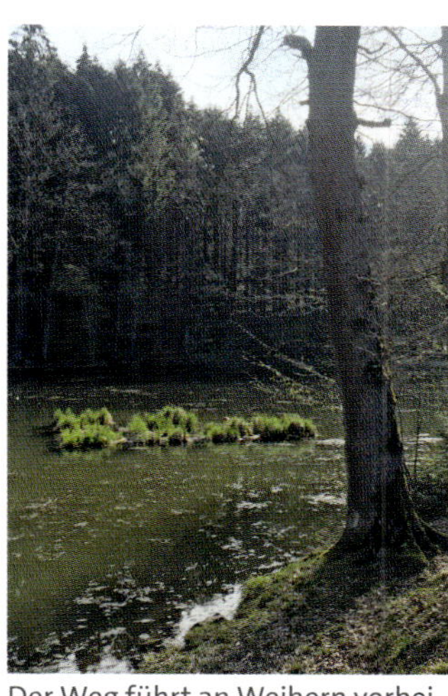

Der Weg führt an Weihern vorbei

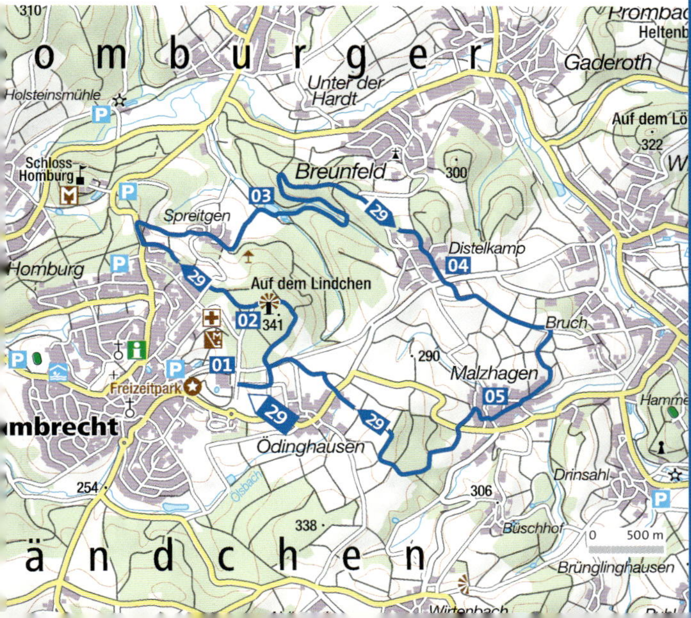

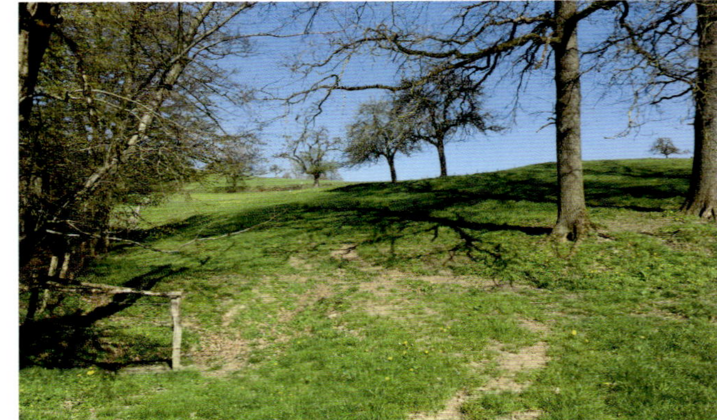

Wiesen bei Malzhagen

Unten halten wir uns rechts auf den Mühlenbergweg und wandern dann weiter geradeaus in die Malzhagener Straße. Sie führt uns durch den Ort. Am alten Dorfbrunnen rechts hinauf, dann gleich wieder links, immer noch auf der Malzhagener Straße. Sie führt uns schließlich nach links gewandt aus dem Ort hinaus. An der Hauptstraße geht es geradeaus leicht links hinüber auf einen Feldweg. Durch Wiesen hindurch, dann am Waldrand entlang weiter. Wir treffen auf einen Waldweg, in den wir links einbiegen. Eine blaue Bank lädt hier zum Verweilen ein. Schon bald gesellt sich das Wegzeichen V dazu. Wir folgen dem Hauptweg durch lichten Wald bergauf. An der Kreuzung am Waldrand laufen wir weiter geradeaus, nun auf dem Bergischen Panoramasteig. Er führt uns kurz am Waldrand entlang. Beim Bankerl wenden wir uns nach links hinab über die Wiese nach Ödinghausen.

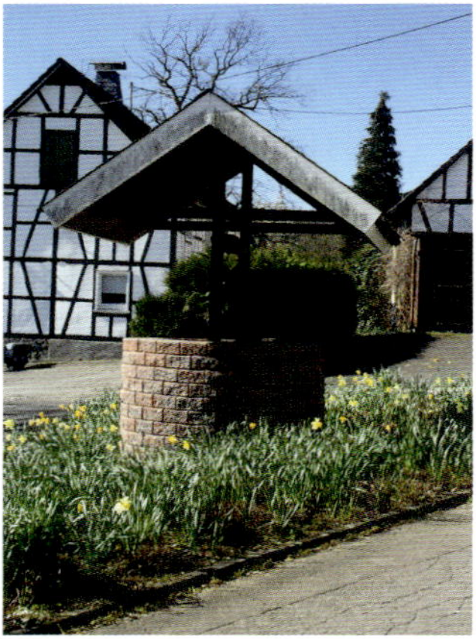

Dorfbrunnen in Malzhagen

Es geht an den Häusern vorbei zur Hauptstraße, die wir geradeaus queren. Wir laufen nun auf einem Feldweg, auf dem wir uns immer links halten, und folgen dem Bergischen Panoramasteig. Nach wenigen Minuten stoßen wir auf einen Teerweg (in sehr schlechtem Zustand), dem wir nach links hinauffolgen. An der nächsten Kreuzung biegen wir links ein und wandern auf unserem Anfangsweg mit A3 und V5 zurück zum **Sportpark** **01** in **Nümbrecht**.

HARSCHEIDER MÜHLENTOUR

Durchs Harscheider Bachtal zu ehemaligen Mühlen

  9,6 km 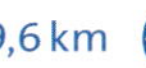 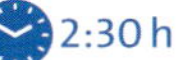 2:30 h 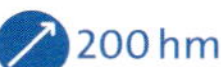 200 hm  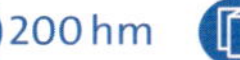 200 hm 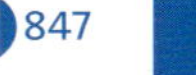 847

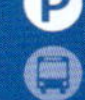
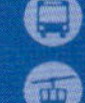
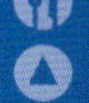

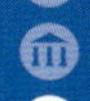

START | Harscheid, Parkplatz am Sängerheim, 229 m
[GPS: UTM Zone 32 x: 396.658 m y: 5.637.117 m]
CHARAKTER | Gemäßigte Steigungen, breite Wege, durchgehend gut markiert.

Die Mühlen bei dieser Wanderung sind meist nur noch im Namen zu finden. Auf stillen, wenig begangenen Wegen führt uns der Weg durch das Harscheider Bachtal und über die Höhen bei Benroth. Nicht selten läuft einem hier ein Hase oder auch schon mal das eine oder andere Reh direkt über den Wanderweg.

Wir parken in **Harscheid** am **Sängerheim** 01. Direkt gegenüber vom Parkplatz folgen wir nun an der Straße entlang A1, A2 und A3. Nach ungefähr 100 Metern biegen wir rechts ab in einen Waldweg. Gleich darauf wieder links, weiter auf A1 und A3. Wir folgen dem Weg geradeaus bis zur Unterführung, hier noch hindurch und wir sind in Geringhauser Mühle. Am Sträßlein geht es geradeaus weiter auf A1 Richtung Buch. An der nächsten Gabelung halten wir uns rechts auf dem Sträßlein aufwärts. Oben an der T-Kreuzung biegen wir links ab und folgen dem Sträßlein bis zum Ortsrand von **Buch** 02.

Hier nun rechts, weiter auf A1. An der Kreuzung beim Waldaustritt begegnet uns der Bergische Pano-

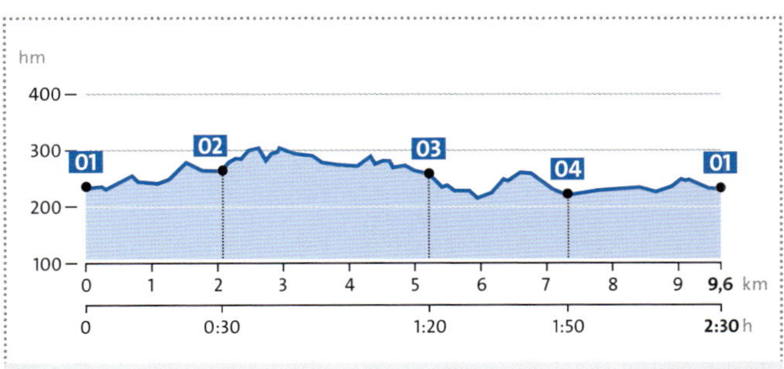

01 Harscheid, Parkplatz am Sängerheim, 229 m; 02 Buch, 269 m; 03 Benroth, 265 m; 04 Lindscheider Mühle, 212 m

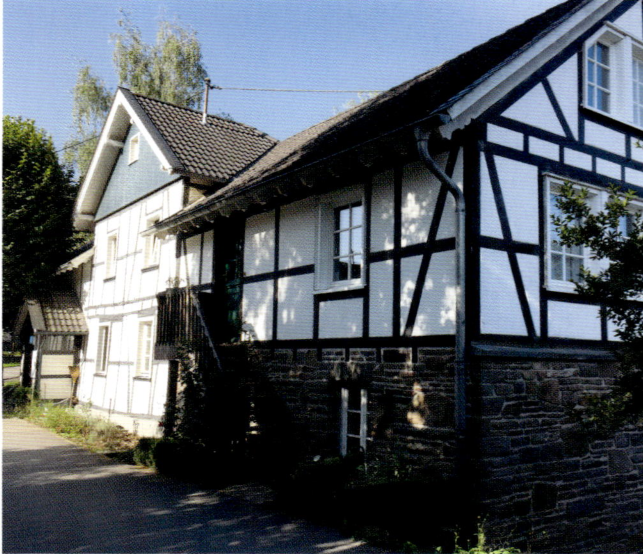

Geringhauser Mühle

ramasteig, dem wir nun zusammen mit A1 nach rechts hinauf auf einen Schotterweg Richtung Benroth folgen. An der nächsten Kreuzung nach links, an Feldern und Wiesen vorbei. Kurz vor dem nächsten kleinen Ort biegen wir noch einmal nach rechts hinab zur Straße ab. Diese überqueren wir geradeaus. Bald geht es auf einem Wiesenweg in den Wald hinein. Bei der T-Kreuzung halten wir uns links auf einen festeren Waldweg. An der nächsten Gabelung links, bei der folgenden T-Kreuzung wieder links. Nach ungefähr 100 Metern führt uns der Bergische Panoramasteig nach rechts, die nächste Möglichkeit wieder rechts.

An den ersten Häusern von **Benroth** **03** halten wir uns links hinab, in der Rechtskurve nochmals links. Der Schotterweg führt zu einer Straße. Hier verlässt uns der Bergische Panoramasteig nach links, wir folgen nun X28 weiter nach rechts, hinauf nach Benroth. Nach ca. 200 Metern führt uns das X nach rechts auf einem schmäleren Sträßchen bergauf. Oben angelangt wenden wir uns kurz nach rechts, dann gleich wieder links auf die Straße „Am Südhang" Richtung Lindscheid. Kurze Zeit später führt uns das X nach rechts Richtung Lindscheid, schnell geht es auf dem schmalen asphaltierten Sträßlein steil bergab.

Am Ortsschild **Lindscheider Mühle** **04** biegen wir nun rechts ab, weiter auf A2, und folgen einem Waldweg stetig geradeaus, bis wir auf unseren Hinweg stoßen. Auf diesem geht es in 5 Minuten zurück zum Auto am **Parkplatz des Sängerheims** in **Harscheid** **01**.

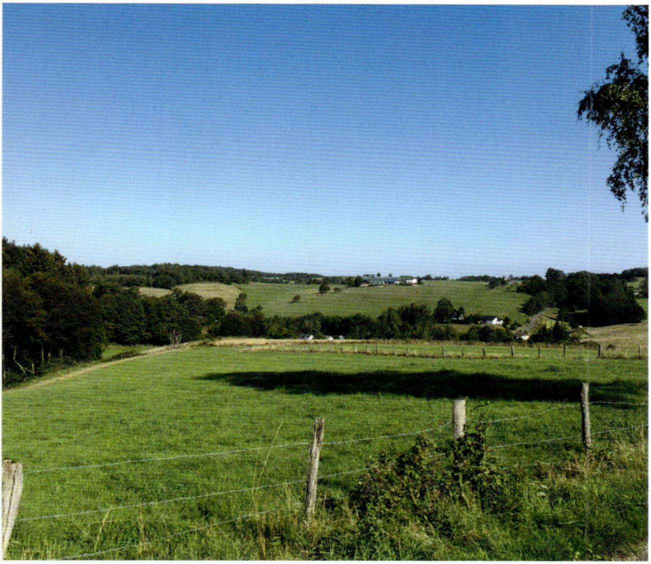

Über die Höhen bei Benroth

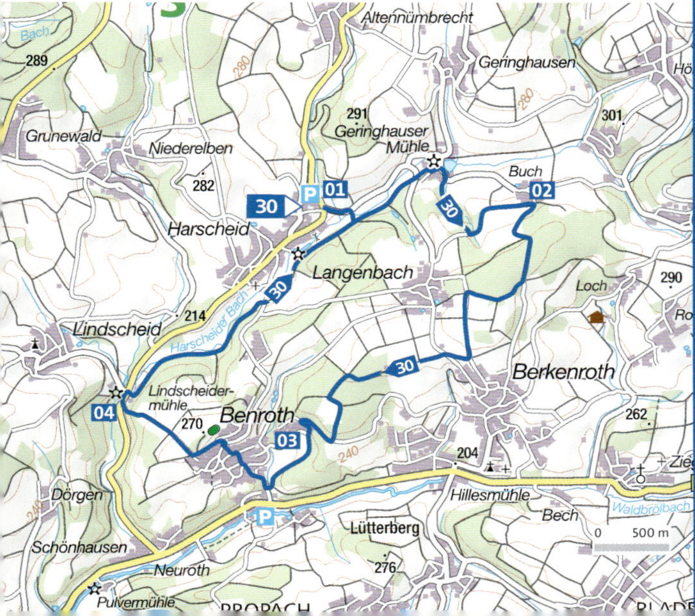

31

UM DEN BURGBERG BEI DENKLINGEN

Auf den Spuren einer Burganlage mit über 600jähriger Geschichte

 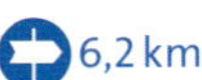 6,2 km 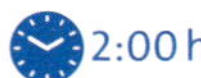 2:00 h  150 hm 150 hm  847

START | Denklingen-Reichshof,
Parkplatz am Rathaus Denklingen, 258 m
[GPS: UTM Zone 32 x: 405.361 m y: 5.641.277 m]
CHARAKTER | Kurze, leichte Wanderung auf gut begehbaren Wegen. Keine schwierigen An- oder Abstiege. Festes Schuhwerk dennoch erforderlich aufgrund dorniger Sträucher am Ende der Wanderung. Zur Orientierungshilfe: Auf dieser Tour ist es sinnvoll, an Kreuzungen auch mal auf die andere Seite eines Baumes oder Laternenmastes zu sehen, da die Wegzeichen nicht immer in beide Richtungen angebracht sind!

Diese kleine, stille Runde eignet sich ideal für einen kurzen Nachmittagsspaziergang.

Wir parken am **Rathaus in Denklingen** 01. Zunächst geht es am Rathaus vorbei Richtung Burg. Wir halten uns links, zwischen der Kapelle und dem Weiher hindurch, dann links durch den Torbogen auf A4 und A6. Gleich darauf überqueren wir die Hauptstraße in die Morsbacher Straße hinein und folgen A6. Nach wenigen Metern führt uns rechts eine Treppe hinauf – von oben hat man einen schönen Blick über Denklingen. Beim Kriegerdenkmal halten wir uns links auf A6. Es geht geradeaus auf dem Denkmalweg weiter. An der T-Kreuzung biegen wir links ab in die Straße „Auf der Hardt“.

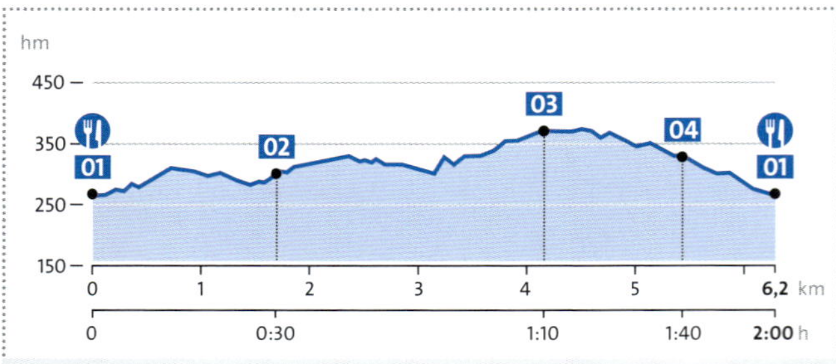

01 Rathaus Denklingen, 258 m; 02 Bruchsteinbau, 290 m; 03 Holzkreuz, 366 m; 04 Straßenbrücke, 306 m

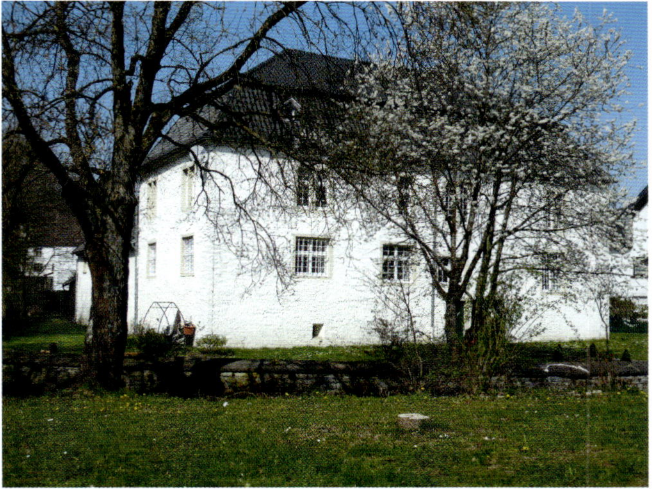

Burg Denklingen

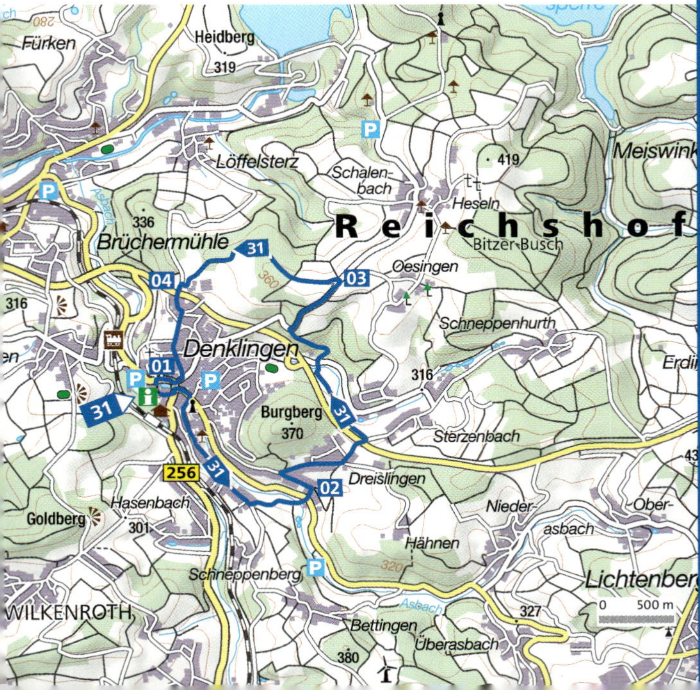

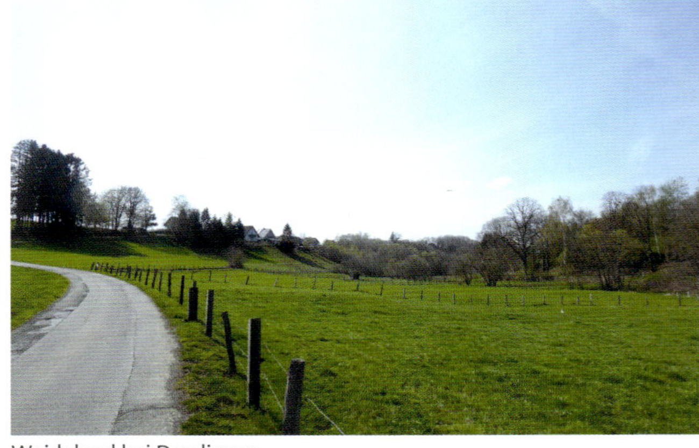

Weideland bei Dreslingen

An den Häuschen vorbei bis zum Ende der Siedlung, am letzten Haus wenden wir uns nach links auf ein Sträßlein hinab, weiter auf A1. Unten queren wir die Straße und laufen in die „Dreslinger Straße" hinauf, dann gleich links am **denkmalgeschützten Bruchsteinbau** 02 (ein Gebäude aus lockerem Gesteinsmaterial aus dem Jahre 1713, der früher als Gefängnis genutzt wurde) vorbei immer weiter hinauf.

Am Marterl biegen wir rechts ab auf den „Hähner Weg", es geht hinauf, zusammen mit dem Jakobsweg. Kurz vor Ende der Siedlung geht es links auf die Straße „Auf der Linde" (mit A3). Unter der Unterführung durch und dann gleich links auf den Feldweg. Der Weg wird immer schmäler und immer durchsetzter mit dornigem Strauchgewächs. Er endet schließlich in einer Wiese, über die wir weglos spazieren. Leicht rechts halten, gelangen wir an eine Straße, die wir überqueren. Gegenüber laufen wir auf den Vorplatz einer Hundepension, doch nach wenigen Schritten führt uns der Weg nach rechts auf einem Wiesenweg in den Wald hinauf. Alsbald biegen wir links ab, weiter bergauf. Nun halten wir uns leicht rechts: Achtung, aufgrund von Kahlschlag fehlen die Markierungen! Wir laufen rund 15 bis 20 Meter schräg rechts weiter und treffen auf einen breiten Weg. Diesem folgen wir weiter geradeaus, A3 folgend. Wir gelangen an eine wenig befahrene Straße, der wir nach rechts hinauf folgen.

Am **Holzkreuz** 03 biegen wir links auf A4 ab und folgen nun stetig dem Weg. Dieser wendet sich nach gut 1 Kilometer nach links, an einer Tannenschule vorbei. Weiter geht es, an einem Milchviehbetrieb vorbei und links gewandt über die **Straßenbrücke** 04 nach Denklingen. A2 und A4 führen uns nun geradewegs hinab („Waldweg" und „Mühlenhardt"). An der Katholischen Kirche vorbei, an der Hauptstraße rechts und zurück zum **Rathaus** von **Denklingen** 01.

VON ODENSPIEL ZUR KROMBACHER INSEL

Durchs Harscheider Bachtal zu ehemaligen Mühlen

 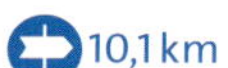 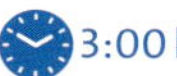   

10,1 km | 3:00 h | 190 hm | 190 hm | 847

START | Odenspiel, in „Am Mühlenweg" bei der Johanneskapelle, 410 m [GPS: UTM Zone 32 x: 409.750 m y: 5.642.563 m]
CHARAKTER | Viele Feld-, Erd- und Waldwege, bei Nässe können sie sehr matschig und rutschig werden!

Auf dieser Tour erlebt man wunderschöne Natur und Industriekultur nah beieinander. Im dritten Viertel der Tour kann man einen Abstecher zur Krombacher Insel unternehmen, sie liegt im östlichen Zipfel der Wiehltalsperre. Im letzten Viertel des Weges passieren wir einen Steinbruch, in dem die „Odenspieler Grauwacke" abgebaut wird. Den Lärm der Maschinen hören wir noch nach gut 1 Kilometer Entfernung.

▶ Wir parken an der **Johanniskapelle** in **Odenspiel** 01 in der Straße „Am Mühlenweg". Diesen laufen wir links hinab auf A1/A2. Weiter geradeaus der Straße „Auf der Nörr". Der Weg führt uns geradewegs auf einen Feldweg. An der nächsten Kreuzung geht es geradeaus zusammen mit dem Bergischen Panoramasteig Richtung Erdingen. Schnell geht es sehr steil den Feld- und Waldweg hinab; unten wenden wir uns nach rechts und folgen nun A1 und A2 am Waldrand entlang. An der Gabelung halten wir uns rechts, wieder auf festerem Weg. An wieder der nächsten Gabelung halten wir uns erneut rechts, bald geht es leicht bergauf am Bach entlang.

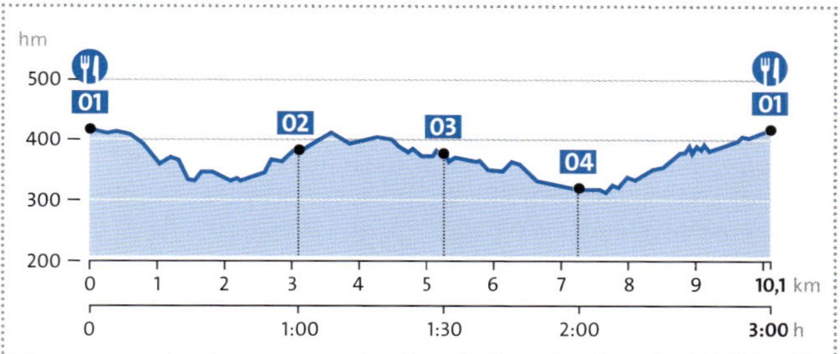

01 Odenspiel, Johanniskapelle, 410 m; 02 Meiswinkel, 376 m; 03 Wegschild „Hamerich", 351 m; 04 Abzweig zur Krombacher Insel, 316 m

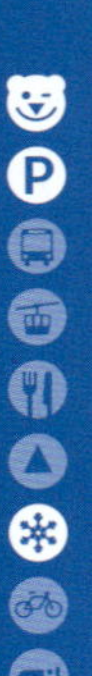

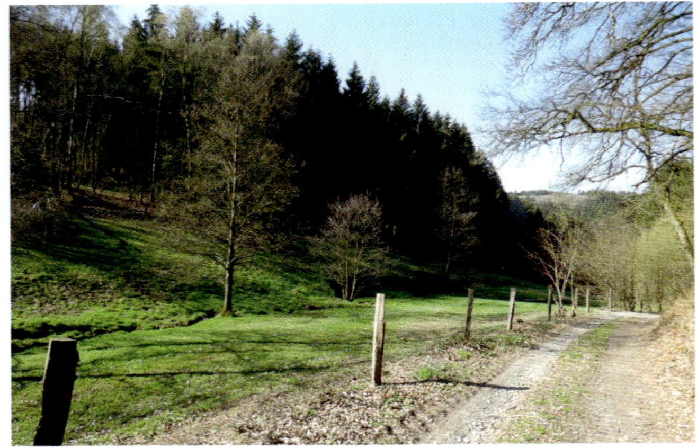

Lichtung nahe Meiswinkel

Alsbald folgen wir dem Bach und A2 nach rechts hinaus aus dem Wald. An den ersten Höfen von **Meiswinkel** 02 vorbei geht es auf ein Sträßlein, in das wir links einbiegen.

Ab hier folgen wir nun dem Bergischen Panoramasteig hinauf. Er geleitet uns im Zickzack schnell wieder nach rechts, einen Feldweg hinauf. Oben halten wir uns links, an einem Obstgarten vorbei und zwischen saftigen Wiesen hindurch, bis wir gleich an der nächsten Gabelung rechts weiterlaufen. Nach nicht mehr als 100 Metern überqueren wir eine Straße und befinden uns nun auf einem asphaltierten Weg. An Weihnachtsbaumkulturen vorbei geht es am Ende des Zaunes zu unserer Rechten links hinab auf einen Wiesenweg. Unten am Strommast wieder rechts über die Wiese weiter. An der schmalen Straße biegen wir links ein nach Ulbert.

A5 und der Bergische Panoramasteig führen uns in einen Feldweg hinein. An der Gabelung halten wir uns links, in lichtem Wald leicht hinab. Wir folgen dem Weg nun durch den Wald, an der nächsten Weggabelung beim **Wegschild „Hamerich“** 03 scharf rechts wieder leicht hinauf.

Nach einer guten halben Stunde erreichen wir an einer **Abzweigung** 04 das Schild „Krombacher Insel“. Wer möchte, kann hier links einen kleinen Abstecher zur Insel in der Talsperre machen.

Alle anderen bleiben auf dem Weg geradeaus (nun nur noch auf A5) und folgen ihm bis zum Ende zu einem Wanderparkplatz. An der Hauptstraße biegen wir rechts ab, dann halten wir uns gleich darauf wieder rechts. Ein kurzes Stück neben der Straße, dann überqueren wir nach links die L324. Der Weg führt uns kurz bergauf, dann gleich rechts. Auf einem Waldweg geht es nun geradeaus durch lichten, schönen Wald. A5 führt uns in einer Rechtskurve nach einer viertel Stunde aus dem Wald heraus.

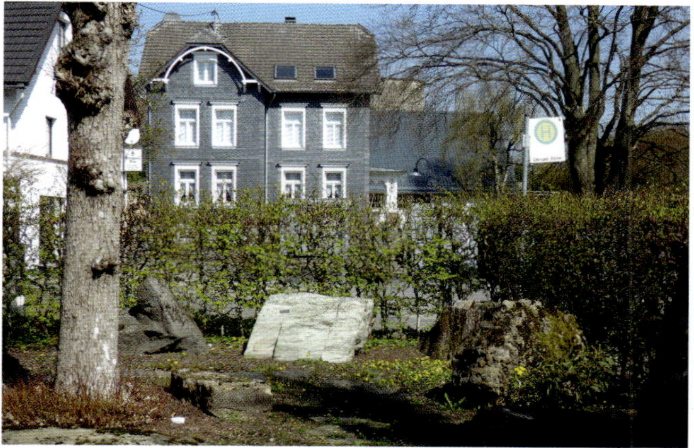

Geologischer Steingarten Odenspiel

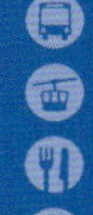

Bald gelangen wir wieder an die Hauptstraße von **Odenspiel**, die wir überqueren und nach links weiterlaufen, hinauf und zurück zur **Johanniskapelle** 01 am Parkplatz.

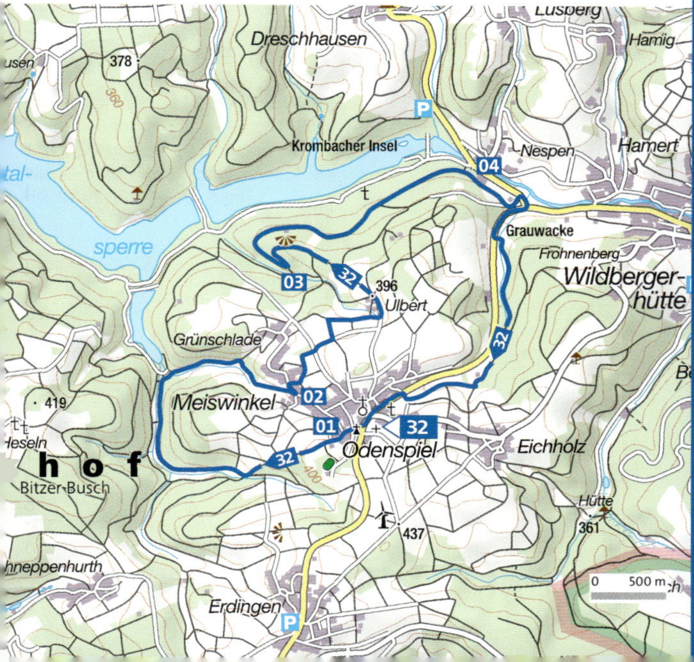

Lusberg
Dreschhausen
Hamig
378
360
Krombacher Insel
Nespen
Hamert
04
sperre
Grauwacke
Frohnenberg
Wildberger-hütte
03
32
396
Ulbert
Grünschlade
32
Meiswinkel
02
419
01
32
Odenspiel
Eichholz
hof
Bitzer Busch
32
400
Hütte
361
437
nneppenhurth
0 500 m
Erdingen

VON LICHTENBERG NACH ROM

Durch lichte Wälder zum Namensvetter von Roma aeterna

 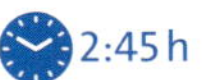 9,9 km 2:45 h 240 hm  240 hm  847

START | Lichtenberg, Katholische Kirche St. Joseph, 383 m
[GPS: UTM Zone 32 x: 409.014 m y: 5.639.451 m]
CHARAKTER | Durchgehend breite und angenehme Wirtschaftswege und kleine Sträßchen. Auf Grund andauernder Forstarbeiten kann es im Wald nach Birken sehr matschig und rutschig werden.

Die Kapelle in Rom gehört zum Gasthaus im Dorf und wurde vom damaligen Besitzer errichtet. Die Bewohner von Rom haben zwei kleine Feiern im Jahr ins Leben gerufen: An Ostern wird ein Osterfeuer entzündet, an Weihnachten eine kleine Andacht gehalten, zu der sich nahezu die gesamte Gemeinde versammelt.

▶ Wir parken bei der **Kirche St. Joseph** in **Lichtenberg** **01**. Zuerst laufen wir die Bergstraße hinab. An der Morsbacher Straße wenden wir uns nach links auf A4 und dem Kreis. In die nächste Straße („Hohler Berg“) biegen wir wieder links ein und gleich rechts in die Straße „Nürsche“. Ihr folgen wir in einer Linkskurve durch das Wohngebiet, bis der gepflasterte Weg in einen geteerten Weg übergeht. Es geht an Pferdekoppeln vorbei. An der letzten Koppel biegen wir rechts auf einen Feldweg ein. Doch nur ein kurzes Stück, dann treffen wir wieder auf ein asphaltiertes Sträß-

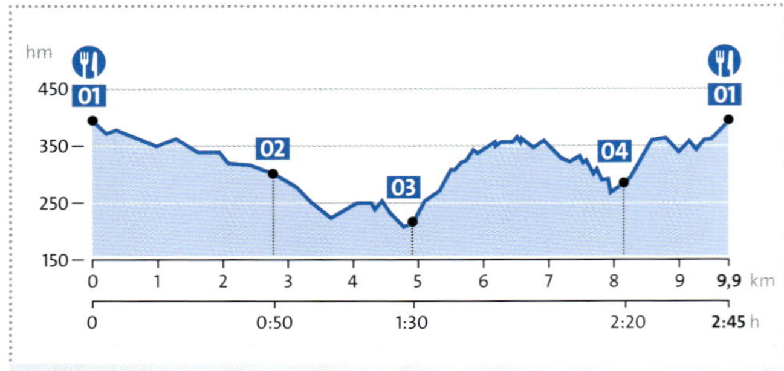

01 Kirche St. Joseph Lichtenberg, 383 m; **02** Schutzhütte, 308 m; **03** Wegschild Birken, 238 m; **04** Rom, 301 m

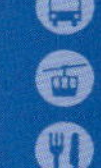

lein, dem wir nach links folgen. Wir laufen an Wiesen und Koppeln entlang, bald leicht bergauf. Wir folgen dem Kreis geradeaus, der Weg wird zu einem mit Steinen durchsetzten Feldweg. Diesem folgen wir nun in den lichten Wald. Nach ca. 10 Minuten verlässt uns A4 nach links, wir gehen weiter geradeaus auf dem Kreis. Kurz geht es wieder leicht hinab und allmählich hinaus aus dem Wald. Wir folgen weiter dem Kreis über die Höhen auf einen Schotterweg, bis wir an eine Gabelung mit zwei asphaltierten Wegen gelangen: Wir gehen geradeaus weiter, bald an einer **Schutzhütte** 02 und einem Marterl vorbei. Weiter geradeaus führt uns nun ein Feldweg leicht abwärts, vorbei an Pferde- und Kuhweiden.

An der nächsten Gabelung rechts halten und weiter hinab. Immer steiler geht es nun abwärts, bis uns der Weg um eine Linkskurve herum an den Ortsrand von Morsbach führt. Auf einem Teersträßchen folgen wir weiter dem Weg, bleiben dabei am Ortsrand und wandern weiter geradeaus und sehr bald wieder auf breitem Weg hinauf. Der Kreis hat uns verlassen; ab hier laufen wir kurz ohne Markierung. Zu unserer Rechten befindet sich ein langer, grüner Maschendrahtzaun, linker Hand ein großes Feld.

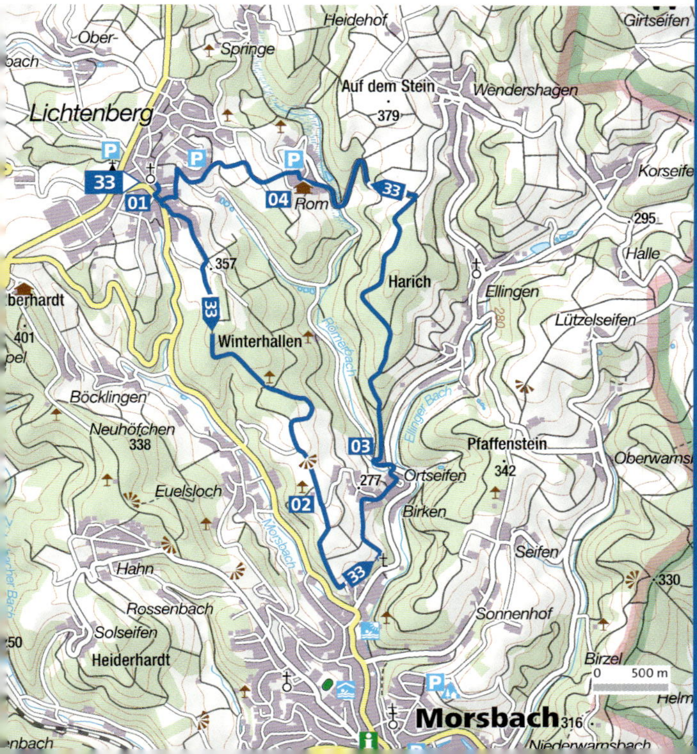

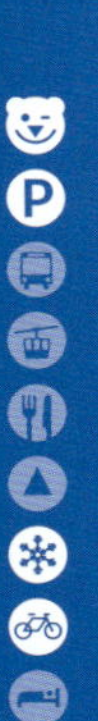

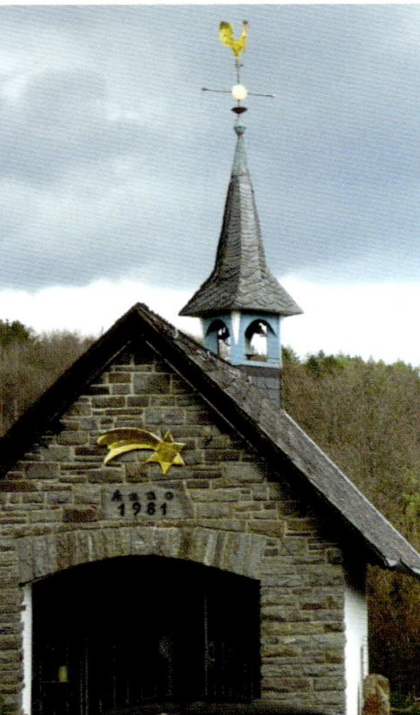

Heinrichkapelle in Rom

Nach einer Linkskurve geht es wieder bergauf, an einer Kuhweide vorbei. An der nächsten Gabelung halten wir uns rechts. Wir gelangen nach Ortseifen und folgen dem Sträßlein hinab, geradeaus weiter auf der Straße „Zum Heufeld". Nach wenigen Metern passieren wir das Ortsschild von Ortseifen und gelangen nach Birken. Immer weiter abwärts geht es, bis zur breiten Straße. Wir wenden uns nach links, überqueren den Römerbach und wandern gleich links weiter, nun dem Bergischen Panoramasteig folgend. Auch der Kreis ist wieder da. Auf einem Feldweg geht es nun ein Stück am Bach entlang, bei der nächsten Gabelung rechts, doch nur wenige Meter, dann, beim **Wegschild Birken** **03**, führt uns der Bergische Panoramasteig rechts hinauf auf einem schmalen Waldweg Richtung Rom.

Der Weg wird breiter, an der nächsten Kreuzung führt er uns geradeaus hinüber – hier ist er auf Grund von Holzarbeiten sehr erdig und zerfurcht – Rutschgefahr! Wir folgen dem Weg nun stetig bergauf. An der zweiten Gabelung biegen wir links ein und folgen dem Bergischen Panoramasteig auf nun schönem Waldweg. Er führt uns vorbei an jungen Birkenwäldern bald aus dem Wald heraus. Wir erreichen ein asphaltiertes Sträßlein, in das wir links einbiegen. Wir befinden uns nun auf dem Zubringer des Bergischen Panoramasteiges Richtung Rom. Auf dem Teersträßchen geht es nun gute 20 Minuten abwärts, bis wir erneut den Römerbach queren. Von links gesellt sich nun der Kreis wieder zu uns.

Nach den ersten Häusern von **Rom** **04** biegen wir links in einen etwas schmäleren kleinen Teerweg ein. Wir folgen ihm hinauf, am Hotel Römerhof vorbei bis zur Kapelle. Diese passieren wir nach links, weiter hinauf. Wir überqueren eine kleine Straße und laufen geradeaus weiter in einen Wiesenweg hinein, weiter auf dem Kreis und weiter bergauf. Oben treffen wir auf einen geteerten schmalen Weg, dem wir nach rechts folgen. A2 begleitet uns nun ebenfalls. Nach wenigen Minuten biegen wir links auf einen Grasweg ab. Unten halten wir uns rechts; der Weg führ in einer Linkskurve unterhalb einiger Häuser vorbei auf eine Teerstraße.

Auf dieser wandern wir nun geradeaus weiter bergan. Bei den Häusern halten wir uns rechts, hinauf zur Hauptstraße. Hier wieder rechts und zurück zum **Parkplatz Lichtenberg** **01**.

VON MORSBACH NACH VOLPERHAUSEN

Ein Aussichtsturm und eine „Wasserburg“

 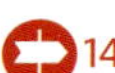 14,5 km  4:20 h 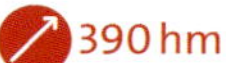 390 hm 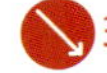 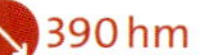 390 hm  847

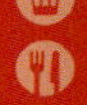

START | Rathaus Morsbach, 204 m
[GPS: UTM Zone 32 x: 410.582 m y: 5.635.458 m]
CHARAKTER | Die Tour erfordert Ausdauer, da viele An- und Abstiege zu bewältigen sind, jedoch auf angenehmen Wegen.

Das Burghaus Volperhausen, ein kräftiger Bruchsteinbau mit verschiefertem Walmdach, war in früheren Zeiten der Vorposten des Crottorfer Schlosses. Erstmals 1462 erwähnt, befand sich das Gebäude zwischenzeitlich im Besitz des Grafen von Hatzfeldt und der Gerichtsherren von Morsbach. Es hat den Beinamen „Wasserburg“, da es damals von Wasser umgeben war. Heute ist es in Privatbesitz, es kann nicht besichtigt werden.

▶ Wir starten die Tour am Parkplatz hinter dem **Rathaus** von **Morsbach** 01. Rechts geht es in den „Alzener Weg“, am Ende der Straße wieder nach rechts Richtung Aussichtsturm. Wir folgen dem Balken (–). An der Kreuzung halten wir uns links weiter Richtung Aussichtsturm. An der ersten Gabelung gleich rechts; wir behalten den Weg bei, um die Rechtskurve herum. Oben erreichen wir einen Turm aus Stein. Wir bleiben auf dem Hauptweg, wandern am Steinturm vorbei. Nach wenigen Minuten führt uns der Balken (–) schräg links hinauf; oben an der Kreuzung folgen wir nun ein kur-

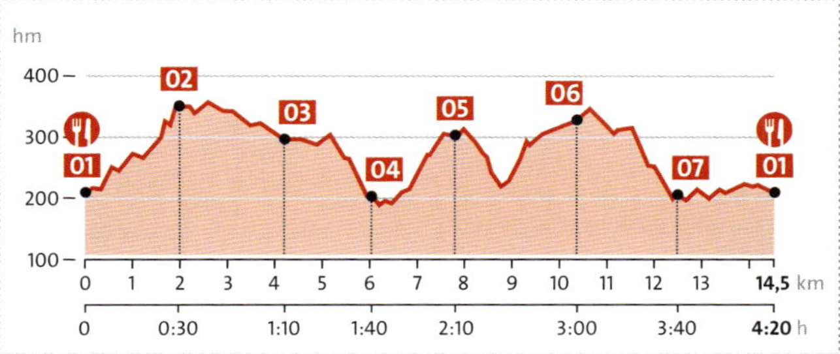

01 Rathaus Morsbach, 204 m; 02 Hohe Hardt, 339 m; 03 Strick, 294 m; 04 Burghaus Volperhausen, 201 m; 05 Steimelhagen, 295 m; 06 Appenhagen, 322 m; 07 Bitze, 199 m

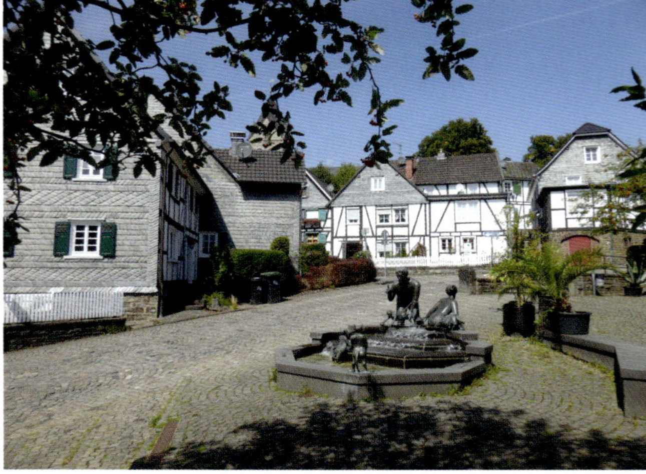

Brunnen und Fachwerk in Morsbach

zes Stück dem Bergischen Streifzug Nummer 24, dem „Baumweg“, nach links aufwärts. So erreichen wir die **Hohe Hardt** **02**.

Wir folgen dem Weg am Turm vorbei, gleich um eine Rechtskurve herum und bleiben auf dem breiten Weg. An der nächsten Gabelung geht es nun rechts leicht bergauf und bergab. Sobald wir aus dem Wald herauskommen, bieten sich rechter Hand weite Ausblicke. Wir gelangen schließlich an eine kleine Teerstraße: hier rechts hinab, die nächste Gabelung wieder links hinauf. Nun links um die Kurve, ein paar Meter auf Schotter und dann gleich rechts die Wiese hinab. Immer abwärts nun, bis wir eine Straße erreichen. Hier biegen wir rechts ab, dann geht es gleich wieder links in die Wäldchenstraße.

Im Ort **Strick** **03** geht es rechts in die „Blumenstraße“, dann auf

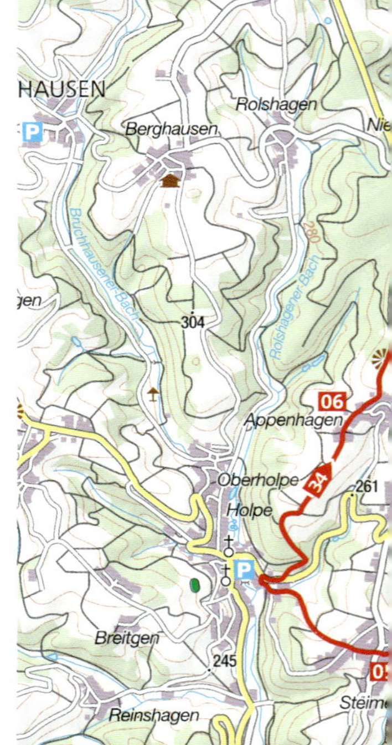

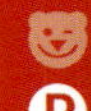
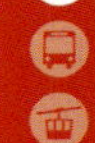
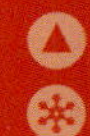

schmaler Teerstraße Richtung Volperhausen. Am Wald geht es auf einem Forstweg nach rechts, erst leicht hinauf, dann hinab. Wir folgen dem Querbalken nun stetig hinab auf dem Waldweg. Schließlich gelangen wir an den Ortsrand von Volperhausen. Auf einer kleinen Straße („Sonnenberg") gehen wir hinab, an der T-Kreuzung biegen wir links in die Straße „Im Buchenfeld" ein.

Wir halten uns weiter rechts bergab in die „Alte Burgstraße" und kommen zur **Wasserburg Volperhausen** **04**. Der Weg führt uns weiter an die Hauptstraße. Hier rechts, gleich an der kommenden Kreuzung links, ein paar Meter bergauf, dann wieder links auf einen Forstweg. Kurz danach erreichen wir eine Gabelung, hier rechts und gleich an der nächsten Gabelung wieder rechts halten. In einer Linkskurve geht es durch dichten Laub- und Tannenwald. Bald wird es lichter, wir halten uns rechts, über einen Wiesenweg, doch noch immer im Wald, teils steil bergauf bis zum Forstweg.

In diesen biegen wir links ein und folgen ihm hinauf nach **Steinmelhagen** **05**. An der ersten Kreuzung im Ort geht es in die Wiesenstraße hinein. An der Kreuzung mit der Buchenstraße biegen wir in diese rechts ab und folgen ihr nun bis zur Holpener Straße. Diese überqueren wir und wandern einen Feldweg sehr steil bergab! An der Teerstraße angekommen wenden wir uns nach rechts. Auf

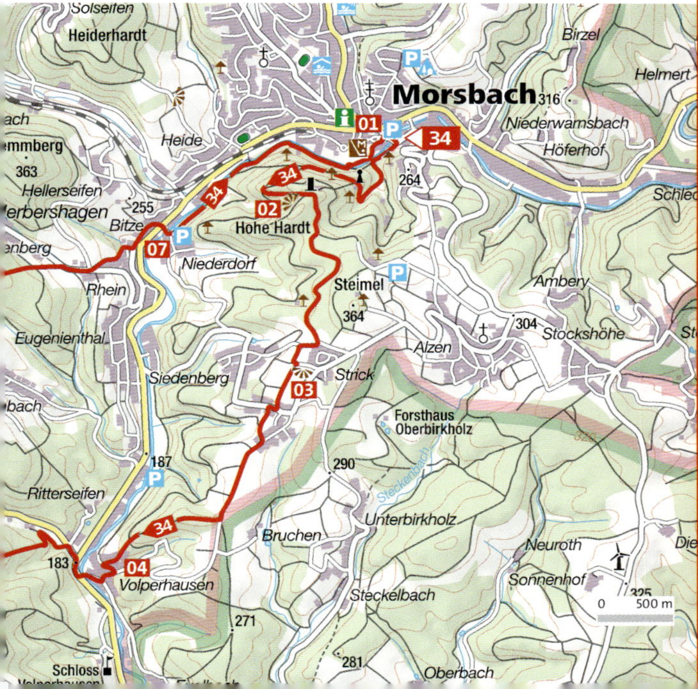

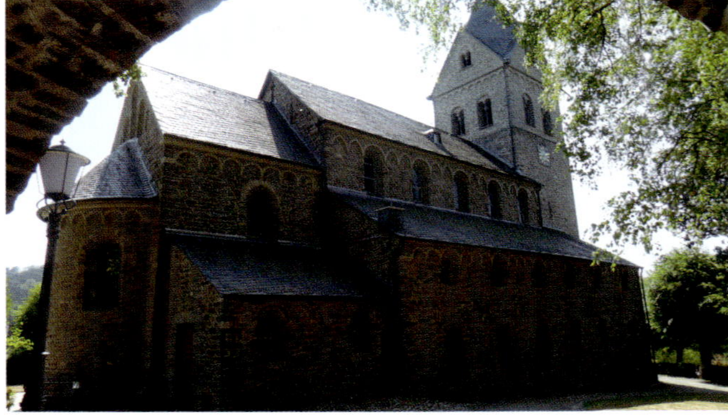

Basilika St. Gertrud in Morsbach

dem Denkmalweg vor zur Hauptstraße, hier wieder rechts, ein paar Meter hinauf, dann links über die Straße und auf einem Wiesen- und Feldweg steil aufwärts in den Laubwald. Er trifft auf einen breiteren Weg, in den wir nach rechts einbiegen; nun immer bergauf. Wir treffen wieder einen Teerweg, dem wir links hinauffolgen.

Bald gelangen wir nach **Appenhagen 06**. Wir laufen immer geradeaus, durchs den Ort hindurch, am Seniorendorf vorbei. Der Weg endet an einem Feldweg, in den wir geradeaus hineingehen, weiter bergauf. An Koppeln und Weiden vorbei folgen wir ihm bis zur Hauptstraße. Diese queren wir und wandern auf einem Schotterweg immer bergab, am Weg liegt die Antonius-Kapelle. Der Weg mündet in einen Teerweg, dem wir weiter abwärts bis zur Straße folgen. Hier geradeaus, durch Flockenberg hindurch. An der Gabelung geht es links hinab nach Rhein.

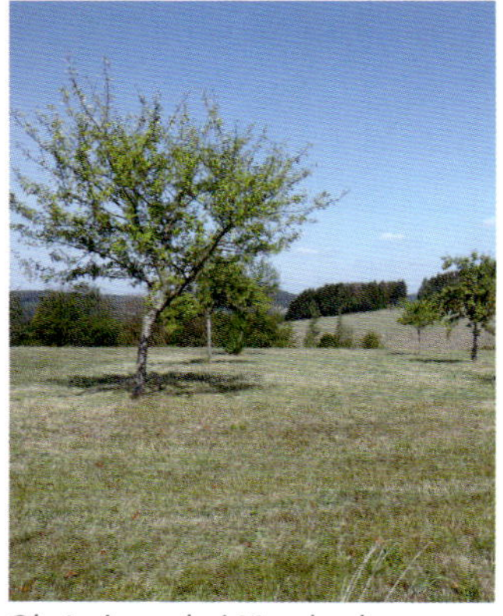

Obstwiesen bei Morsbach

Auf Teerwegen steil hinab, vor der Hauptstraße biegen wir links ab, nach **Bitze 07** hinein. Der Weg führt uns schließlich wieder zur Hauptstraße, die wir queren. Hier treffen wir die Nummer 24 der Bergischen Streifzüge wieder. Wir folgen dem Weg nach links, am Wanderparkplatz vorbei und am Wisser Bach entlang. Nach rund 30 Minuten geht es links über eine Brücke (die zweite Brücke!). Am Spielplatz vorbei sind wir in wenigen Minuten wieder zurück am Parkplatz hinter dem **Morsbacher Rathaus 01**.

IN DEN WÄLDERN BEI WALDBRÖL

Aussichtsreiche Wanderung am Rande des Nutscheid

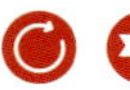 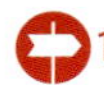 14,5 km 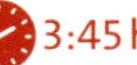 3:45 h 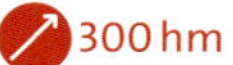 300 hm  300 hm 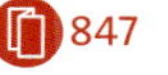 847

START | Parkplatz Panarbora, 349 m
[GPS: UTM Zone 32 x: 401.862 m y: 5.635.125 m]
CHARAKTER | Lange Wanderung, die wegen des häufigen Auf und Ab gute Kondition erfordert. Meist wandert man auf Wald-, Wiesen- und Wirtschaftswege, die oft breit und gut markiert sind.

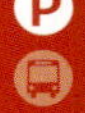
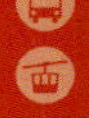
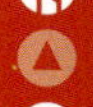

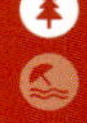

Die Wege führen uns durch typische oberbergische Landschaften mit bewaldeten Kuppen, kleinen plätschernden Bächen, hügeligen Weide- und Ackerflächen sowie idyllischen Dörfern.

▶ Wir starten unsere Tour am Parkplatz beim **Baumwipfelpfad-Panarbora** 01. Die Straße geht es nun bergab zum Kreisverkehr. Hier links auf einen Schotterweg, auf den Bergischen Panoramasteig und den Bergischen Streifzug Nummer 23, den „Waldmythenweg“. An der folgenden Gabelung halten wir uns geradeaus und wandern weiter auf 23 Richtung Vierbuchermühle durch den Wald. Nach der Infotafel halten wir uns an der folgenden Gabelung links, der Weg führt uns nach **Herfen** 02.

Auf dem Sträßlein geht es durch den Ort hindurch, bergab bis zur Straße „Unterhof“, in die rechts abbiegen. Der Weg geht in einen Wiesenweg über, es geht weiter abwärts. Kurz vor der Straße bie-

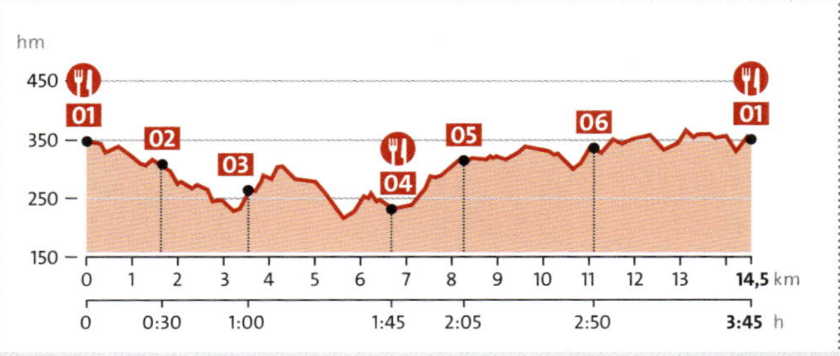

01 Parkplatz Panarbora, 349 m; 02 Herfen, 307 m; 03 Helten, 257 m; 04 Vierbuchermühle, 228 m; 05 Hochwald, 315 m; 06 Wilhelmsthal, 334 m

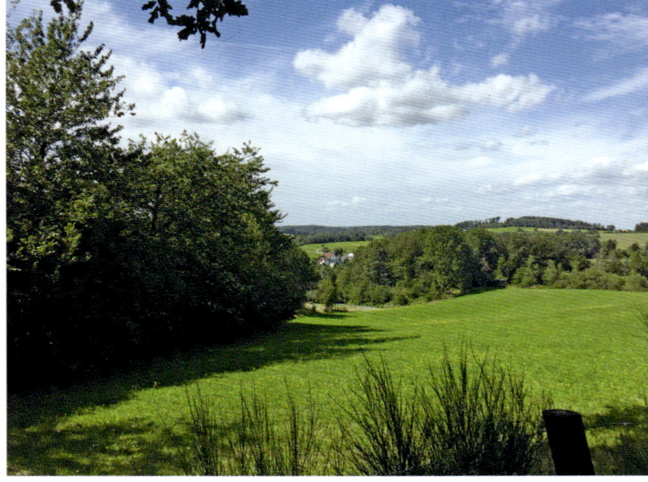

Wiese bei Helten

gen wir rechts ein. Vornehmlich nun wieder auf einem Wiesenweg wandern wir am Hufenerbach entlang. Nach rund 5 Minuten biegen wir links ab, über eine Wiese geht es zur nächsten Infotafel.

Über ein Bächlein hinüber und hinauf nach **Helten** **03**. Wir queren die Straße, steil hinauf führt uns der „Waldmythenweg". Oben am Sträßlein nach rechts, dann wieder links die Straße „Schlaggarten" hinauf. Der Weg geht in einen Feldweg über und führt uns bald als Pfad zwischen dem Wald und Pferdekoppeln geradeaus weiter steil aufwärts. Am breiten Wiesenweg biegen wir rechts ein. Es geht leicht bergauf zu einer Straße, in die wir links einbiegen. Am Ortsrand von Wehn geht es nun nach rechts auf einem Schotterweg hinab in den Wald. An der T-Kreuzung halten wir uns links, weiter hinab bis zur Straße, in die wir rechts einbiegen. Nach 100 Metern geht es links, an der gleich folgenden Kreuzung wieder links in den Wald hinauf. Nach ungefähr 5 Minuten biegen wir scharf links auf einen schmäleren Weg ab. Er führt uns zum Bergischen Panoramasteig.

Wir folgen nun den beiden Beschilderungen hinab zur **Vierbuchermühle** **04**. Auf der Straße geht es weiter, an den Weihern vorbei. Beim Parkplatz und der Infotafel A führen uns Nummer 23 und der Bergische Panoramasteig nach links auf einen Waldweg. Es geht nun hinauf, bei Diepenthal halten wir uns links. So erreichen wir **Hochwald** **05**. An der T-Kreuzung nach rechts, dann gleich wieder links, und nach wenigen Schritten rechts halten, in den Wald hinauf – so führen uns die Markierungen weiter. Nach etwa 15 Minuten gabelt sich der Weg: Der Waldmythenweg verlässt uns nach links, wir folgen dem Bergischen Panoramasteig weiter nach rechts.

Er führt uns durch den schönen Wald, an der nächsten Gabelung halten wir uns links; wir erreichen in 10 Minuten eine Straße, die wir geradeaus überqueren. Erst am Waldrand hinab, biegen wir an der nächsten Kreuzung rechts ab, dann gleich wieder links, weiter abwärts. Am Waldaustritt geht es auf einem Wiesenweg hinauf zu den Häusern am Ortsrand von **Wilhelmsthal 06**.

Wir queren die Straße, wandern durchs Wohngebiet hindurch und biegen nach der Rechtskurve links auf einen Wiesenweg Richtung Waldbröl ab. An der folgenden T-Kreuzung geht es nun wieder nach links Richtung Panarbora auf dem Bergischen Panoramasteig. Wir folgen dem Weg bis zum asphaltierten Sträßlein, hier rechts und nach wenigen Schritten wieder links auf einen Feld- und Waldweg. Kurz darauf halten wir uns rechts und folgen dem Weg bis zur Straße. Hier links, nach hundert Metern wieder rechts, nach weiteren hundert Metern wieder links auf einen Wiesenpfad am Waldrand entlang. Beim Bankerl biegen wir nach rechts in den Wald ein; hier gesellt sich nun auch der „Waldmythenweg" wieder zu uns. Auf schmalem Weg erreichen wir nun wieder die Straße nach Herfen. Über die Straße hinüber und weiter auf einem Waldweg. Dieser führt uns zu einer Weggabelung, in die wir rechts einbiegen und auf dem Anfangsweg zurück zum **Parkplatz Panarbora 01** laufen.

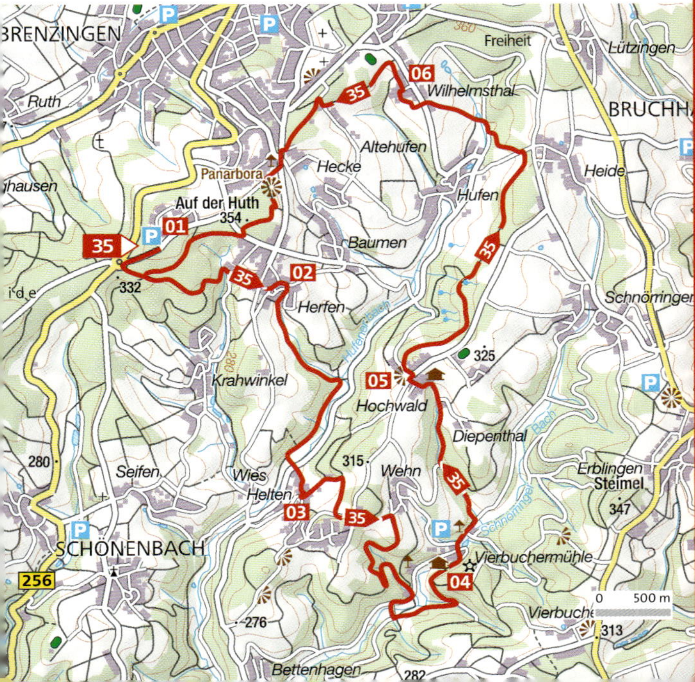

VON HOHKEPPEL NACH EHRESHOVEN

Vom Kirchendorf zu einem barocken Wasserschloss

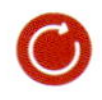
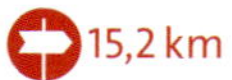

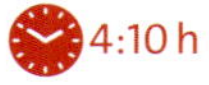

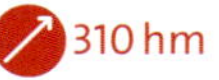

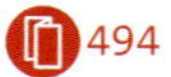

START | Hohkeppel, Wanderparkplatz am „Laurentiusplatz“, 229 m [GPS: UTM Zone 32 x: 381.433 m y: 5.648.896 m]
CHARAKTER | Breite, angenehme Wald- und Forstwege oder asphaltierte Nebensträßchen. Viele, teilweise lange Anstiege. Achtung: Von Staat nach Ehreshoven ist der Weg unmarkiert, da die vorhandenen Markierungen entfernt und der Weg aufgegeben wurde. Hier sind der Track bzw. eine Wanderkarte hilfreich!

Diese lange Wanderung beschert uns viele grandiose Ausblicke und ruhige Momente in den stillen Wäldern zwischen Loope und Hohkeppel. Die Highlights der Tour sind das Wasserschloss Ehreshoven, das ein Damenstift für bedürftige katholische adelige Fräulein beherbergt. Gleich danach erwartet uns die Aggertal-Kettenbrücke. Und nicht zuletzt der schöne Ortskern von Hohkeppel mit dem „Weissen Pferdchen“, das einst als Fuhrmannsherberge diente und nur eines von vielen schönen Fachwerkhäusern im Ort ist.

▶ Wir starten unsere Tour am **Wanderparkplatz** am Laurentiusplatz in **Hohkeppel** 01. Zunächst wenden wir uns an der Straße nach rechts, auf L, x und > an der Kirche vorbei aus dem Ort heraus. An der ersten Gabelung halten wir uns rechts. Nach einem kurzen Stück geht es an der Kreuzung nach links in die Straße „Hohbusch“, das asphaltierte Sträßchen führt leicht bergan – weiter auf unseren Zeichen. Alsbald wandern wir an den Häusern von Hohbusch vorbei und folgen unserem Weg bis zur **Schutzhütte** 02.

Hier biegen wir rechts ein, auf den linkeren der beiden möglichen Wege. Nun geht es einen Waldweg hinauf, erst durch den Wald,

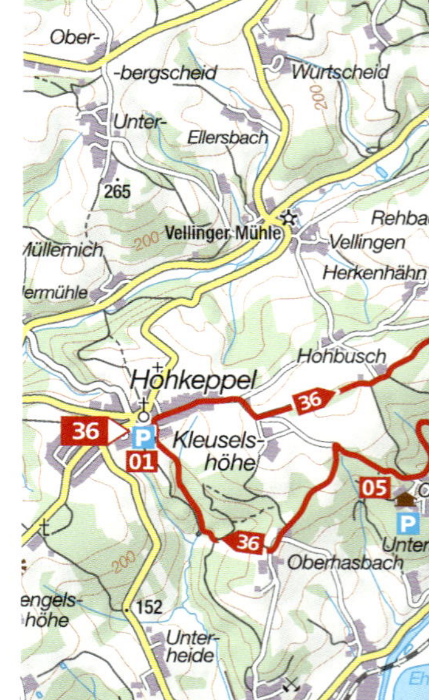

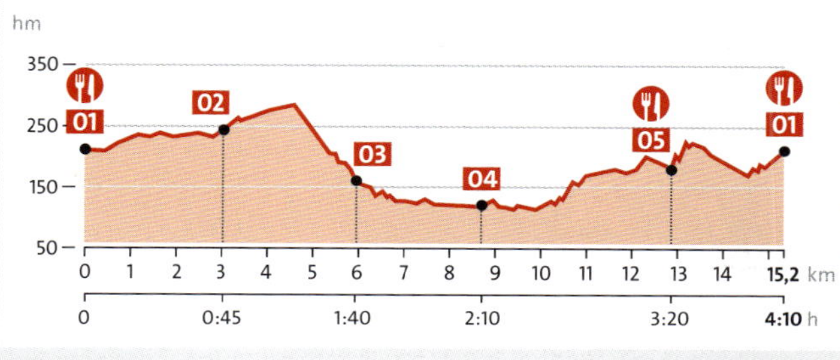

01 Wanderparkplatz Hohkeppel, 229 m; 02 Schutzhütte, 268 m; 03 Loope, 162 m; 04 Wasserschloss Ehreshoven, 110 m; 05 Oberstaat, 196 m

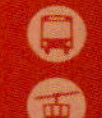
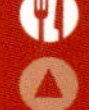

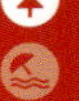

bald am Waldrand entlang weiter auf x, L und >. Wir wandern auf weichem Waldboden, der Weg steigt immer wieder an, führt uns einmal durch jungen Laubwald und schließlich aus dem Wald heraus bis nach Holz. Hier gelangen wir an eine kleine Straße, in die wir rechts einbiegen. An der Holzer Alm vorbei wird der Weg schnell zum Forstweg. An der folgenden Gabelung geht es rechts steil auf A2 und <9 auf einem Schotterweg bergab. Wir wandern nun immer auf dem Hauptweg steil durch den Wald abwärts. An der nächsten Kreuzung geht es weiter abwärts – Achtung: Der Weg ist nur sehr sporadisch markiert, zwischendurch fehlt A2 und wir richten uns nach >.

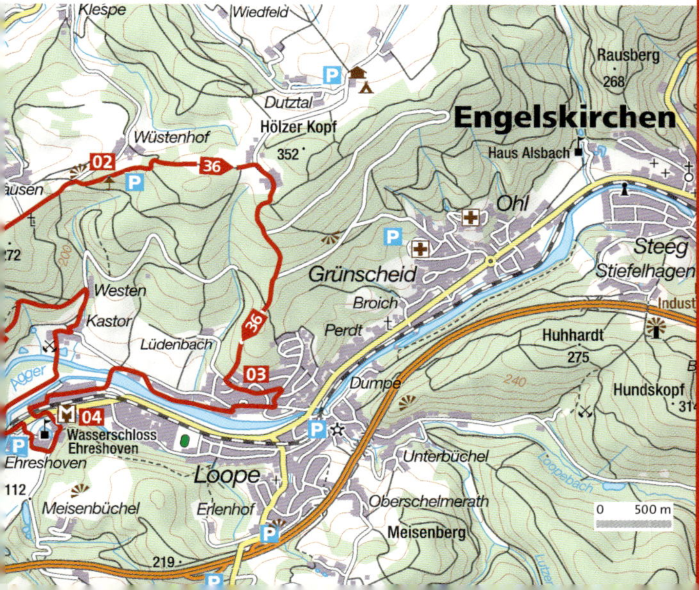

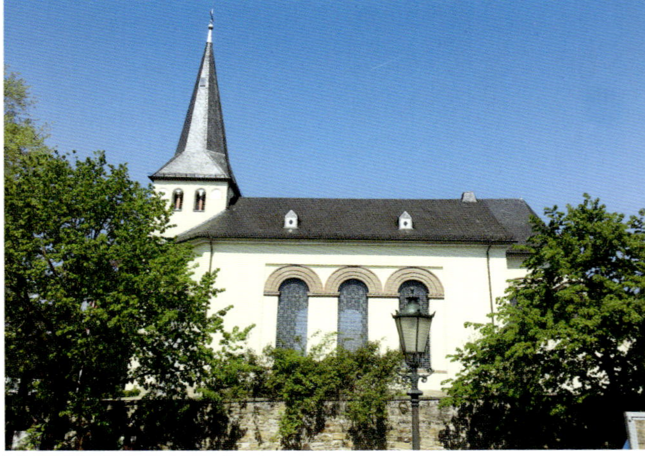
Kirche St. Laurentius in Hohkeppel

Wir gelangen an den Ortsrand von Staat: Achtung, ab hier unmarkiert, da kurz nach der Recherche der vorhandene Weg aufgegeben und die Schilder entfernt wurden! Hier weiter hinab bis zur Straße und dann nach links in den „Lüdenbacher Weg". Bei der Straße „Am Sonnenhang" folgen wird dem Rechtsbogen hinab auf den „Iltisweg", am Spielplatz vorbei. An der Kreuzung mit dem „Staater Weg" biegen wir in diesem rechts ab. An der Straße „Trutzberg" müssen wir links hinab, noch immer führt der Weg durchs Wohngebiet. Wir folgen der Straße. Achtung! Bei der letzten Straßenlaterne geht es links zwischen den Häusern hindurch auf schmalen Pfad. Wir folgen ihm nach rechts und laufen nun oberhalb des Stausees „Ehreshoven I" entlang. Doch schnell geht es wieder hinab, über ein Brücklein, und weiter wieder aufwärts. Wir folgen dem Pfad nun bis zur Straße, dort links. Nach einem kurzen Stück wandern wir links hinab und über ein Wehr. Auf der anderen Uferseite nach links. An der Straße in einem scharfen Rechtsknick wandern wir auf einem Schotterweg zurück. Kurz vor Ende des Schotterwegs biegen wir nach rechts auf einen Wiesenpfad ab. An der kleinen asphaltierten Straße nach links. Wir folgen der Straße und überqueren die Gleise.

An der Hauptstraße wenden wir uns nach links, aber nur ein kurzes Stück bis uns ein Schild nach rechts führt. Die Hauptstraße wird gequert, dann wandern wir auf dem Schlossrundweg rund um das **Wasserschloss Ehreshoven** 04. Nach der Schlossbesichtigung (von außen) gelangen wir wieder zurück zur Hauptstraße. Wir queren sie und wenden uns dann nach links. Wir überqueren die Brücke, dann die Gleise, dann geht's gleich rechts auf einen asphaltierten Weg, o folgend. Wir halten uns nun rechts auf einem Feldweg am Fluss entlang. An dessen Ende wenden wir uns nach links hinab zur Kapelle auf A4. Der Weg führt uns schnell zur Hängebrücke, die wir überqueren. Wir folgen dem Weg nun weiter, an ein paar Häusern vorbei hinauf nach „Kastor". Hier ein scharfer Linksknick und am Fachwerkhäuschen vorbei weiter auf der Straße hinauf, A8 folgend. Am letzten Haus führt uns ein Linksknick auf einen Waldweg hinauf, weiter auf A8 und nun auch A6. An der nächsten Kreuzung schräg links A6 weiter folgen. Der Weg führt uns durch den Wald bis zu einer T-Kreuzung: hier geht es rechts hinauf, weiter auf A6. An der folgenden Gabelung links, A8 gesellt sich nun wieder dazu.

Wir kommen nach **Oberstaat** 05. Hier wenden wir uns auf der asphaltierten Straße nach rechts hinauf und folgen ihr nun Richtung Hohkeppel. Nach 15 Minuten Anstieg verlassen wir nach links hinab das Sträßchen auf dem Wanderweg A8. Er führt uns wieder an eine asphaltierte schmale Straße, der wir kurz geradeaus folgen, um dann rechts auf einen Feld- und Wiesenweg abzubiegen, nun auf A1 und A9. Unten an der T-Kreuzung nach rechts, unseren Markierungen folgend, weiter auf schönem Waldweg, an der Wassertretstelle vorbei, dann rechts halten und wieder hinauf. Rechter Hand begleitet uns nun ein Bächlein. Es geht stetig steil bergauf, erst durch den Wald, dann auf einem Pfad durch die Wiese nach Hohkeppel und zurück zum **Wanderparkplatz Hohkeppel** 01.

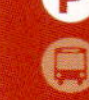
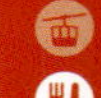

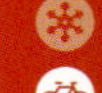

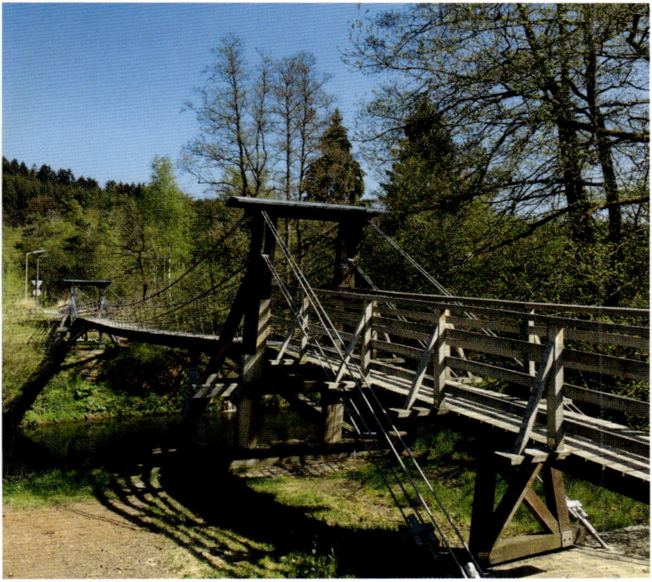

Kettenbrücke über die Agger

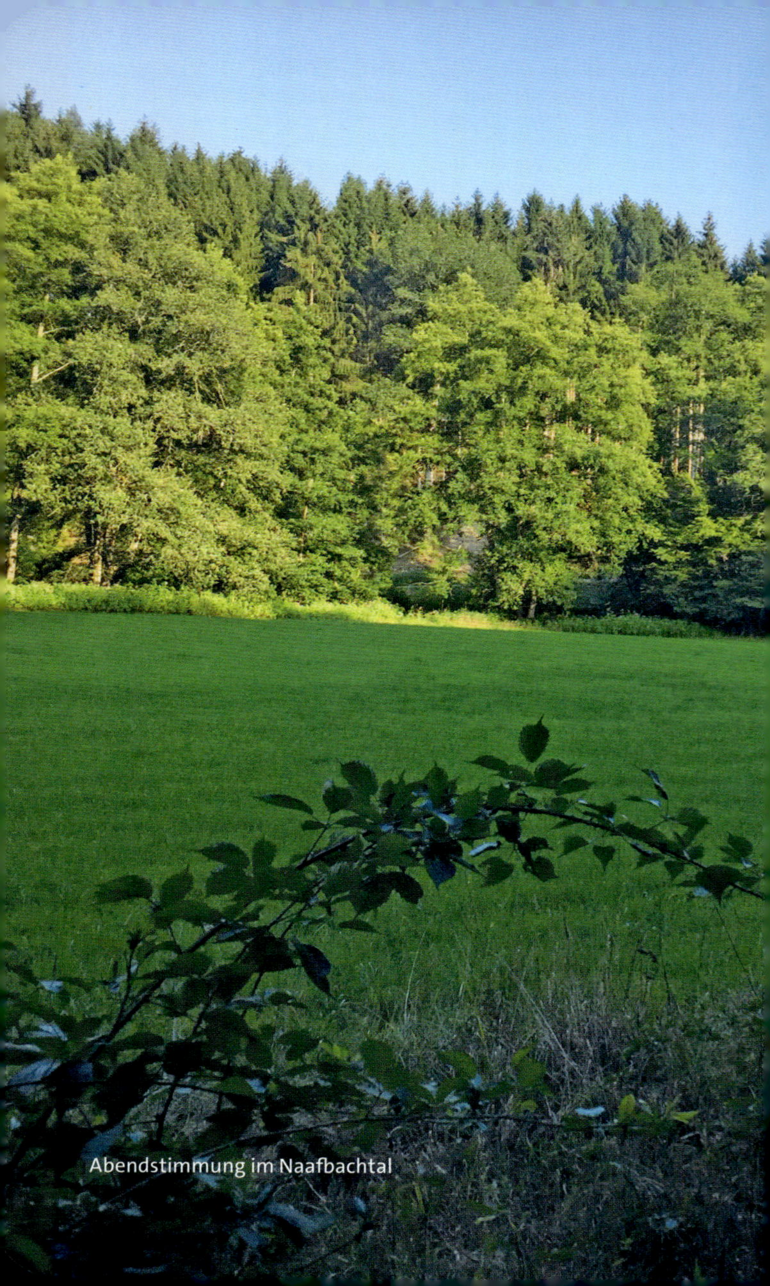
Abendstimmung im Naafbachtal

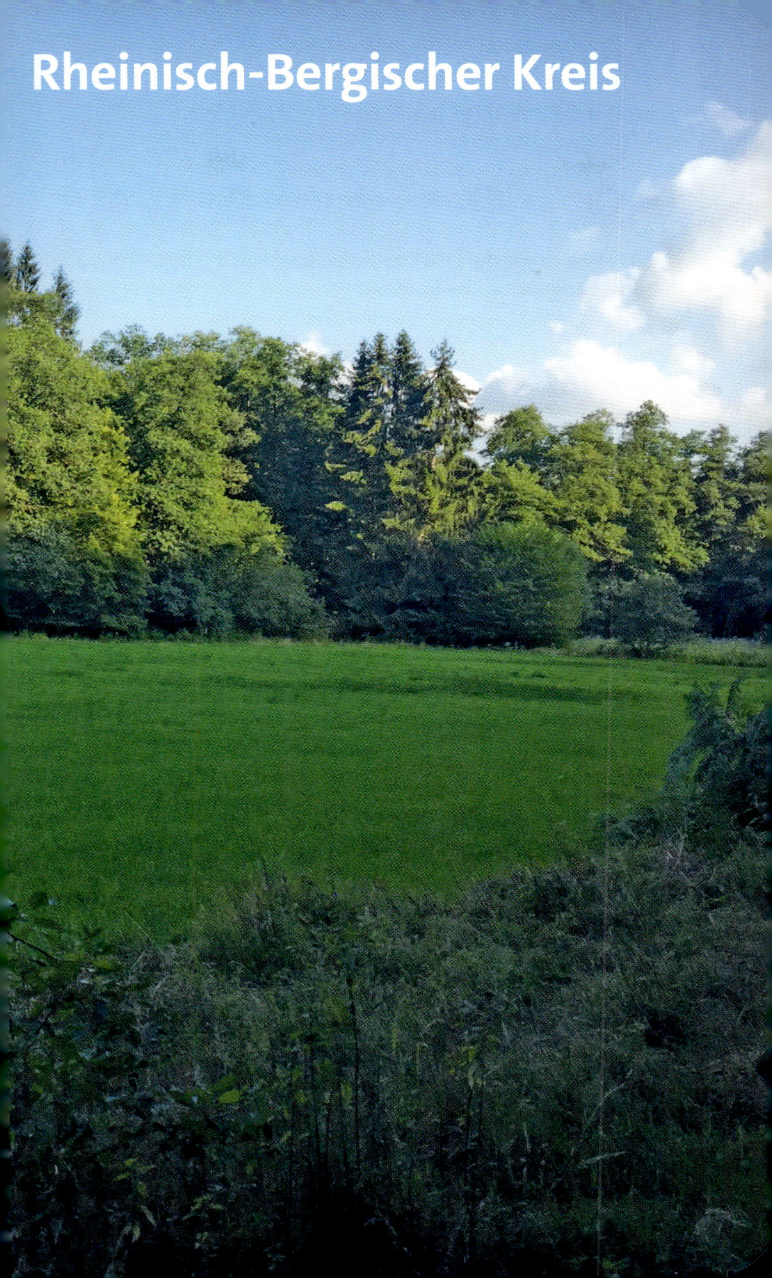

Rheinisch-Bergischer Kreis

VON HÜLSEN INS SCHLINGENBACHTAL

Durch lichte Wälder ins Naturschutzgebiet Schlingenbachtal

 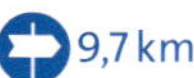 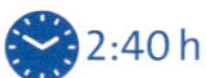 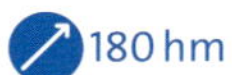  

START | Von Loope die L153 kommend links nach „Hülsen“ hinauf, Wanderparkplatz im Wald, 299 m
[GPS: UTM Zone 32 x: 385.301 m y: 5.646.593 m]
CHARAKTER | Sanfte An- und Abstiege, nur zum Ende hin etwas steiler. Bequeme, breite Wald- und Teerwege.

Das Naturschutzgebiet Schlingenbachtal umfasst beinahe den gesamten Lauf des Schlingenbaches bis kurz vor seiner Mündung in die Agger. Das Tal ist sehr waldreich mit überwiegend Fichtenforsten und Buchenwäldern, das östliche Ende wird von Feuchtigkeit liebendem Erlenauwald dominiert.

▶ Wir starten am **Wanderparkplatz** in **Hülsen** **01**. Der Weg führt uns zunächst auf A6 und A7 in den Wald hinein bergauf. Gleich an der ersten Gabelung halten wir uns links. Weiter aufwärts geht es, nach wenigen hundert Metern an der Gabelung schräg links hinab, weiter auf unseren Zeichen. Der Weg wird allmählich zum Schotterweg. Wir folgen ihm aus dem Wald heraus, an einer Tannenbaumschule vorbei. An der T-Kreuzung beim Bankerl geht es nach rechts.

Wir folgen dem Schotterweg nun geradeaus auf dem Hauptweg, allmählich aus dem Wald heraus und an Wiesen vorbei bis **Schalken** **02**. Hier nun auf asphaltiertem Sträßlein an den Höfen des Örtchens vorbei. Wir folgen nun nur noch A6. In der Rechtskur-

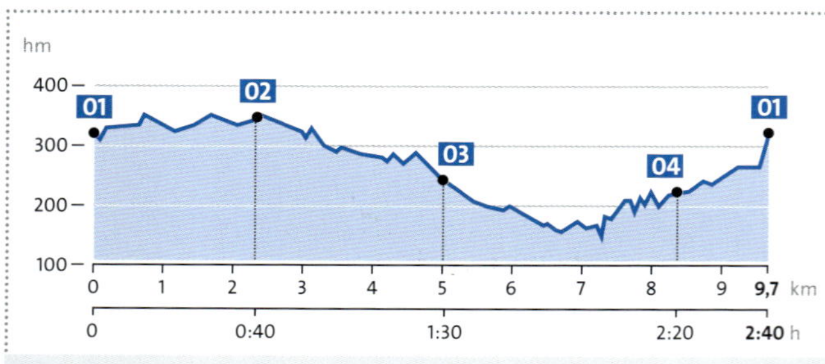

01 Wanderparkplatz Hülsen, 299 m; **02** Schalken, 333 m; **03** Schlingenthal, 239 m; **04** Rottland, 221 m

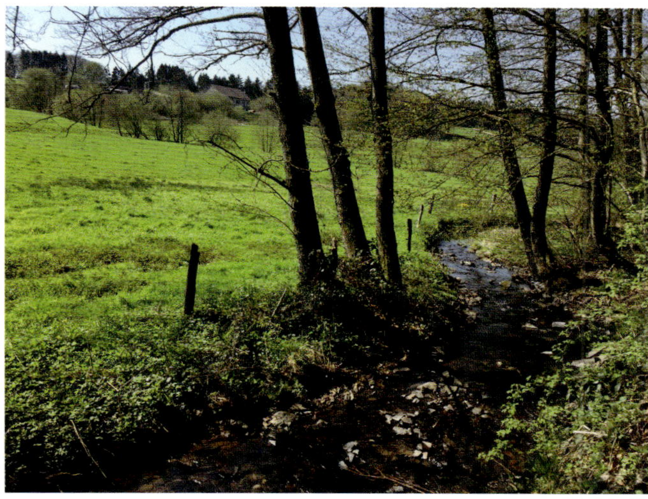

Am Bach entlang

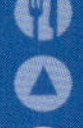

ve wenige Minuten hinter Schalken führt uns ein Waldweg nach rechts leicht hinab – Achtung: hier keine Markierung! Wir folgen dem Weg durch den Wald nun stetig abwärts (zwischendurch schimmert mal ein verwittertes A3 an einem Baum). Er führt uns nun immer wieder durch lichtere Waldstellen. Wir folgen dem Weg

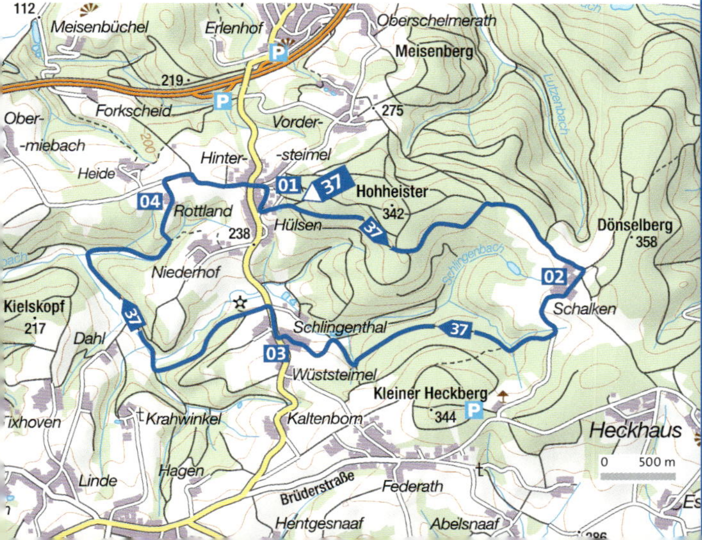

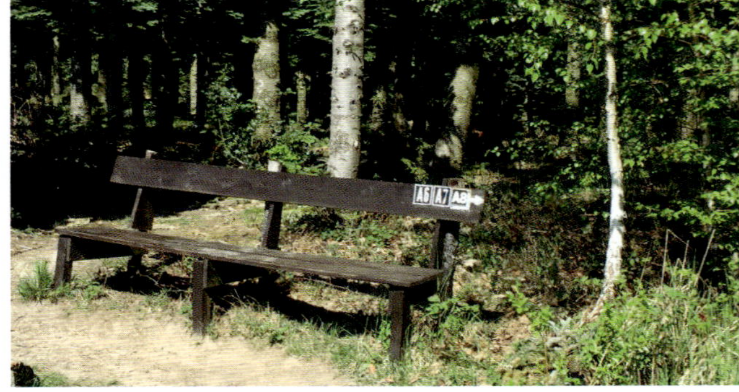

Rastplatz im Wald

bis zu einer deutlichen Gabelung: hier rechts hinab, dem Weg folgen bis nach **Schlingenthal** 03.

Der Weg führt in ein Sträßchen, auf diesem wandern wir bergab bis zur Vorfahrtsstraße. Hier nach rechts A6 folgend. Die Straße nun hinab und nach einem kurzen Stück beim Schild „Rehe kreuzen" nach links auf einen Waldweg, weiter auf A6. Wir wandern jetzt durch das schöne, saftiggrüne Schlingenbachtal, zu unserer rechten plätschert der Schlingenbach. Nach knapp 15 Minuten erreichen wir eine T-Kreuzung: Hier halten wir uns nach rechts, weiter auf A6. Wir kommen an einem Haus vorbei, hier verlässt uns A6 mit einem Rechtsknick, wir folgen weiter dem Weg am Waldrand entlang. Auf A9 geht es nun weiter geradeaus. Nach ca. 10 Minuten gelangen wir an eine Gabelung mit einem Bankerl: Hier wenden wir uns nach rechts hinauf, weiter auf A9. Nach etwa 15 Minuten immer bergauf führt der Weg schließlich aus dem Wald heraus; an einer Wiese vorbei kommen wir nach **Rottland** 04.

Rückweg nach Hülsen

Hier nun weiter auf asphaltiertem Sträßlein durch den Ort hindurch bis zur nächsten Straße. Dort rechts um die Kurve, weiter auf dem Weg Richtung Loope. An der Vorfahrtsstraße „Hülsen" geht es geradeaus weiter, die Straße überqueren und steil hinauf. Oben biegen wir rechts ab, weiterhin auf einem Sträßlein. Bei der nächsten Möglichkeit links auf A7 und A8 und in wenigen Minuten zum Auto in **Hülsen** 01 zurück.

DURCHS WELTERSBACHTAL ZUR DIEPENTALSPERRE

Kleine Runde in ein kleines, einsames Bachtal

 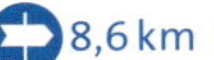 8,6 km  2:15 h 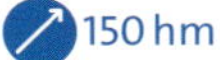 150 hm  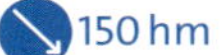 150 hm  756

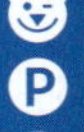

START | Leichlingen, Wanderparkplatz kurz nach Bremersheide an der K9 links, 141 m
[GPS: UTM Zone 32 x: 364.757 m y: 5.663.274 m]
CHARAKTER | Kurze Wanderung auf meist breiten Wegen und mit wenig Steigungen.

Diepental gilt als Naherholungsgebiet zwischen Burscheid, Leverkusen und Leichlingen. Früher ein Ausflugsziel zum Boot fahren, wird die Talsperre nun renaturiert und soll ein naturnahes Wanderziel werden. Das Waldquellbad in unmittelbarer Nachbarschaft erinnert an den Glanz vergangener Tage; das Restaurant steht derzeit leer, doch Freibad und Kiosk werden weiterbetrieben.

Wir starten am **Wanderparkplatz Bremersheide** 01. Auf A4 und dem Querbalken geht es in den Wald am Bach entlang. Erst auf Teer, dann auf einem Schotterweg.

Nach gut 30 Minuten gelangen wir an die **Lichtung** zum **Weltersbachtal** 02: Wir folgen dem Weg weiter geradeaus, er wird zu einem Pfad, der am Zaun entlang führt, weiter dem Querbalken folgen. Wir stoßen auf einen breiten Schotterweg, in den wir links einbiegen und bis zur Straße folgen – wir halten uns an A1, A2 und den Querbalken. An der Straße wenden wir uns nach links, am Park-

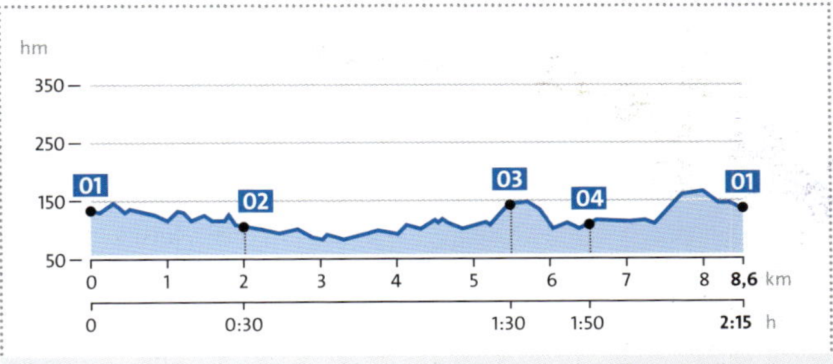

01 Wanderparkplatz Bremersheide, 141 m; 02 Lichtung Weltersbachtal, 102 m; 03 Stöcken, 139 m; 04 Diepentaler Talsperre, 113 m

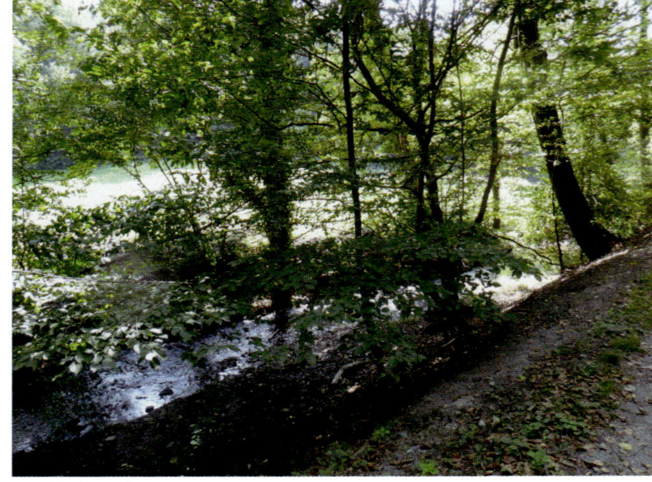

Am Bach entlang

platz vorbei und gleich wieder links auf einen Teerweg, nun geht es auf der anderen Seite des Weltersbachtales zurück. Der Weg wird allmählich zu einem Schotterweg. Er steigt weiter an, an der folgenden Kreuzung gehen wir weiter geradeaus, nun auf A3 leicht hinab, an der nächsten Gabelung rechts hinauf.

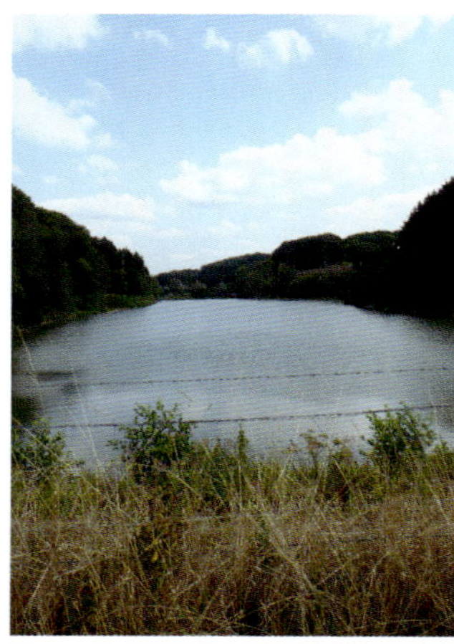

Diepentaler Talsperre

Der Weg führt uns zu den Häusern von **Stöcken** 03. An diesen vorbei geht es hinauf zur Hauptstraße, die wir queren. Nach wenigen Metern biegen wir wieder rechts ein. Wir wandern nun bergab, erst auf einem Feldweg, dann wird der Weg zu einem sehr steilen Pfad. Er führt uns schließlich an eine Straße; hier orientieren wir uns nach links, folgen dem X und dem N.

Wir erreichen den kleinen Staudamm der **Diepentaler Talsperre** 04. Wir überqueren ihn, auf der anderen Seite geht es nach links weiter auf einem Teerweg. Wir folgen ihm bis zum Ende, hier wieder nach links, erneut wechseln wir die auf die andere Seite der Diepentaler Talsperre. Ab hier führt uns der Bergische Weg wie-

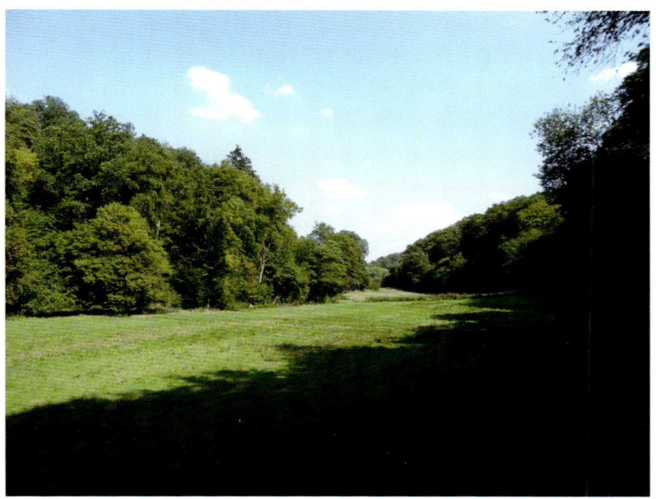

Rastplatz im Wald

der aufwärts. Wir folgen ihm gut 10 Minuten, bis wir an die Hauptstraße gelangen. Hier biegen wir rechts ein, an der nächsten Gabelung gleich wieder links hinab und an der Straße entlang in wenigen Minuten zurück zum **Wanderparkplatz Bremersheide** **01**.

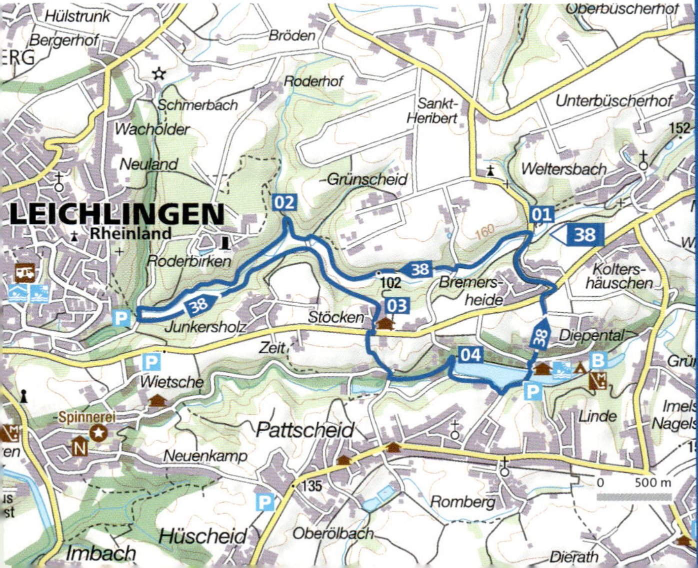

VON DER LAMBERTSMÜHLE UM BURSCHEID HERUM

Entspannte Bachwanderung zur Schaumühle

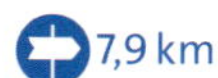

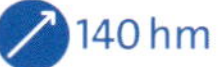

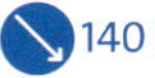

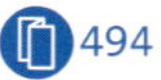

START | Burscheid, Wanderparkplatz Lambertsmühle, 140 m [GPS: UTM Zone 32 x: 366.988 m y: 5.659.685 m]
CHARAKTER | Gemächliches Auf und Ab auf guten, breiten, teils aber auch schmalen Wegen. Auf einem Abschnitt kurz nach Dürscheid ist ein wenig Orientierung nötig.

Durch das waldreiche Wiebachtal geht es zur Lambertsmühle. Die Mühle ist momentan die einzige Wassermühle der Region, die 2002 wieder zu Schauzwecken in Betrieb genommen wurde. Mit der dazugehörigen Scheune und dem Bauerngarten steht sie seit 1983 unter Denkmalschutz.

▶ Wir parken direkt gegenüber der **Lambertsmühle** 01 und folgen zuerst dem Bergischen Weg Richtung Gerstenmühle auf einem halb geschotterten, halb geteerten Weg. Nach wenigen Metern halten wir uns rechts und gehen in den Wald. Wir folgen dem Weg nun durch den Wald bis zum Ortstrand von Dürscheid. An der Straße geht es nach rechts, die Straße „Dürscheider Mühle“ hinauf. Nach ca. 50 Metern biegen wir links auf einen Pfad am Zaun entlang ab. Nun hinauf durch den Wald, mal ist es ein Pfad, mal ein Weglein. In einer Rechtskurve führt es uns schließlich an den Waldrand. Achtung: Der weitere Weg ist etwas schwer zu finden: Wir wenden uns am Waldrand nach rechts, schräg über die Wiese. Nach 1 bis 2 Minu-

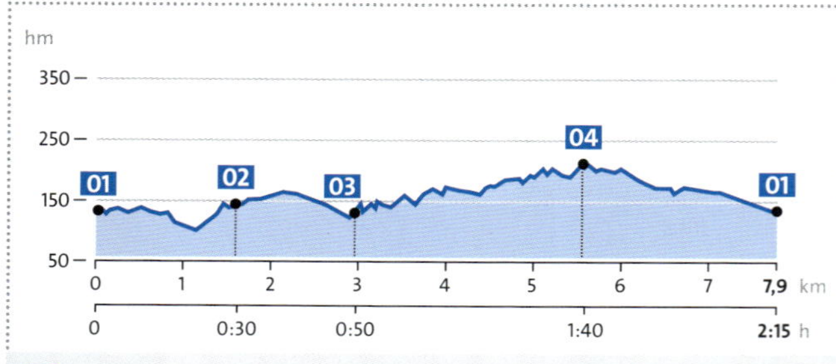

01 Burscheid, Wanderparkplatz Lambertsmühle, 140 m; 02 Große Eiche, 147 m; 03 Bornheim, 130 m; 04 Kirche St. Laurentius, 210 m

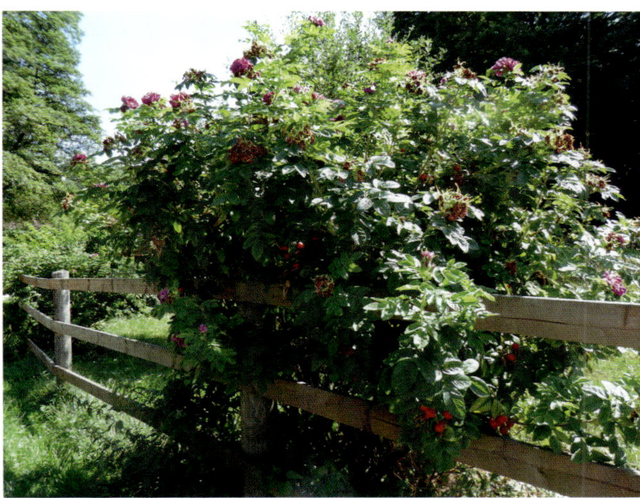

Hagebutte bei Dürscheid

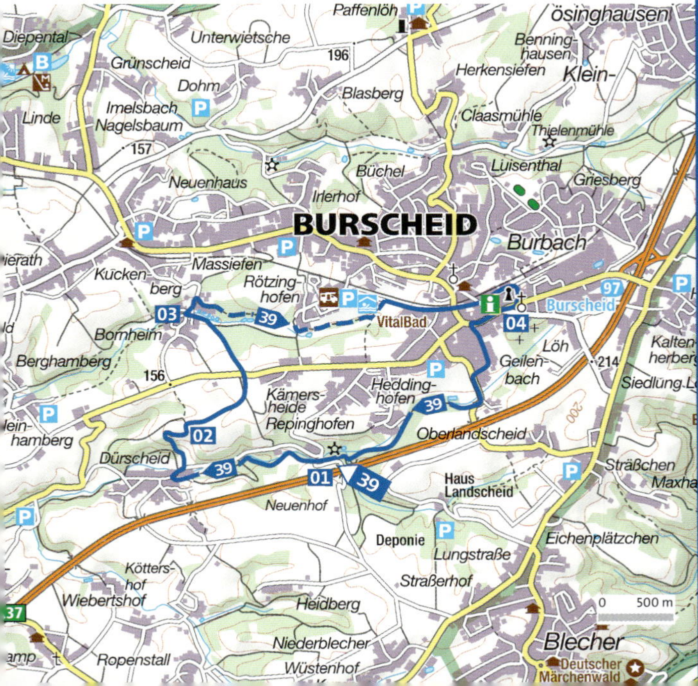

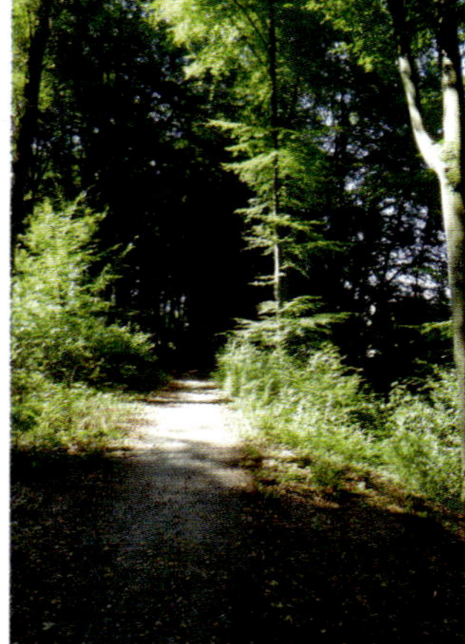

Durch die Wälder bei Bornheim

ten, an der **großen Eiche** 02, die wir schon vom Waldrand aus sehen, links hinauf, immer noch auf der Wiese. Einige Meter hinauf, bis zur kleinen Eiche: hier rechts weiter über die Wiese. Allmählich wird der Weg erkennbarer, geht bald in einen Schotterweg über und endet schließlich an einem Teerweg, den wir nach links einbiegen. Er führt uns direkt an die L58, die wir, ein paar Meter nach rechts, überqueren. Links geht es einen stacheligen Pfad hinab (lange Hosen ratsam) in den Wald.

Wir kommen ins Örtchen **Bornheim** 03. An der Straße rechts Richtung Burscheid (2,5 km). Wir folgen dem Sträßlein, nach ca. 150 Metern biegen wir scharf rechts hinauf, nun auf A1/A2, auf einen gepflasterten Weg. Er führt nach wenigen Minuten in den Wald. Im Wald gleich rechts hinab, erst auf einem Waldweg, dann auf einem Pfad immer auf und ab. Am Teich weiter geradeaus hinauf, nach rund 200 Metern an der folgenden Gabelung nach links. Es geht weiter auf wurzeligem, schmalem Waldweg. Geradeaus über die Hauptstraße hinüber in einen Gartenweg. Wir folgen ihm bis zum Ende, dort rechts. An der nächsten Kreuzung links in die Montanusstraße. Am Busbahnhof vorbei, die nächste Straße rechts hinauf: Sie führt uns direkt zur Katholischen **Kirche St. Laurentius** 04 und zum Rathaus.

Wir biegen rechts in die Höhestraße ein und laufen bis zur Feuerwehr. Ab hier folgen wir der >11, links abbiegend. Schnell gelangen wir an eine Straße, der wir um die Kurve herum zur Hauptstraße folgen. Hier links abbiegen und in der folgenden Rechtskurve auf einem Weglein rechts bergab Richtung Lambertsmühle. Nun geht es auf schönem, breitem Waldweg in gut 15 Minuten zur Lambertsmühle und zum **Wanderparkplatz Lambertsmühle** 01.

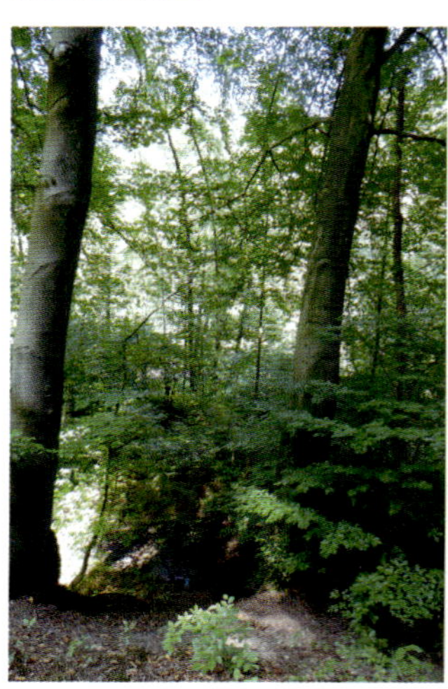

Durch die Wälder bei Bornheim

BEI DABRINGHAUSEN DURCHS EIFGENBACHTAL

Mühlenrunde am Eifgenbach

 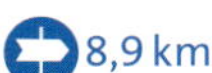 8,9 km 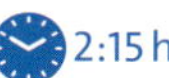 2:15 h 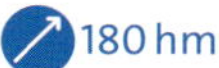 180 hm  180 hm 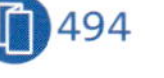 494

START | Dabringhausen, Parkplatz an der K18 von Dabringhausen kommend gegenüber der Könenmühle, 196 m
[GPS: UTM Zone 32 x: 373.380 m y: 5.660.942 m]
CHARAKTER | Fast durchgehend schmälere Waldpfade, oft mit Wurzelwerk.

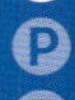
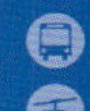

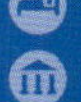

Das Naturschutzgebiet Eifgenbachtal umfasst den Mittel- und Unterlauf des Eifgenbachs bis zu seiner Mündung in die Dhünn. Das Kerbsohlental hat sehr steile Hänge und führt den Lauf des Baches in einer Breite zwischen 3 und 10 Metern. Der Talgrund besteht aus Fettweiden und Feuchtwiesen, oft wachsen Erlen, Eschen und Hochstauden an seinen Ufern.

▶ Wir starten am **Wanderparkplatz** an der **Coenenmühle** 01. Zunächst folgen wir A3 auf einem Teerweglein, das direkt am Parkplatz beginnt, es geht hinauf in einen lichten Mischwald. Wir halten uns links auf dem Waldweg. Er führt nach einigen Minuten hinter den Häusern vorbei zur Mühlenstraße: Hier biegen wir rechts ein. Weiter hinauf nun bis es links in die Straße „Butscheid" hinabgeht. Wir folgen der Straße erst geradeaus und biegen dann links in die Altenberger Straße ein. An der nächsten Straße, dem „Friedhofsweg", wenden wir uns nach rechts, unsere Markierung ist jetzt das W. Nun immer geradeaus, am Ende des Weges halten wir uns

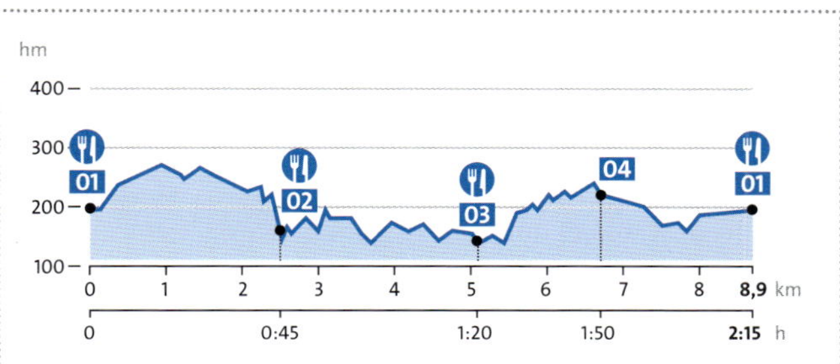

01 Wanderparkplatz Coenenmühle, 196 m; 02 Rausmühle, 175 m; 03 Markusmühle, 159 m; 04 Kreuzung L101, 225 m

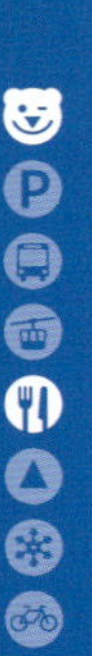

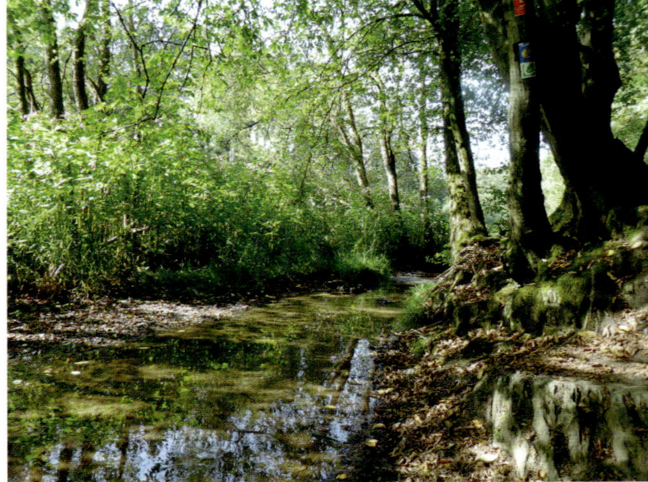

Am Eifgenbach

rechts auf ein Teerweglein leicht hinauf. An Wiesen und Weiden vorbei geht es bald nach links, nun auf Schotter leicht hinab, links halten weiter auf W. Es geht jetzt immer steil hinab bis zum Eifgenbach.

Über die kleine Brücke hinüber, dann links zur **Rausmühle** 02. An der Mühle vorbei nach links, dann weiter auf dem Eifgenweg (grün, weiß). Auf holprigem Weg geht es nun durch den Wald leicht bergauf. Nach wenigen Minuten kreuzen wir die K18: hier kurz rechts, dann gleich links auf einem Schotterpfad hinab. Wir folgen jetzt ungefähr 2 Kilometer dem idyllischen Eifgenbach. Nach 30 Minuten erreichen wir die L294.

Wir überqueren die Straße. Hinter den Fachwerkhäusern der **Markusmühle** 03 führt ein Schotterweg in den Wald hinein; wir halten uns links auf A3 Richtung Limmringhausen. Jetzt geht es stetig bergauf durch den Wald bis Limmringhausen. Dort links auf ein asphaltiertes Weglein, das neben der Hauptstraße Richtung Dabringhausen verläuft. Nach 5 Minuten führt uns die Markierung nach rechts, über die **L101** 04 hinüber, auf einem asphaltierten Weg hinab in den Weg „Bremen 1 und 3“ (Wegweiser). Der Weg mündet in einem Feldweg, auf diesem nun immer bergab.

Am Ende des Feldweges halten wir uns links, erst auf schmalem Pfad, dann auf breiter werdendem Weg, teils steil bergab. Wir kreuzen einen asphaltierten Weg. Hier geradeaus hinüber, weiter auf etwas breiterem Pfad Richtung Coehnenmühle. Auf einem Pfad wandern wir weiter am Hang entlang, unter uns der Bach. Am Parkplatz vorbei hinauf zur Hauptstraße, dort links hinauf zur **Coenenmühle** und dem **Wanderparkplatz** 01.

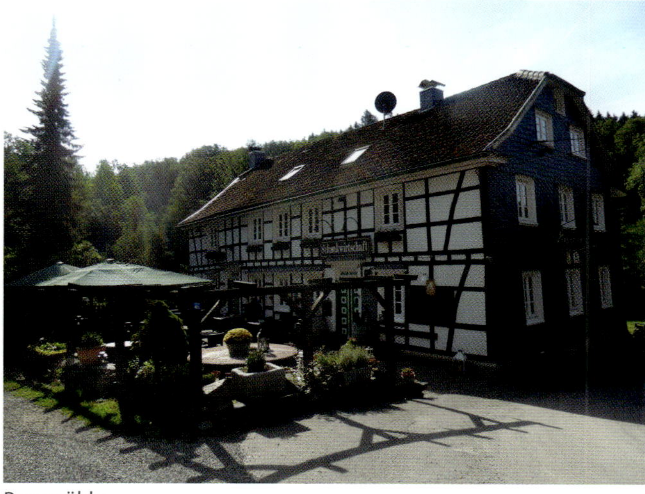

Rausmühle

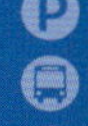

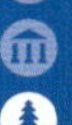

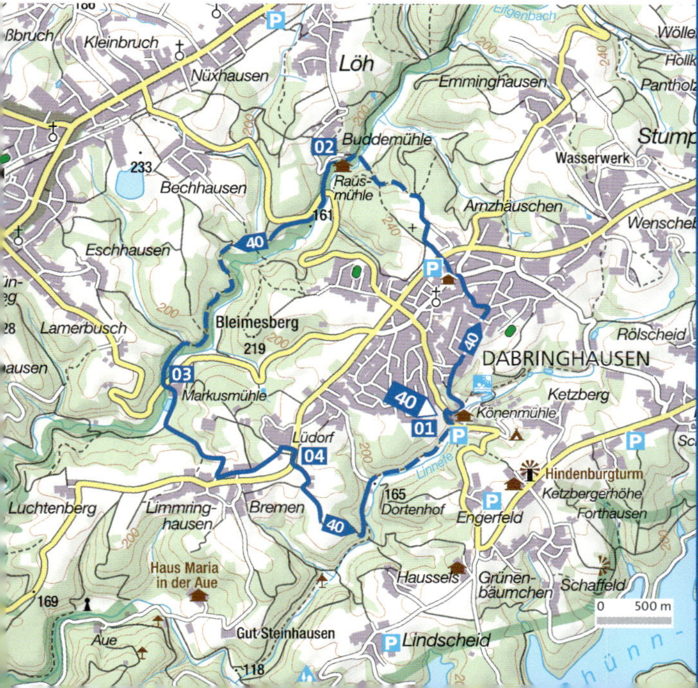

Kleinbruch
Nüxhausen
Löh
Emminghausen
Eifgenbach
Wöller
Pantholz
Stump
Buddemühle
Wasserwerk
02
Raus-
mühle
233
Bechhausen
161
Amzhäuschen
Wenscheb
40
Eschhausen
Bleimesberg
219
Lamerbusch
Rölscheid
DABRINGHAUSEN
03
Markusmühle
Ketzberg
Könenmühle
01
Lüdorf
04
Linnefe
Hindenburgturm
Ketzbergerhöhe
Forthausen
165
Dortenhof
Engerfeld
Luchtenberg
Limmring-
hausen
Bremen
Haus Maria
in der Aue
Haussels
Grünen-
bäumchen
Schaffeld
169
Aue
Gut Steinhausen
118
Lindscheid
0 500 m

VON ALTENBERG ZUR GROSSEN DHÜNNTALSPERRE

Große Runde durch romantische Bachtäler

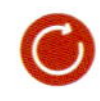  15,8 km 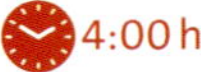 4:00 h 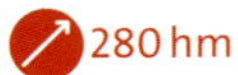 280 hm 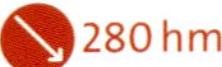 280 hm 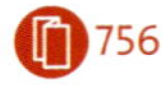 756

START | Parkplatz von Altenberg kommend an der L310 „Neschener Straße“ in der ersten Kehre, 120 m [GPS: UTM Zone 32 x: 369.471 m y: 5.657.481 m]
CHARAKTER | Lange Wanderung auf meist bequemen Waldwegen, manchmal auch Pfaden, meist gut markiert. Entspannte Anstiege; im Wald und am Bach nach Regen matschig und rutschig.

Diese Tour führt uns in das Naturschutzgebiet Pfengstbachtal. Der Pfengstbach ist ein Nebenfluss der Wupper und entspringt im Ortsteil Scheuren der Gemeinde Odenthal. Nach der Bachwanderung geht es zur beeindruckenden Staumauer, dann wieder in den Wald und an der Dhünn zurück. Der kulturelle Höhepunkt der Tour ist gegen Ende der Altenberger Dom, der zu einer Besichtigung einlädt.

▶ Wir starten am **Wanderparkplatz** an der L310, **Neschener Straße** **01**. Wir folgen nun zuerst dem Bergischen Weg Richtung Scheuren auf Schotter bergab. Es geht zuerst auf breiterem, dann auf schmälerem Waldweg bergauf und bergab. Nach der 180-Grad-Rechtskurve folgen wir dem Bergischen Weg über einen Holzsteg. Zudem begleitet uns nun auch der **Kultur- und Waldlehrpfad** **02**.

Nach dem Holzsteg geht es über eine kleine Treppe hinauf auf einen breiten Waldweg; hier links weiter Richtung Scheuren; nach ca. 800 Metern weist uns ein Schild nach links, auf schmäler werdendem Pfad bergab, dann wieder steil bergauf. Wir treten aus dem Wald heraus und wandern auf einem Waldweg nach **Scheuren** **03**. An der Hauptstraße biegen wir links ab, nach ca. 30 Metern geht

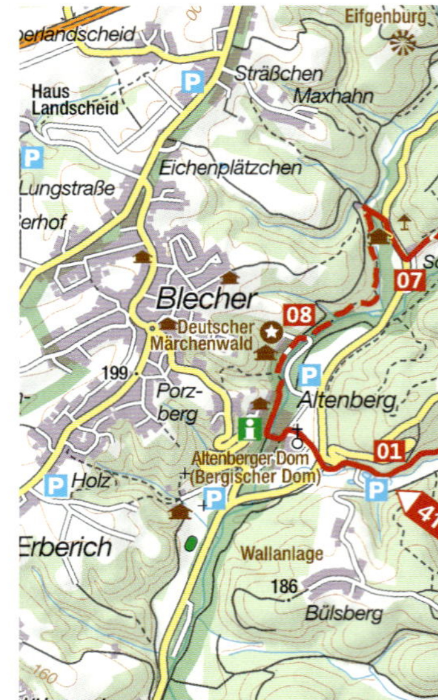

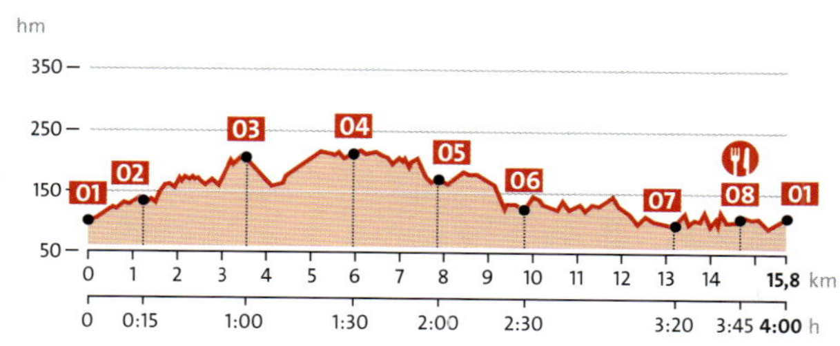

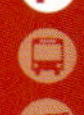

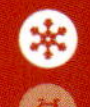

01 Parkplatz Neschener Straße/Bülsberger Weg, 120 m; **02** Kultur- und Waldlehrpfad, 144 m; **03** Scheuren, 223 m; **04** Eichholz, 231 m; **05** Staumauer Große Dhüntalsperre, 181 m; **06** Steintor, 131 m; **07** Landesstraße 101, 99 m; **08** Märchenwald, 112

es nach rechts in die Straße „An der alten Schule". Rechts um die Kurve, dann links auf schmalem Teerpfad bergab folgen wir nun weiter A4. Unten an der Straße wenden wir uns nach links und gehen hinauf nach Busch. Durch Busch hindurch, am Ortsende geradeaus folgen wir weiter dem Zeichen der „Mühlenroute" und der „Höhenroute". Wir biegen links in die Scheurener Straße ein, nach knapp 100 Metern überqueren wir die Straße und folgen nun der Straße „An der alten Schule", bis uns ein Feldweg hinabführt. An der Gabelung wenden

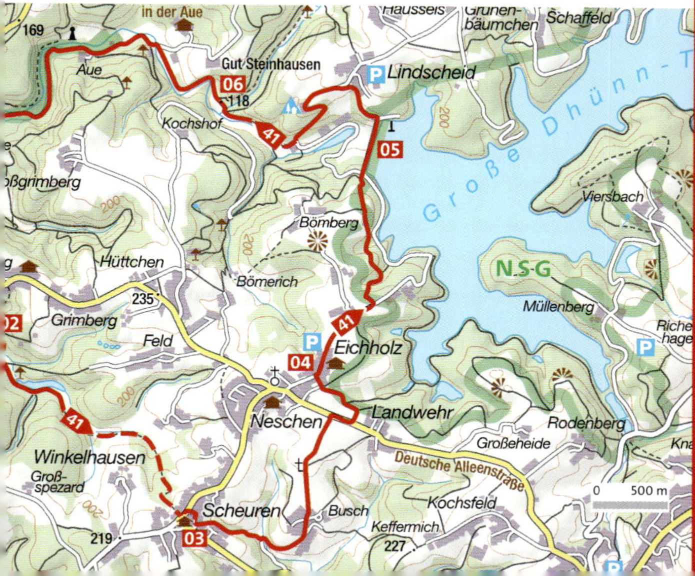

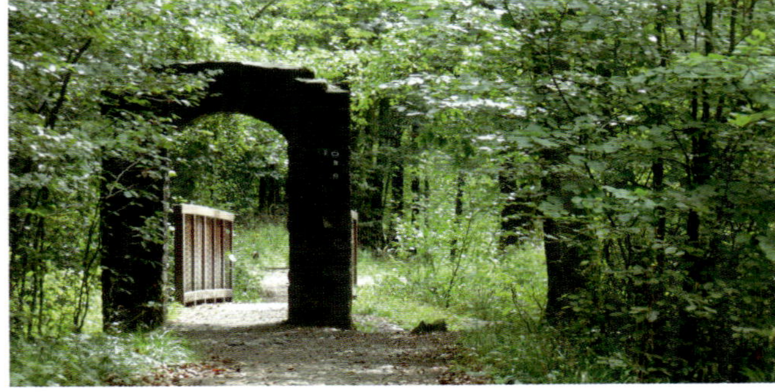

Steintor auf dem Weg zum Märchenwald

wir uns dann auf der Straße nach links. Wir überqueren die Straße und gehen auf einem Feldweg hinab, gleich an der ersten Gabelung wenden wir uns dann links.

Wir folgen dem Weg ins Örtchen **Eichholz** **04**, in den Fledermausweg hinein und an der Hauptstraße (Eichholzer Weg) rechts. Unsere Route führt auf Asphalt an einem Wanderparkplatz vorbei. Wir folgen nun D8 und dem „Wanderweg große Dhünntalsperre". Nach rund 5 Minuten biegen wir links auf einen Wald- und Schotterweg ab und wandern in den Wald hinab. Nun geht es teils steil bergauf und bergab. Nach knapp 10 Minuten halten wir uns an der Gabelung rechts, bald geht es hinab zur Staumauer der **Großen Dhünntalsperre** **05**.

Über den Damm und auf der anderen Seite nach links. Wir folgen dem Betriebsweg zur Straße hinauf: hier links Richtung Maria in der Aue, nun folgen wir E3. Auf einem asphaltieren Sträßlein geht es steil bergab; unten geradeaus weiter auf E3. Nach wenigen Minuten erreichen wir die Dhünn. Wir folgen dem Weg Richtung Odenthal/Maria in der Aue. Nun führt uns ein wunderschöner Weg am Bach entlang, mal über eine Brücke, dann durch ein **Steintor** **06**.

An der darauffolgenden Kreuzung lädt eine Bank mit Tisch zum Rasten ein. Hier laufen wir weiter geradeaus auf E3 Richtung Altenberg. An der nächsten Kreuzung geht es links über ein Brücklein, dann rechts Richtung Altenberg. Wir folgen nun einem breiten Schotterweg, der bald in Asphalt übergeht. An der Gabelung am Waldrand halten wir uns rechts. Am Wanderparkplatz vorbei überqueren wir die **L101** **07**, dann nach rechts. Nach ca 150 Metern halten wir uns links und biegen auf einen Forstweg ab. Nach der Brücke gleich links – ab hier folgen wir wieder dem Bergischen Weg, nun auf wurzeligem Pfad am Bach entlang. Er führt uns an der **Gaststätte** mit dem **Märchenwald** **08** vorbei. Bald auf breitem Weg geht es nun direkt zum Altenberger Dom.
Der Bergische Weg lässt uns vor dem Dom nach links abbiegen, unter der Unterführung durch und nach ein paar Minuten erreichen wir den **Wanderparkplatz** an der **Neschener Straße** **01**.

VON OLPE NACH DELLING

Durch lichte Wälder zu einem stillgelegten Kloster

  14,3 km  3:50 h 230 hm  230 hm  494

START | Wanderparkplatz Olpe, 206 m
[GPS: UTM Zone 32 x: 380.069 m y: 5.656.205 m]
CHARAKTER | Wunderschöne Tour auf stillen, wenig begangenen und doch leicht zu gehenden Wald-, Forst- und Teerwegen.

Das ehemalige Eucharistinerkloster Ommerborn stammt aus dem Jahre 1922 mit einer kleinen Kapelle aus dem Jahre 1849. Der Name Ommerborn leitet sich ab von der Quelle der Ommer, die dort entspringt. Mitglieder des Ordens nutzten das Gebäude als Novizenhaus wie auch als Erholungsheim. 2011 wurde das ehemalige Kloster von niederländischen Investoren erworben und zu einem Gästehaus für Reisegruppen umfunktioniert.

Wir beginnen die Tour am **Wanderparkplatz Olpe** 01. An der Hauptstraße wenden wir uns nach rechts und folgen A1/A2, die uns nach wenigen Minuten nach links in einen kleinen Teerweg, dann Feldweg führen. Diesem folgen wir nun immer aufwärts. Schon bald gesellt sich der Denkmalweg zu uns, der uns nun ein Stück begleitet. Auf dem Hauptweg geht es nun immer hinauf bis zum Ortsrand und hier an eine Straße. Wir folgen ihr nach rechts gewandt, beim letzten Haus führen uns unsere drei Markierungen nach links in einen Wald- und Wiesenweg. An dessen Ende biegen wir rechts ab. Der Weg führt nun über Wiesen bis Forstenhöhe. Am Sträßlein halten wir uns links, bis zur

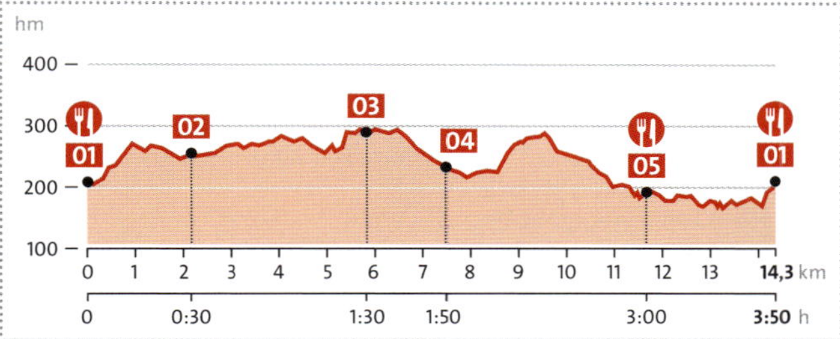

01 Wanderparkplatz Olpe, 206 m; 02 Andreaskapelle, 256 m;
03 Kloster Ommerborn, 291 m; 04 Kurtenbach, 238 m;
05 Deling, Evangelische Kirche, 196 m

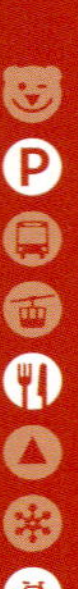

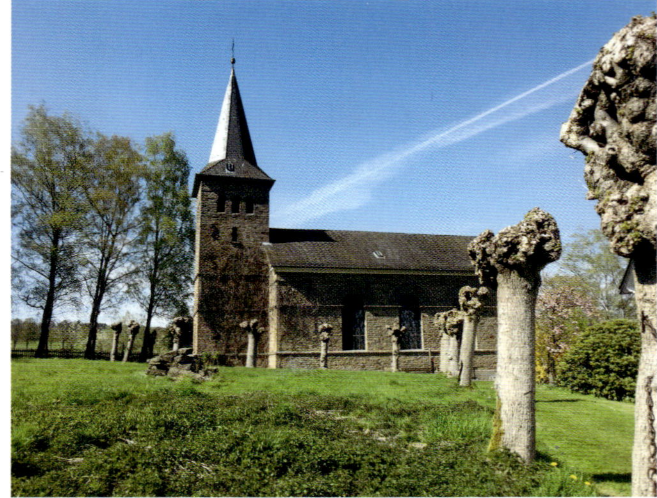

Evangelische Kirche in Delling

Hauptstraße, an der wir nach links abbiegen. Wir wandern aus Forsten hinaus, und durch Biesenbach hindurch – nicht vergessen, der **Andreaskapelle 02** einen kurzen Besuch abzustatten (rechts am Wegesrand).

Kurz nach dem letzten Haus von Biesenbach halten wir uns rechts in die Straße „Dahlerhöhe". Nach wenigen Schritten führt uns nun ein Schotterweg bald bergauf. An der Kreuzung nehmen wir den mittleren Weg hinab (zweiter von links). Ab hier folgen wir A1, X und K. Der Weg führt uns in den Wald. Nach gut 30 Minuten geht es aus dem Wald heraus, an Wiesen vorbei zu einer Straße. Wir folgen der schmalen Straße, an den Höfen und ein paar hübschen Fachwerkhäusern von Neuenhaus vorbei. Nach ca. 10 Minuten biegen wir an einer breiten Garage auf einen Feldweg nach rechts hinab ab. Wir folgen dem Weg an einem Pferdestall vorbei, dann in den Laubwald hinauf. Nach ungefähr 10 Minuten erreichen wir eine Teerstraße. Wir überqueren sie und in wenigen Minuten erreichen wir **Kloster Ommerborn 03**. Nach einem kurzen Rundgang um die klösterlichen Gemäuer laufen wir zurück zur Kreuzung und folgen ihr nach links auf K und L, an der nächsten Gabelung geht es links auf einen Schotterweg. Bei der folgenden Kreuzung biegen wir wieder links ab: Der Weg führt uns nun mit A3 und A4 hinab.

Wir folgen ihm nun bis **Kurtenbach 04**. Auf asphaltiertem Weg geht es durch das Örtchen; A4 leitet uns nach rechts, wieder auf einen Feld- und Waldweg. Diesen hinab, unten rechts haltend über einen kleinen Bach. Durch Wald, dann an Wiesen vorbei, geht es nach 15 Minuten rechts sanft einen Waldweg hinauf, weiter auf A4. Der Anstieg wird jedoch schnell stärker. Nach einigen Minuten mündet er in einen Weg, dem wir rechts weiter folgen. Kurze Zeit später gelangen wir an eine T-Kreuzung: L verlässt uns nun nach rechts, wir aber wenden uns nach links, weiter auf A4 und A5. Wir folgen den Zeichen und dem Weg nun geradewegs hinaus aus dem Wald bis zur Fahrstraße. Hier biegen wir rechts auf die Straße „Haasbach“ ab, einen schmalen, geteerten Weg, weiter nun auf A5 Richtung Delling. Bei den nächsten Häusern halten wir uns links auf A5 weiter hinab. Der Weg mündet in einem Feld- und Wiesenweg: an Häusern und Zäunen vorbei weiter hinab, bald durch lichten Laubwald. Unten

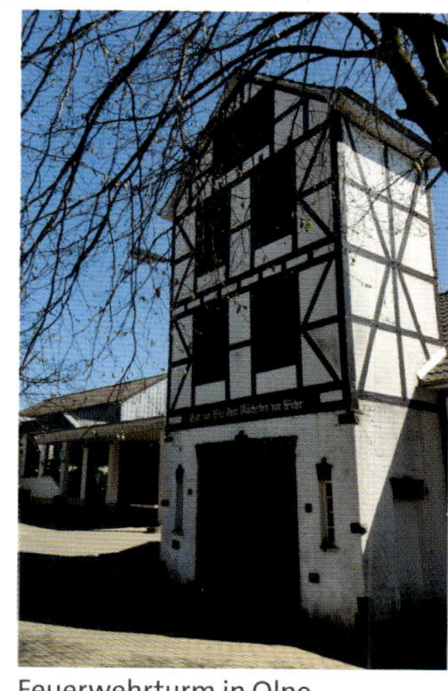

Feuerwehrturm in Olpe

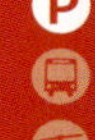

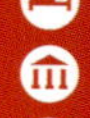

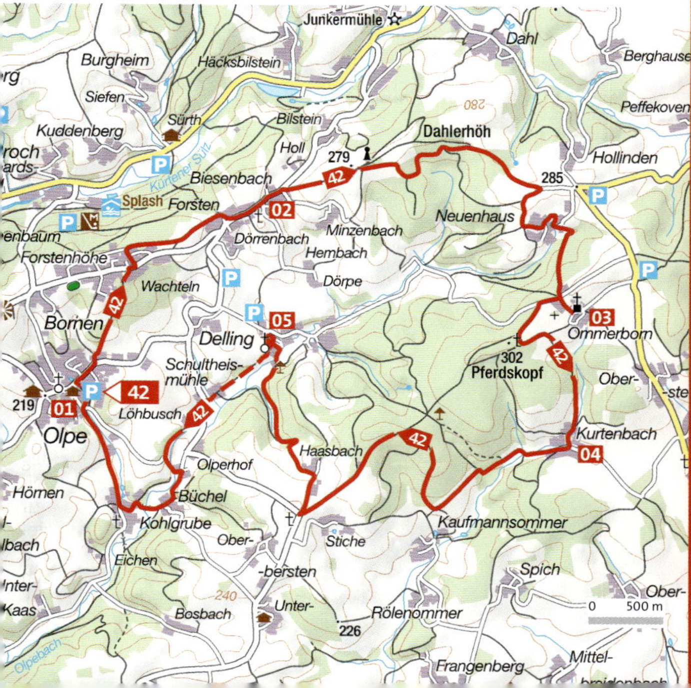

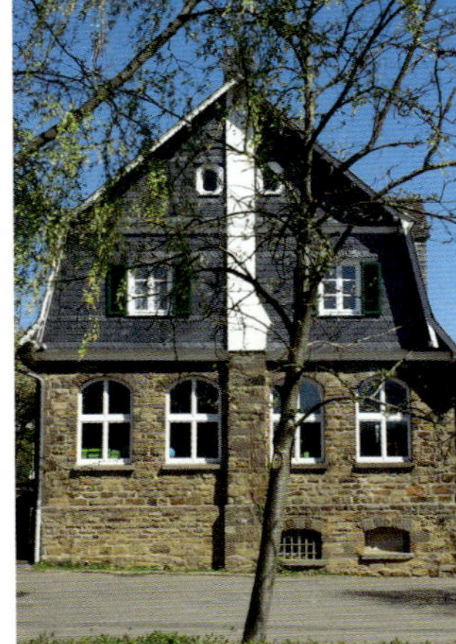
Schulhaus Olpe

an der Gabelung halten wir uns rechts. Der Weg wird erst schmäler, dann wieder breiter. Nach wenigen Minuten gabelt er sich: Wir halten uns links hinab auf etwas schmälerem Weg, zusammen mit dem „Reformationsweg", der als

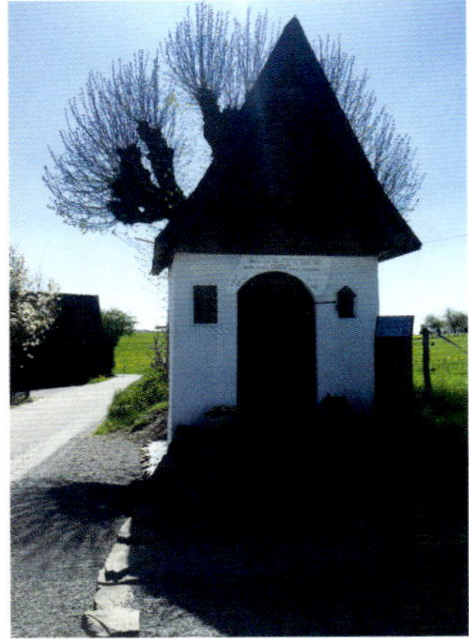
Andreaskapelle

Wegzeichen eine Kirche hat. Über eine kleine Brücke führt uns der Weg nach **Delling**.

Wir steigen die Kirchentreppen empor und stehen vor der **Evangelischen Kirche** **05**; wir wenden uns nach links, zwischen Kirche und Gasthaus „In der Delling" auf einem Wiesenweg hindurch. Nun begleitet uns der Bergische Streifzug Nummer 7, der „Mühlenweg".

Er führt bald auf schmalem Pfad oberhalb des Baches entlang. Nach 10 Minuten mündet er in einen breiten Weg, hier geradeaus weiter leicht bergauf. Kurz vor der Straße an der Haltestelle „Schultheismühle" nach links. Ein kurzes Stück später überqueren wir die Straße, an schönem Fachwerk vorbei. Der Mühlenweg führt uns auf einem schmalen Weg nun wieder am Bach entlang, ansteigend. An der Teerstraße links hinab, bei der Olpermühle nach rechts in die Straße „Büchel". Wir bleiben nun auf kleiner, geteerter Straße, die uns an ein paar Häusern vorbeiführt. Gleich nach der Rechtskurve biegen wir rechter Hand in einen Weg ein, der nach wenigen Metern von Asphalt in Schotter übergeht. Wir verlassen den Weg jedoch wieder nach ca. 50 Metern nach rechts hinab auf einen Wiesenpfad. Über eine schmale Brücke nun wieder auf breiterem Pfad hinauf. An der Straße biegen wir links ein, dann rechts und nach wenigen Metern wieder rechts auf einen kleinen Asphaltweg. Er führt uns aus Kohlgrube hinaus Richtung Olpe. Bevor wir nach Olpe hineingehen, führt uns der Mühlenweg nach rechts und gleich wieder links auf einen Pfad, der schnell breiter wird und uns direkt zum **Wanderparkplatz** in **Olpe** **01** führt.

VON HERRENSTRUNDEN NACH HERKENRATH

Über aussichtsreiche Höhen

 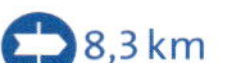 8,3 km 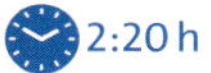 2:20 h 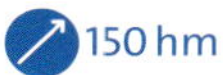 150 hm  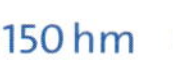 150 hm  494

START | Herrenstrunden. Wanderparkplatz an der L286 bei Burg Zweiffel, 136 m
[GPS: UTM Zone 32 x: 372.116 m y: 5.651.965 m]
CHARAKTER | Überwiegend bequeme Waldwege; wenige Teerstraßen; anspruchslose Steigungen.

In Herrenstrunden entspringt die Strunde; ihr Wasser machte das Strundental ab dem 13. Jahrhundert zum Gewerbegebiet, denn der Bach ermöglichte den Betrieb von rund 40 Mühlen auf einer Strecke von nur 20 Kilometern.

▶ Wir parken am **Wanderparkplatz Burg Zweiffel** 01 und halten uns an der Hauptstraße (Kürtener Straße) rechts. Nach wenigen Minuten führt uns der Bergische Weg, dem wir folgen, nach links über die Straße in den Hombacher Weg, eine kleine, verkehrsberuhigte Straße. In der folgenden Rechtskurve führt uns ein Pfad nach rechts in den Wald. Bergauf geht es nun, an der nächsten Gabelung halten wir uns links; Durch schönen Laubwald führend endet er in einem Teerweg. Hier geht es rechts bergauf. An der Kreuzung mit den Feldwegen biegen wir links ein. Der Weg wird allmählich zu einem Pfad, der uns nach Breite bringt. An der Hauptstraße biegen wir links ein.

Bald verlässt uns der Bergische Weg nach rechts, wir folgen nun

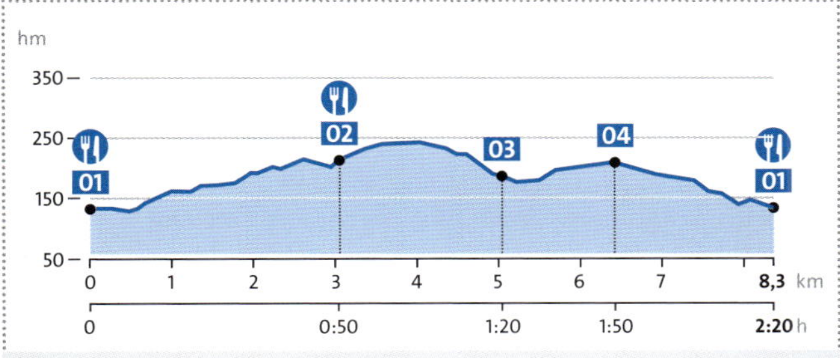

01 Wanderparkplatz Burg Zweiffel, 136 m; 02 Herkenrath, 218 m; 03 Asselborn, 184 m; 04 Spitze, 207 m

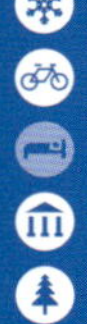

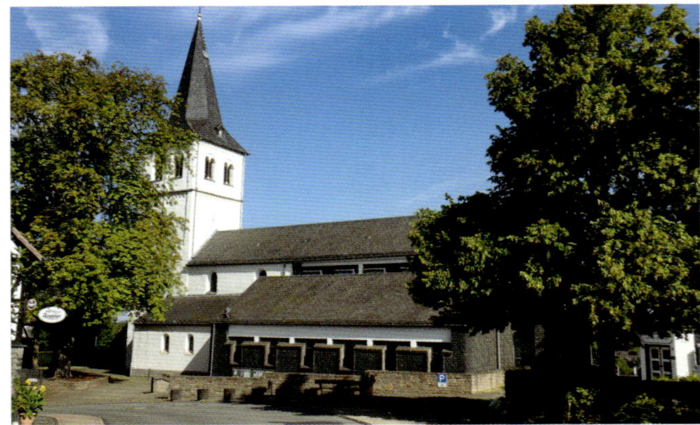

Kirche in Herkenrath

dem X und > auf einem Wiesen- und Schotterweg. In **Herkenrath** 02 schließlich halten wir uns rechts mit der Hauptstraße hinauf, weiter dem X folgen. An der Kreuzung biegen wir links auf die Straße „Kierdorf" ab. Hinauf geht es zur nächsten großen Kreuzung: Hier biegen wir nach links in die Straße „Straßen" ein, nach wenigen hundert Metern dann wieder links in den Asselborner Weg. Achtung, hier unmarkiert. Wir folgen der Straße hinab, in ihrer Linkskurve biegen wir rechts auf eine asphaltierte, wenig befahrene Straße ab Richtung Herrenstrunden. Nun folgen wir dem N. Wir erreichen Bech, an der Kreuzung halten wir uns links, weiter auf N und A3.

Schnell führt die Straße nach **Asselborn** 03. An den Häusern vorbei, beim Schotterweg geht es rechts leicht bergauf. Ein Feldweg führt uns jetzt bis zur Landesstraße 289. Hier links, nach Trotzenburg.

Kurz vor dem Ortsschild **Spitze** 04 erreichen, biegen wir wieder links in den Trotzenburger Weg ein, ein schmaler Teerweg. Wir folgen A4 immer geradeaus und gelangen zurück nach Herrenstrun-

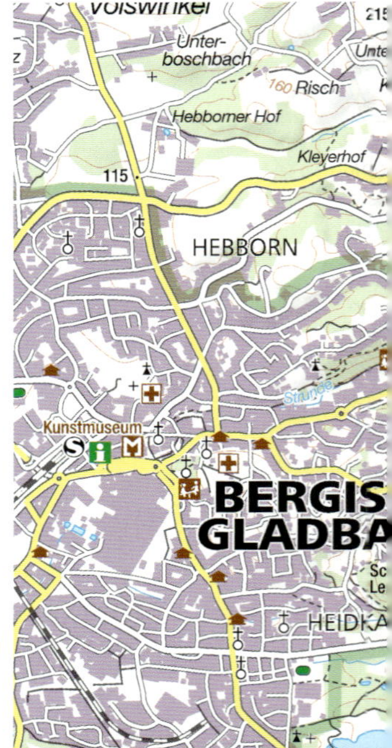

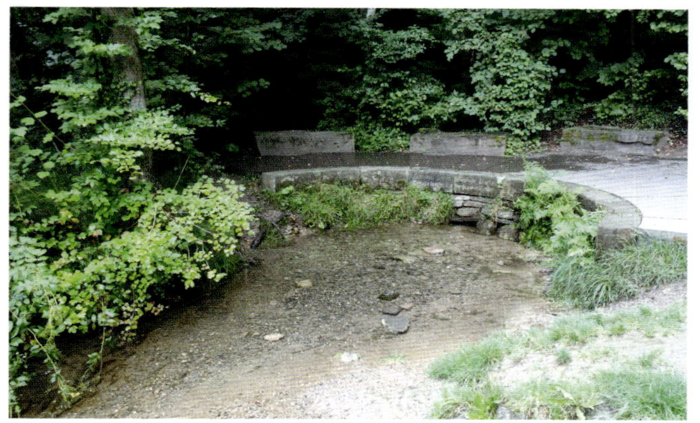

Die Strundenquelle

den. Wir queren die Straße und gehen gegenüber in den Malteser Weg, folgen ihm zum Bach (die Strunde), queren diesen und halten uns anschließend links. Der Bergische Weg führt uns zurück zum **Wanderparkplatz Burg Zweiffel** **01**.

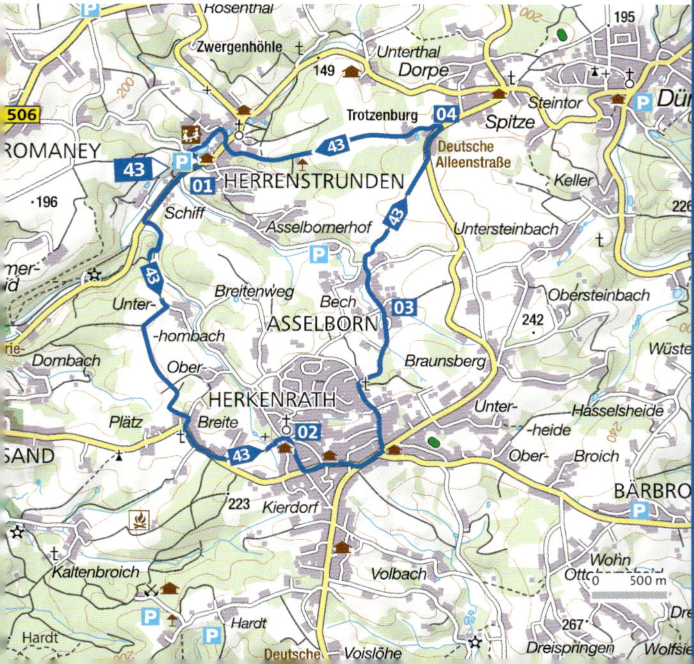

VON MOITZFELD ZUR ROCHUSKAPELLE

Durch die Wälder und über die Höhen bei Bergisch-Gladbach

  10,6 km  3:00 h  190 hm 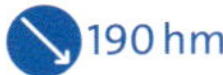 190 hm 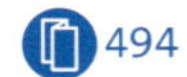 494

START | Kurz hinter Moitzfeld an der L289 rechts auf „Moitzfeld" abbiegen. An der „Wipperführther Straße" den Feldweg weiter, P nach ca. 30 Metern rechts, 208 m
[GPS: UTM Zone 32 x: 371.986 m y: 5.647.692 m]
CHARAKTER | Überwiegend bequeme und breite Waldwege, selten Teestraßen; kurz nach der Rochuskapelle ein etwas steilerer Pfad, der bei Nässe rutschig werden kann.

Durch die Wälder und Bachtäler am Rand von Bergisch Gladbach führt uns der abwechslungsreiche Weg zur Rochuskapelle in Sand, die 1684 im Auftrag von Johann Philipp aus dem Hause Lerbach erbaut wurde. Rochus gehörte zu den beliebtesten Pestpatronen, worin wohl auch die Stiftung begründet sein dürfte.

▶ Wir starten unsere Wanderung am **Wanderparkplatz Moitzfeld** **01**. Zunächst folgen wir dem Bergischen Weg und dem Bergischen Streifzug Nummer 13, dem „Schlossweg", Richtung Ringwall Erdenburg. Auf einem Schotterweg geht es durch den Wald hinab, nach einigen Minuten scharf rechts auf einem schmälerem Waldweg wieder hinauf. Wir gelangen zum Ringwall, hier rechts, nach wenigen Metern wieder links, weiter auf dem „Schlossweg". Der Schotterweg führt uns bis an eine Kreuzung, hier nun links hinab. Der Weg geht in einen schmalen Schotterpfad über, der wohl gerade neu angelegt wur-

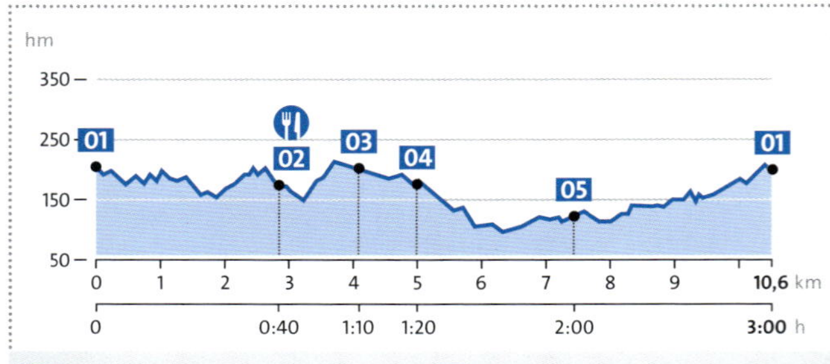

01 Wanderparkplatz Moitzfeld, 208 m; **02** Naturfreundehaus Hardt, 190 m; **03** Breite, 214 m; **04** Rochuskapelle, 190 m; **05** Ehrenmal, 136 m

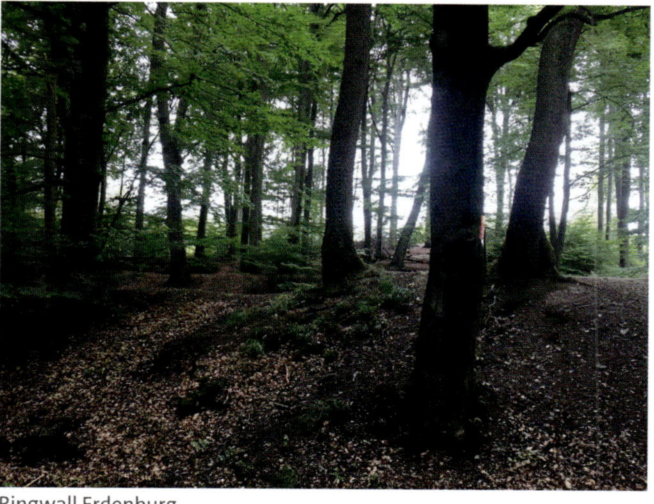

Ringwall Erdenburg

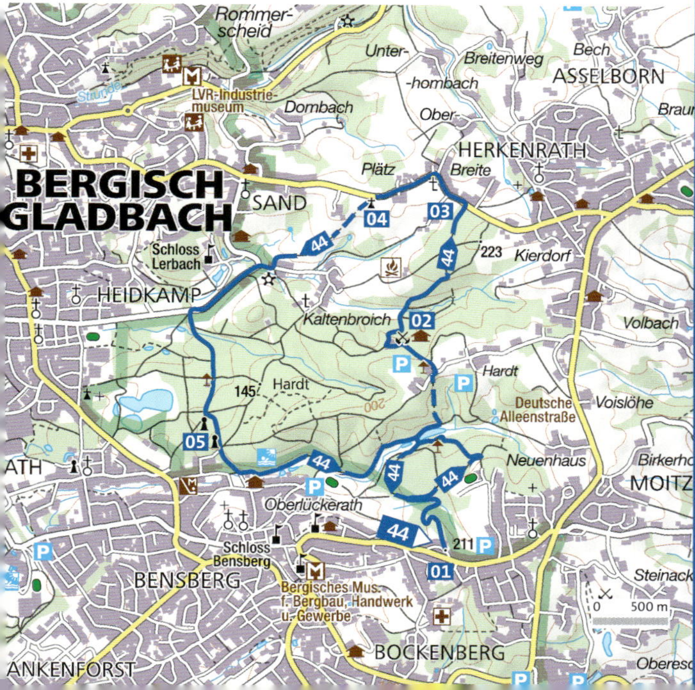

Rommer-scheid
Unter-
Breitenweg
Bech
-hombach
ASSELBORN
Strunde
LVR-Industrie-museum
Dombach
Ober-
Braun
HERKENRATH
BERGISCH GLADBACH
Plätz
Breite
SAND
04
03
223
Kierdorf
Schloss Lerbach
HEIDKAMP
Kaltenbroich
02
Volbach
Hardt
145
Hardt
Deutsche Alleenstraße
Voislöhe
05
Neuenhaus
Birkerho
ATH
MOITZ
Oberlückerath
211
Schloss Bensberg
BENSBERG
01
Bergisches Mus. f. Bergbau, Handwerk u. Gewerbe
Steinack
0 500 m
BOCKENBERG
ANKENFORST
Oberesc

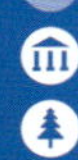

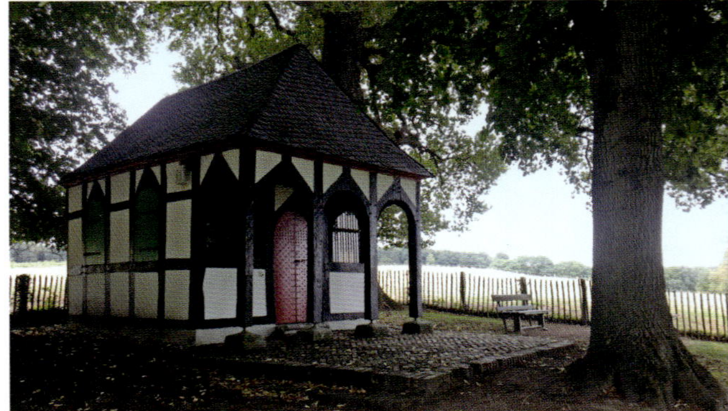

Rochuskapelle

de. Bald wird er zum Waldpfad. Er führt uns an einen breiten Weg; am Schutzhäuschen und dem Kadettenweiher nun rechts, dann wieder rechts, folgen wir der 13. Nach wenigen Metern führt uns das Zeichen nach links auf einen wurzeligen Waldpfad. Wir folgen ihm geradeaus, bis wir eine schmale Straße erreichen. Hier nun geradeaus hinüber und hinab, erreichen wir das **Naturfreundehaus Hardt** **02**.

Hier gabelt sich auch der Weg, wir folgen ihm nach rechts und folgen nun dem Bergischen Weg Richtung Breite und Herrenstrunden. An der nächsten Kreuzung geht es geradeaus, weiter auf dem Bergischen Weg. Wir gelangen am Ortsrand von **Breite** **03** an eine Vorfahrtsstraße, in die wir nach links einbiegen. Nun folgen wir dem O, dem „Kölnpfad“, denn der Bergische Weg verabschiedet sich bald nach rechts. Der „Kölnpfad“ jedoch führt uns noch ein Stück weiter an der Straße entlang und biegt nach der Linkskurve nach links ab, auf einen Pfad und erreichen schon bald die **Rochuskapelle** **04**. Auf dem Pfad geht es nun hinab nach Oberlerbach. Wir folgen dem Weg bis zur Hauptstraße und halten uns hier links, indem wir wieder dem „Schlossweg“ folgen. Nun geht es auf dem Gehweg geradeaus, bis der Wald beginnt. Hier biegen wir links ein, erst am Waldrand, dann geradeaus in den Wald. Ab hier begleitet uns wieder der Bergische Weg Richtung Moitzfeld durch wunderschönen Laubwald. Bald gelangen wir an eine Kreuzung, hier geradeaus hinüber. Kurz danach geht es nach links, auf dem Bergischen und dem „Schlossweg“, am **Ehrenmal** **05** vorbei.

Wir folgen einem Pfad zum nächsten Denkmal. Kurz danach nach rechts auf einen breiteren Waldweg. Diesem folgen wir nun geradeaus, bis wir schließlich wieder bei den Kadettenweihern angelangen. Wir halten uns rechts und gleich wieder rechts und folgen nun A1 geradeaus. Der Weg führt uns schließlich zurück zu unserem Hinweg, auf bekanntem Weg wandern wir zurück nach **Moitzfeld** **01**.

DURCH DEN KÖNIGSFORST

Große Runde durch königliche Wälder

  11,7 km 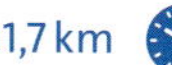 3:20 h 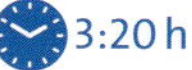 160 hm 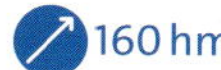 160 hm  494 

START | Forsbach, kurz nach Ortsende an der L170 auf der linken Seite, 150 m
[GPS: UTM Zone 32 x: 371.306 m y: 5.643.046 m]
CHARAKTER | Breite und gut begehbare Waldwege, angenehme Steigungen.

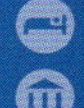

Die Tour durch den Königsforst ist ideal für heiße Tage. Das 2519 Hektar große Waldgebiet ist Teil der Bergischen Heideterrasse. Große Teile des Königsforstes sind Natur- und Vogelschutzgebiet.

▶ Wir beginnen die Wanderung am **Parkplatz** an der **L170** 01 kurz nach dem Ortsausgang Forsbach. Wir folgen A3 und queren dafür die L170. Es geht leicht hinauf, über die nächste Kreuzung hinüber. Der Weg wird schmäler, bei der nächsten Möglichkeit wenden wir uns nach links, nach wenigen Metern wieder rechts. Wir folgen A3 und dem X auf dem linkeren der beiden Wege. Es geht erst einmal hinauf, dann hinab, nach ca. 10 Minuten kreuzen wir den Bergischen Weg, dem wir nach links folgen. Nach etwa 500 Metern gelangen wir an eine große Kreuzung mit einem Rastplatz. Diese überqueren wir noch, dann, ein paar Meter danach, führt uns nun A2 auf einem schmäleren Weg hinab.

Wir folgen ihm für rund 30 Minuten, bis wir an einer T-Kreuzung mit zwei Bänken den **Bergischen Weg** 02 treffen. Wir folgen ihm nach links, bald nah an der Auto-

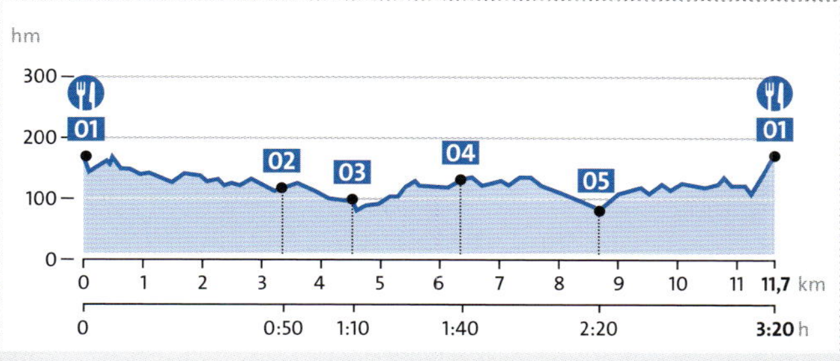

01 Wanderparkplatz an der L170, kurz nach Forsbach, 150 m; 02 Kreuzung Bergischer Weg, 124 m; 03 Kettners Weiher, 101 m; 04 Kaisereiche, 135 m; 05 Wassertretstelle, 88 m

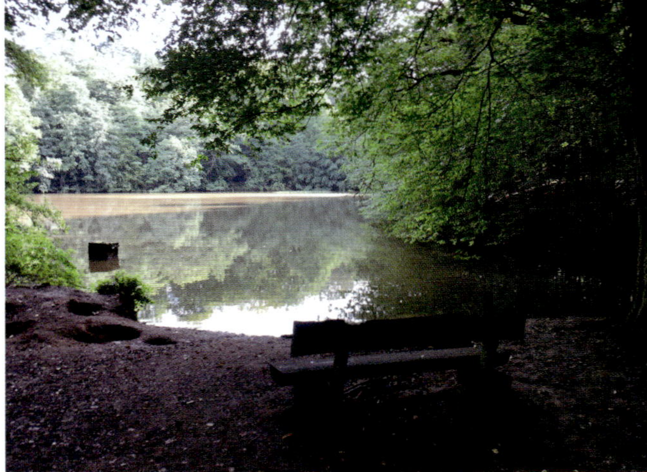

Kettners Weiher

bahn vorbei. Doch nur ein kurzes Stück, denn bald führt er uns in einem Linksbogen wieder von der Autobahn weg. Wir folgen dem Bergischen Weg weiter um eine Rechtskurve, nach 5 Minuten erreichen wir **Kettners Weiher** 03. Weiter geht es auf dem Bergischen Weg. In der folgenden Rechtskurve verlassen wir den Bergischen Weg nach links und wandern bergan Richtung Kaiser-

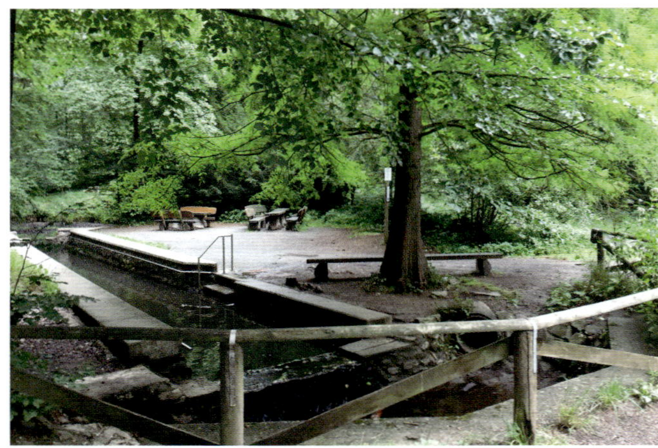

Wassertretstelle zur Erfrischung

eiche. Nach gut 15 Minuten erreichen wir die Kreuzung mit der **Kaisereiche** **04**. Hier nun geradeaus weiter auf A3. An der nächsten Kreuzung geht es nach rechts auf X und auf K hinab. Wiederum die nächste Kreuzung dann nach links Richtung **Wassertretstelle** **05**. Hier nun links auf A1 und <.

Wir folgen dem Weg bis zur L170, die wir geradeaus überqueren. Immer geradeaus nun, erst auf schmälerem, dann auf breiterem Weg. Wir erreichen ein Schutzhäuschen; hier links hinauf bis zur Kreuzung und geradeaus hinüber auf A2 und <. Ab hier folgen wir den Schildern Forsbacher Mühle. An der Mühle geht es links ein paar Trepplein hinauf, über einen Parkplatz und dann halten wir uns rechts auf schmalem Waldweg in einer Minute zum **Parkplatz** an der **L170** **01** und zum Auto zurück.

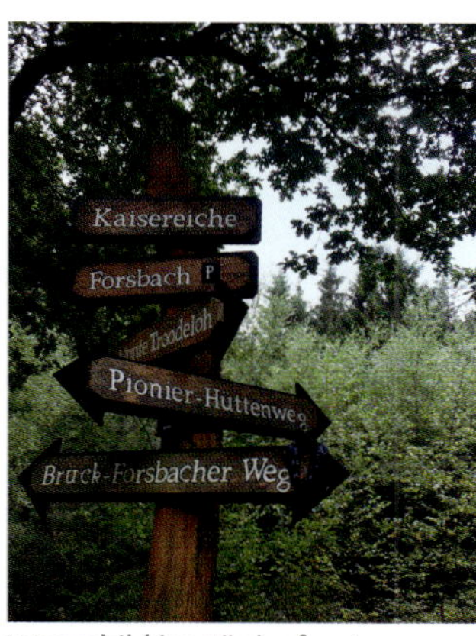

Wegschild im Königsforst

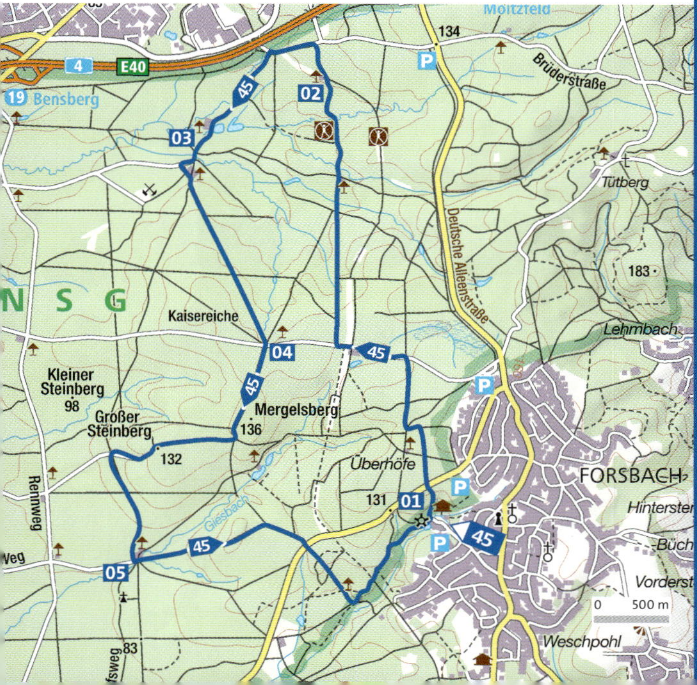

VON HOFFNUNGSTHAL NACH HONRATH UND ZUR GAMMERSBACHER MÜHLE

Runde mit tollen Natureindrücken

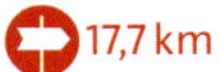

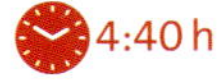

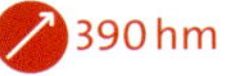

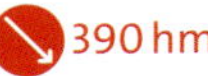

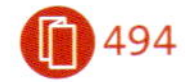

START | Hoffnungsthal, Rotdornallee, 95 m
[GPS: UTM Zone 32 x: 373.405 m y: 5.641.800 m]
CHARAKTER | Lange, konditionell fordernde Wanderung auf jedoch meist breiten Wald- und Feldwegen, stillen Sträßchen und ab und zu Wiesenwegen.

Die ehemalige Burg Honrath entstand um 1100. Das Burghaus mit den Türmen aus Bruchsteinmauerwerk wurde im 16. Jahrhundert auf romanischen Grundmauern errichtet. Der romanische Kirchturm war ursprünglich ein Wehrturm. Mehrfach umgebaut, diente er später als freistehender Bergfried. Die denkmalgeschützte Burganlage kann leider nicht besichtigt werden; sie befindet sich in Privatbesitz.

▶ Wir parken in **Hoffnungsthal** in der **Rotdornallee** 01. Über den Kreisverkehr hinüber; wir folgen dem Bergischen Streifzug Nummer 15, dem „Bergbauweg" und > bis zum Freibad. Über die Bahn hinüber, gleich dahinter nach links in den Weg „Bergsegen", der in den „Stöcker Weg" übergeht. Nach ein paar Metern verlässt uns der „Bergbauweg" nach links, wir folgen weiter geradeaus bergauf dem K und >. Bald geht es auf einem schmalen Asphaltweg steil bergauf. An der T-Kreuzung biegen wir links ein und folgen nun >. Immer noch auf dem Stöcker Weg erreichen wir Brünsbach. Es geht die Straße hinab, gleich nach der Überquerung des Bächleins rechts auf einen Waldweg hinauf. Wir folgen

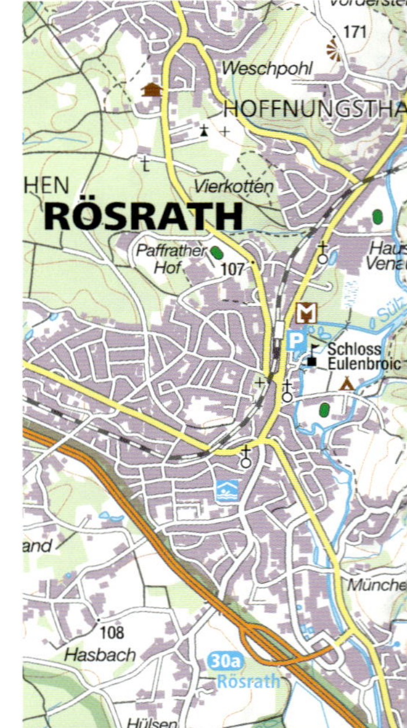

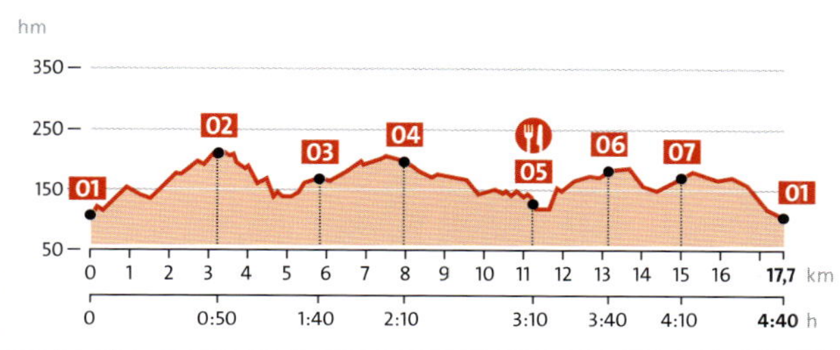

01 Hoffnungsthal Rotdornallee, 95 m; **02** Eigen, 223 m; **03** Burg Honrath, 165 m; **04** Wickuhl, 204 m; **05** Gammersbacher Mühle, 103 m; **06** Georgshof, 183 m; **07** Kleinbliersbach, 165 m

dem Weg nun gute 10 Minuten, bis wir an ein Haus gelangen. Hier halten wir uns links. Nun weiter geradeaus auf dem Weg, er führt an den Ortsrand von **Eigen** **02**. An der Straße im Wohngebiet geht es nach links zur L84. Wir überqueren sie, auf einem Schotterweg geht es nun in den lichten Wald. Nach einem kurzen Stück nach rechts, die nächste wieder links und bald wieder aus dem Wald hinaus auf einen Wiesenweg. Bald sind wir erneut im lichten Wald,

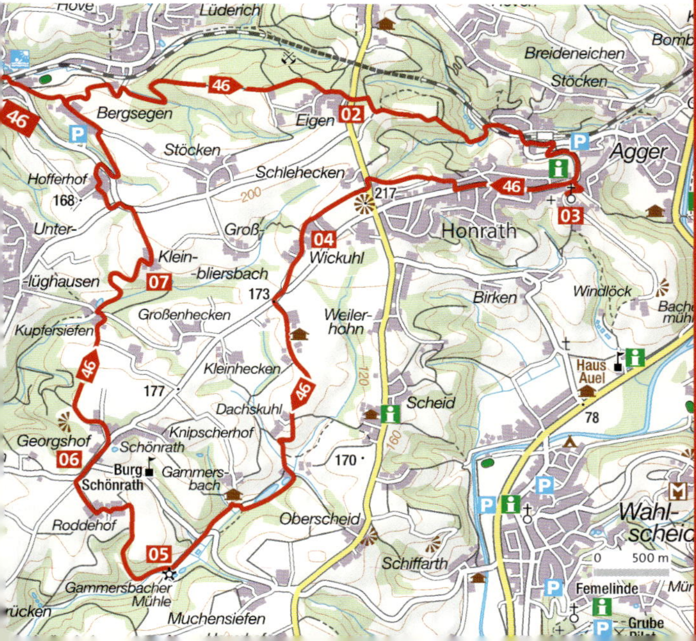

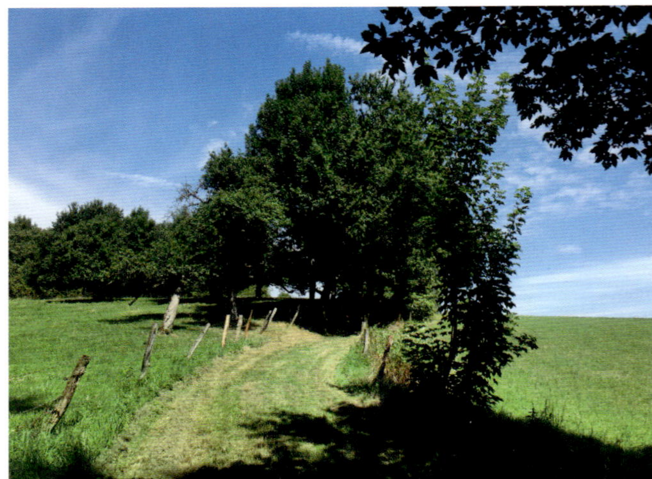

Wiesenweg bei Roddehof

der Weg wird zum Pfad, führt steil hinab. Wir halten uns links, der Pfad wird immer steiler. Schließlich gelangen wir an einen breiten Waldweg: hier scharf links, begleitet uns nun der Bergische Weg und der Bergische Streifzug Nummer 18, der „Bauernhofweg".

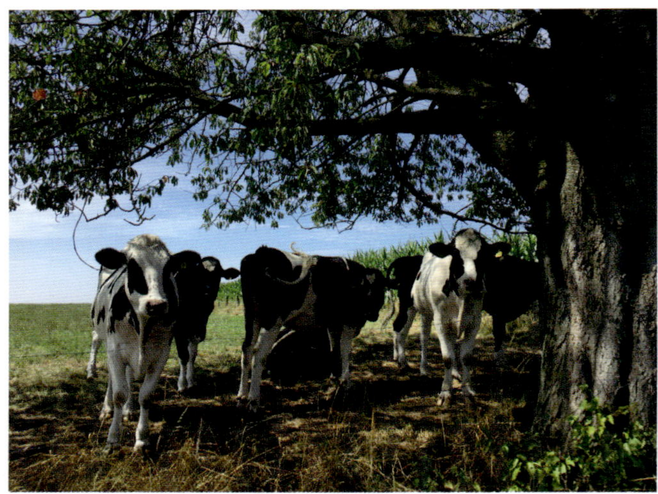

Neugierige Kühe bei Georgshof

Nach wenigen Minuten geht es nach rechts, unter der Bahn hindurch weiter auf 18. Der Weg führt nun durch das Wohngebiet von Honrath, wieder über die Gleise und dann links zum Bahnhof. Am Ortsausgangsschild Jexmühle steigen wir rechts einen Pfad hinauf. An der Hauptstraße nun links weiter bergauf. Wieder im Wohngebiet, wenden wir uns links in die Straße „Zum Kammerberg" und machen einen kurzen Abstecher zur **Burg Honrath** 03.

Zurück auf der Hauptstraße, folgen wir dem Bergischen Weg nach links. Wir biegen rechts in die „Alte Honrather Straße" ein, dann gleich links auf A3, erst gepflastert, dann auf einem Feldweg. An der Vorfahrtsstraße L84 nach links, dann gleich wieder rechts auf ein Teersträßlein, nun dem „Bauernhofweg" folgend. Auf gut beschilderten Weg geht es über **Wickuhl** 04 hinab zur K49. Hier biegen wir rechts ab, dann gleich links Richtung Dachskuhl. Nun bergab, bis wir ein alleinstehendes Haus am Bach erreichen: Hier biegen wir nach rechts auf einen Waldweg ab. Bald erreichen wir wieder einen asphaltierten Weg, hier nun links Richtung Gammersbacher Mühle. Wir überqueren die folgende Vorfahrtsstraße und hinab geht es zur **Gammersbacher Mühle** 05.

Ab hier geradeaus auf einem Schotterweg, der Markierung K folgen. Kurz vor der Lichtung rechts hinauf, weiterhin auf K. Erst auf einem Wald-, dann auf einem Wiesenweg bis zu einem kleinen Teerweg. Dort biegen wir links ein und folgen nun der Markierung >3, die uns aus Rodderhof hinaus zur Vorfahrtsstraße führt. Dort rechts, nur wenige Meter entlang der K49, dann links nach Oberschönrath. Bei **Georgshof** 06 links, am Ende der Häuser wieder links.

Wir folgen nun >3 auf einer asphaltierten kleinen Straße, bald hinab, an Kupfersiefen vorbei, bis zur Kupfersiefener Mühle. Direkt gegenüber vom Gasthaus geht es rechts auf einen schmalen Weg: Wir folgen nun K auf einem Pfad zu einem Teerweg, in den wir rechts einbiegen. An den Bauernhöfen von Kleinbliersbach vorbei geht es aufwärts. An der Vorfahrtsstraße K23 nach links, nach wenigen Metern nochmals links. Dann gleich wieder rechts auf asphaltiertem Pfad hinunter zur K23. Schräg rechts hinüber, führt die Markierung K an eine schmale Asphaltstraße: Dort links, erreichen wir den Anfangsweg, auf dem wir in die **Rotdornallee** nach **Hoffnungsthal** 01 zurückwandern.

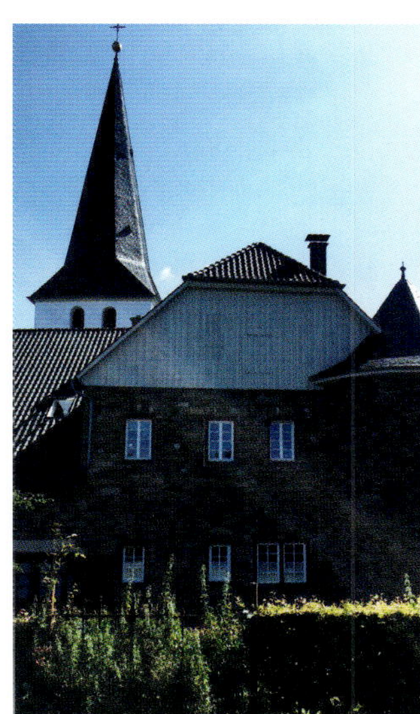
Burg Honrath und Kirche

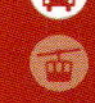

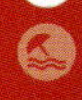

GRUBENWANDERUNG BEI HOFFNUNGSTHAL

Unterwegs im ehemaligen Erzrevier Bensberg

 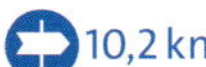 10,2 km  2:15 h 260 hm 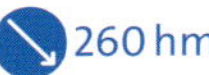 260 hm  494

START | Rösrath, Hoffnungsthal: Parkplatz am Freibad in der „Rotdornallee", 82 m
[GPS: UTM Zone 32 x: 373.450 m y: 5.641.950 m]
CHARAKTER | Einfache Wanderung auf breiten Wald- und Teerwegen.

Der Förderturm Franziskaschacht ist einer der letzten Zeugen der Bergbautradition in Rösrath-Hoffnungsthal. Gut 2000 Jahre haben die Menschen im Lüderich nach Metallen und Erzen gesucht; der Schacht reicht 237 Meter tief. Hier wurden im 19. Jahrhundert Blei und Zink abgebaut. 1958 wurde die Förderung im Franziskaschacht eingestellt, 1978 endete der Bergbau im Lüderich gänzlich. 2001 wurde der Förderturm restauriert, um – neben informativen Schautafeln – an das damalige Leben zu erinnern.

▶ Wir starten unsere Wanderung am **Parkplatz** des **Freibades** in **Hoffnungsthal** 01 und folgen dem Kölner Weg (K) die Hover Straße steil hinauf. Nach etwa 15 Minuten weist uns das Schild „Franziskaschacht" nach links. Kurz danach führt uns dann ein Pfad nach links, erst am Waldrand, dann in den Wald hinein.

Nach wiederum knapp 15 Minuten erreichen wir im Wald das **Kulturdenkmal Franziskaschacht** 02. Wir folgen dem Weg nun weiter aufwärts, nun auf dem Bergi-

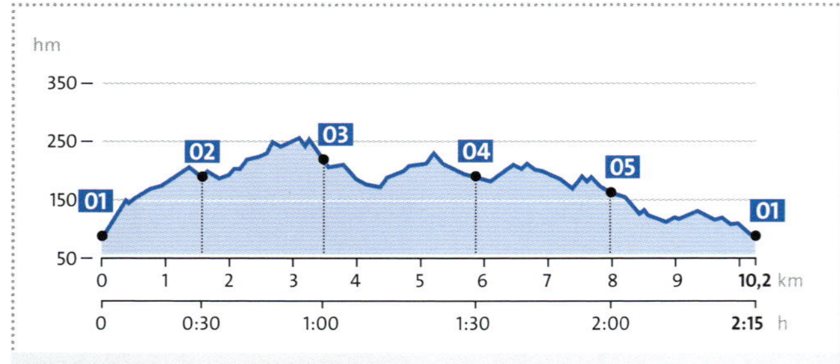

01 Parkplatz am Freibad Hoffnungsthal, 82 m; 02 Kulturdenkmal Franziskaschacht, 194 m; 03 Erddeponie, 223 m; 04 Bleifeld, 196 m; 05 Bahngleise, 164 m

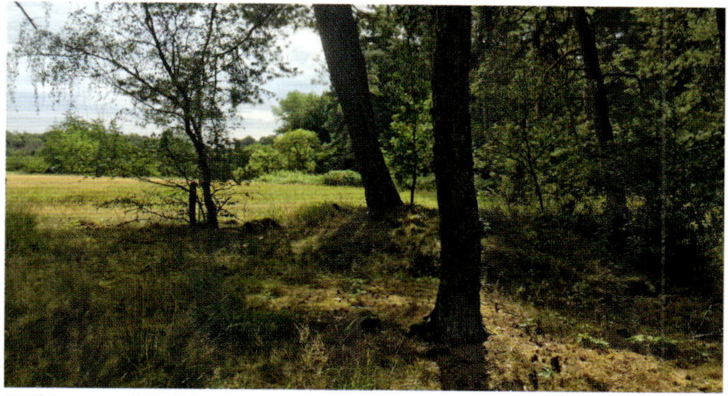

Wälder am Lüderich

schen Streifzug Nummer 15, dem „Bergbauweg“. Wir kommen an eine Kreuzung und ein Haus, dort links, Richtung Lüderich. Wir folgen dem Weg, an der Gabelung rechts haltend passieren wir wieder ein einsames Häuschen. Wir folgen dem Weg, bis wir zur **Erddeponie** 03 gelangen. Diese umrunden wir in einer langgezogenen Rechtskurve; wir folgen dabei immer dem Bergischen Streifzug

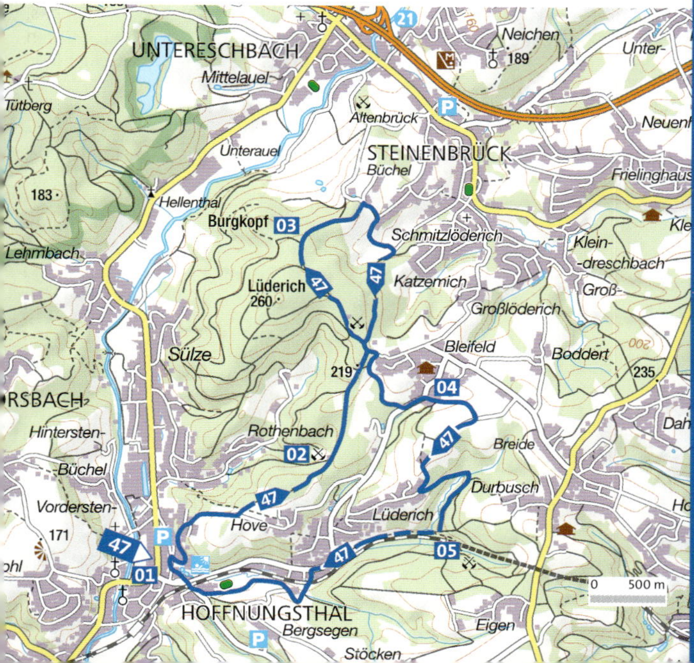

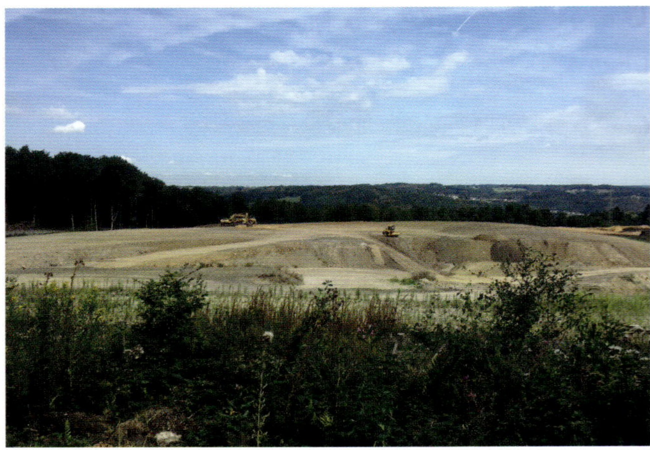

Grube Lüderich

Nummer 15 hinab bis zur Grube Lüderich. Hier verlassen wir kurz den „Bergbauweg" und kürzen geradeaus auf einen Pfad ab, der uns nach Schmitzlöderich bringt.

An der Straße geht es nach rechts, wir folgen wieder dem „Bergbauweg" und dem Bergischen Weg abwärts. Am Ortsrand halten wir uns rechts, an einem Gittertor vorbei, bald auf Schotter abwärts. Im Wald an der T-Kreuzung geht es rechts bergauf, oben dann wieder rechts. Nach einigen hundert Metern erreichen wir wieder unsere Kreuzung; wir folgen dem Bergischen Weg Richtung Bleifeld, jedoch nur wenige Schritte, dann geht es gleich wieder rechts.

Durch den Wald erreichen wir den Ortsrand von **Bleifeld** 04. Hier rechts, Richtung Honrath, hinab, bald am Waldrand entlang wieder bergauf, nach kurzer Zeit auf asphaltiertem Weg. An der T-Kreuzung biegen wir rechts ein und folgen der schmalen Teerstraße. Nach wenigen Minuten treffen wir wieder auf unseren „Bergbauweg", dem wir nun auf einem Sträßchen nach Lüderich folgen. Ein paar Meter nach dem Ortsschild geht es links auf einem Schotterweg hinab in den Wald. Nachdem der Weg einen scharfen Rechtsknick gemacht hat, wandern wir an der folgenden Gabelung rechts weiter bergab.

An der Kreuzung am Waldrand geht es nach rechts, bald begleiten uns linker Hand die **Bahngleise** 05. Auf schmalem Pfad, der nach und nach breiter wir, geht es zum Ortsrand. An der Vorfahrtstraße nach links, und nach wenigen Metern wieder links in den Brünsbacher Weg. Wir queren die Gleise und folgen einer schmalen Teerstraße nach Brünsbach. Durch den Ort hindurch, beim letzten Haus rechts hinab auf einen Wiesenpfad, dann in den Wald. Wir erreichen **Hoffnungsthal**, queren die Gleise und gelangen über einen Pflasterweg zurück zum **Parkplatz** am **Freibad Hoffnungsthal** 02.

ÜBER DIE HÖHEN BEI IMMEKEPPEL

Durch stille Bachtäler und über weite Höhen

  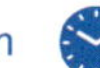

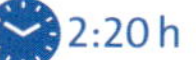
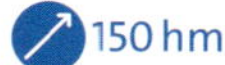

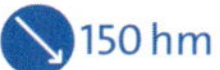

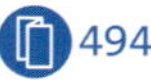

START | Immekeppel, Parkplatz an der Lindlaer Straße neben der Freiwilligen Feuerwehr, 102 m
[GPS: UTM Zone 32 x: 376.280 m y: 5.646.790 m]
CHARAKTER | Breite Waldwege, schmale Pfade und kleine Teestraßen wechseln sich ab. Angenehme Steigungen.

Wir beginnen und enden an einem Bach, zwischendurch geht es hinauf auf die aussichtsreichen Höhen von Oberkühlheim. Unterwegs führt uns der Weg immer wieder durch einsame Wälder.

▶ Wir starten am **Parkplatz** in **Immekeppel 01 neben der Freiwilligen Feuerwehr**. Am Spielplatz vorbei halten wir uns links auf A5 und A6. Nach nur wenigen Schritten erreichen wir die Sülz. Wir folgen ihr nach links, auf A4 und A5 nun immer entlang des Bachs bis zum Ende des Campingplatzes. Es geht geradeaus weiter auf unserer Markierung, über einen Schotterweg an einer Wiese entlang. Bald erreichen wir die L284, die wir leicht links gewandt queren.

Auf schmalem Schotterweg geht es nun bergauf. Nach etwa 600 Metern führt uns ein Waldpfad nach links hinauf, weiter nun auf A4, 5 und 7. Oben halten wir uns rechts, nun immer weiter hinauf durch den Wald, bis wir an einen breiten Wald- und Feldweg gelangen. Hier biegen wir nach rechts ein und folgen ihm. Er mündet schließlich in einen Forstweg von **Obersteeg 02** ein, in den wir links einbiegen.

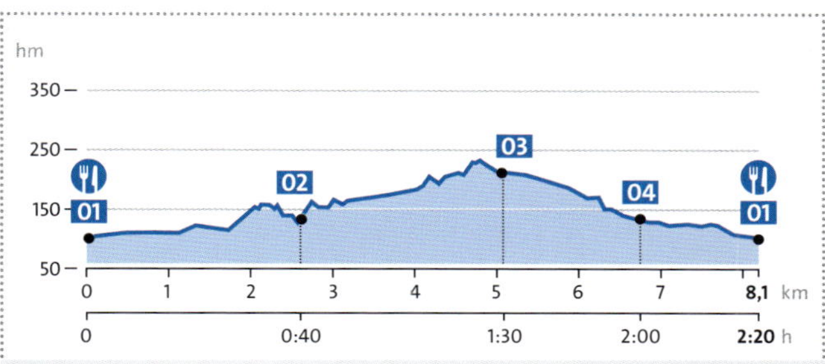

01 Immekeppel, Parkplatz der Freiwilligen Feuerwehr, 102 m; 02 Obersteeg, 129 m; 03 Voiskühlheim, 220 m; 04 Brücke über den Volbach, 131 m

Wir folgen ihm hinauf bis zu einer Gabelung, hier rechts weiter um die 180-Grad-Kurve und zu einer weiteren Gablung: Dort geht es geradeaus weiter, berguf auf erdigem Weg, nun auf O. Am Teersträßlein schließlich geht es rechts hinauf, bis wir eine Straße erreichen.

Hier halten wir uns links, nun wieder abwärts, nach **Voiskühlheim** 03, weiter auf O und X. Nun immer hinab bis nach Unterkühlheim. Am Ortsrand halten wir uns rechts, das Sträßlein hinab. Dann geht es rechts auf einen sehr schmalen Waldweg durch den Laubwald, in langen Serpentinen bergab. Unten biegen wir links in den Weg ein und folgen ihm noch ein Stück bis zur Straße: geradeaus hinüber auf einen Pfad, der uns über zwei kleine Brücken über den **Volbach** 04 zu einem breiten Waldweg führt.

Diesem folgen wir nach links, bis zur Löher Straße. Hier links, kurz darauf an der L284 wieder links und zurück zum **Parkplatz Immekeppel** 01 neben der **Freiwilligen Feuerwehr.**

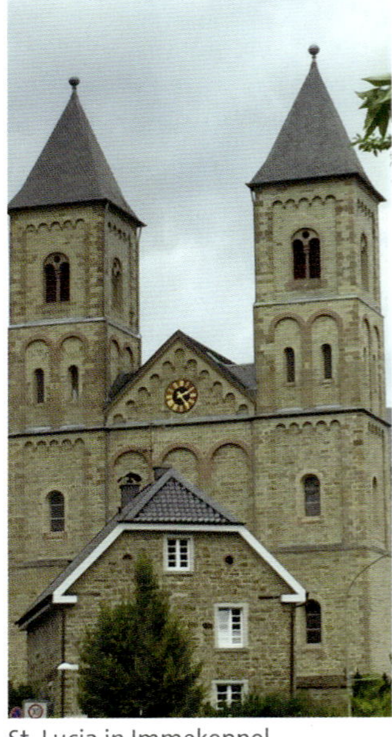

St. Lucia in Immekeppel

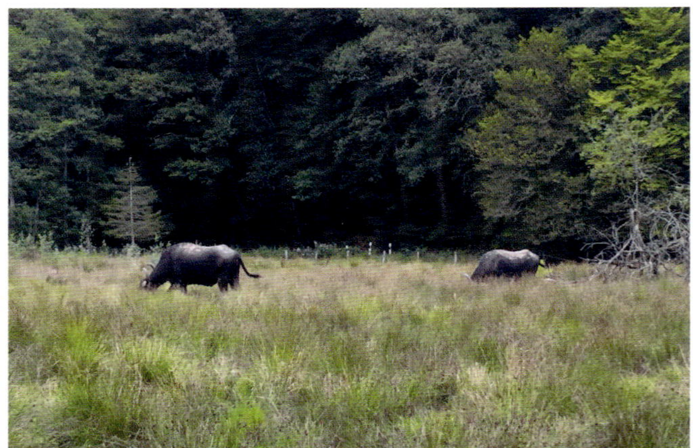

Wasserbüffel

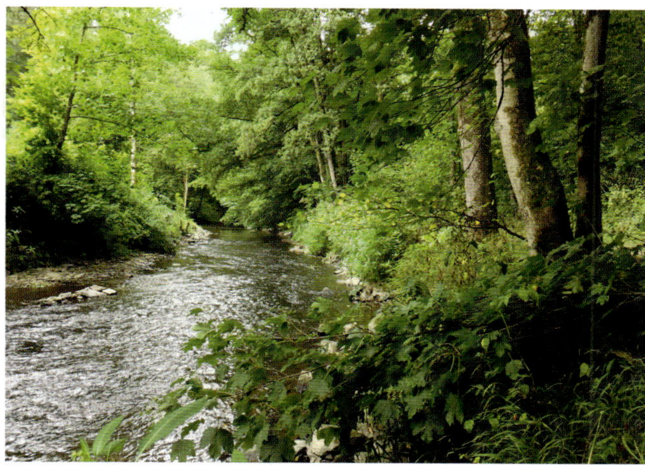

An der Sülz

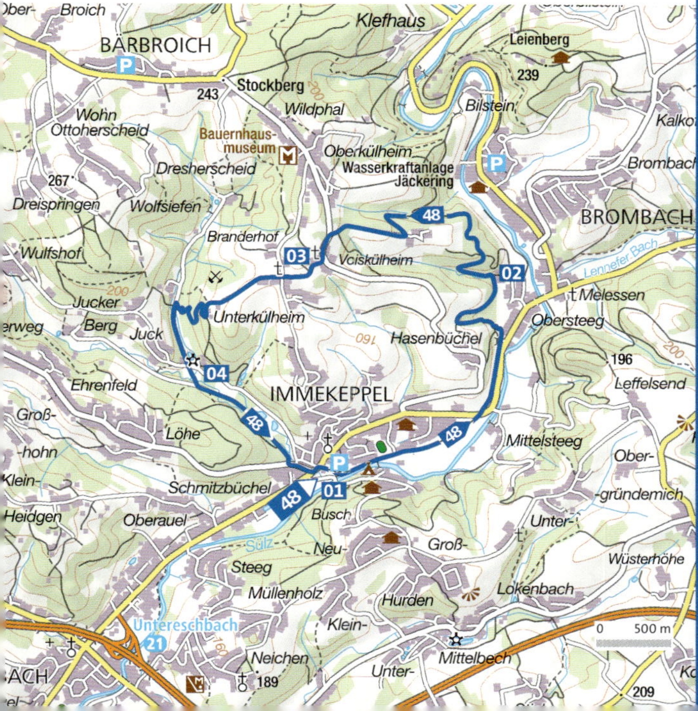

Broich
BÄRBROICH
Klefhaus
Leienberg
239
Stockberg
243
Wildphal
Bilstein
Wohn
Ottoherscheid
Bauernhaus-
museum
Oberkülheim
Wasserkraftanlage
Jäckering
Brombach
267
Dresherscheid
Dreispringen
Wolfsiefen
BROMBACH
48
Branderhof
03
Vciskülheim
02
Lennefer Bach
Wulfshof
Melessen
Jucker
Unterkülheim
Berg
Juck
Hasenbüchel
Obersteeg
196
04
Leffelsend
Ehrenfeld
IMMEKEPPEL
Groß-
Löhe
Mittelsteeg
-hohn
Ober-
Klein-
Schmitzbüchel
01
-gründemich
Heidgen
Oberauel
Busch
Unter-
Sülz
Neu-
Groß-
Wüsterhöhe
Steeg
Müllenholz
Hurden
Lokenbach
Untereschbach
21
Klein-
0 500 m
Neichen
Mittelbech
189
Unter-
209

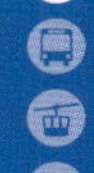

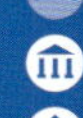

VON OVERATH NACH MARIALINDEN

Durchs herrliche Naafbachtal zu einer Wallfahrtskirche

 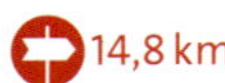 14,8 km 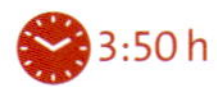 3:50 h 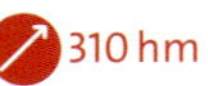 310 hm 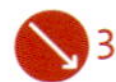 310 hm 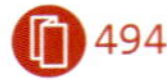 494

START | Overath, Parkplatz Steinhofplatz gegenüber der Freiwilligen Feuerwehr, 99 m [GPS: UTM Zone 32 x: 379.418 m y: 5.643.663 m]
CHARAKTER | Lange Wanderung auf guten Wald- und teilweise asphaltierten Wegen.

Man sieht die Zwillingstürme der Wallfahrtskirche St. Mariä Heimsuchung schon von Weitem. Rund um den schönen Kirchplatz stehen sieben Linden, die zusammen mit der Kirche dem Ort seinen Namen gaben.

▶ Wir folgen vom **Parkplatz** in **Overath** **01** dem Bergischen Zuweg nach rechts Richtung Gut Eichthal. Am Hallenbad vorbei, am Kreisel rechts. Immer geradeaus, vor dem Ortsschild Cyriax geht es nach rechts auf einen geteerten Weg hinab. Am Sportplatz halten wir uns links und gehen über eine Holzbrücke über die Agger, dann wieder links; auf Schotter um die Rechtskurve, dann folgen wir links dem Zuweg und A1. Wir überqueren ein weiteres Mal die Agger, dann geht es in Broich links hinauf. Nach einem kurzen Stück rechts auf den Bergischen Weg und A9.

Holzbaumschild bei Broich

Am **Holzbaumschild** **02** biegen wir rechts ein und gleich wieder links auf den Bergischen Weg. Nun geht es auf einem Pfad rund 30 Minuten durch den Wald. Am breiten Wiesenweg nach links, am asphaltierten Weg wieder links hinab. Dann gleich wieder rechts auf einen Forstweg, der bald zum Pfad wird. Wir gelangen an einen Teerweg, dort links. Im Wald dann halten wir uns zweimal rechts, bald geht es steil hinauf an den Ortsrand von **Eulenthal** **03**.

An der Vorfahrtsstraße K34 biegen wir links ab, nach kurzem wieder rechts und laufen die schmale Teestraße „Im Eulenthal“ hinab. Am ersten Hof geht es links in den Wald; an der T-Kreuzung wenden wir uns nach links Richtung Marialinden. Es geht bergauf, am Waldaustritt nach rechts auf dem Bergi-

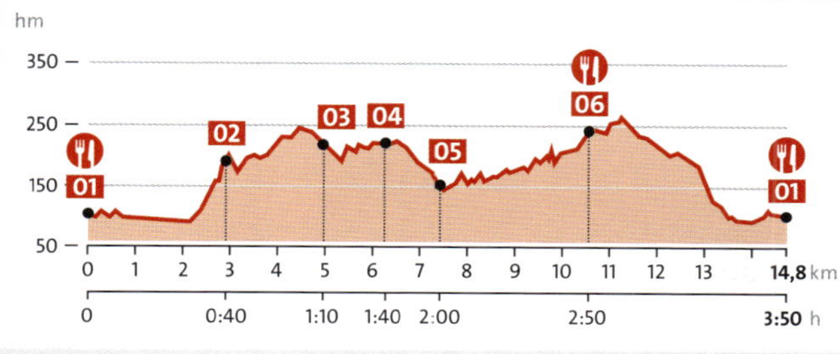

01 Overath, Parkplatz, 99 m; 02 Holzbaumschild, 187 m; 03 Eulenthal, 217 m; 04 Halzemich, 222 m; 05 Naafbachtal, 156 m; 06 Marialinden, 241 m

schen Weg und A10. Wir folgen dem Weg und gelangen nach **Halzemich** 04. Durch den Ort, dann rechts und gleich wieder links auf einen Schotterweg. Erst geht es links um eine Kurve, an der folgenden T-Kreuzung rechts hinab und zwischen den Feldern hindurch bis zum Teerweg. Hier geht es wieder rechts. Am Haus vorbei, bald steil im Wald bergab. Am Waldrand wenden wir uns nach links und gelangen ins **Naafbachtal** 05.

An der nächsten Gabelung rechts Richtung Marialinden. Wir erreichen die Landesstraße 312. Diese wird nach links überquert und schon folgen wir einem Waldweg. Es geht am Waldrand entlang; bei der nächsten Gabelung links, dann folgen wir dem Zuweg des Bergischen Weges nach links. Nach etwa 5 Minuten geht es nach links auf einen Pfad. Am Waldrand nach rechts, nach kurzem wieder rechts auf schmalem Weg steil bergauf.

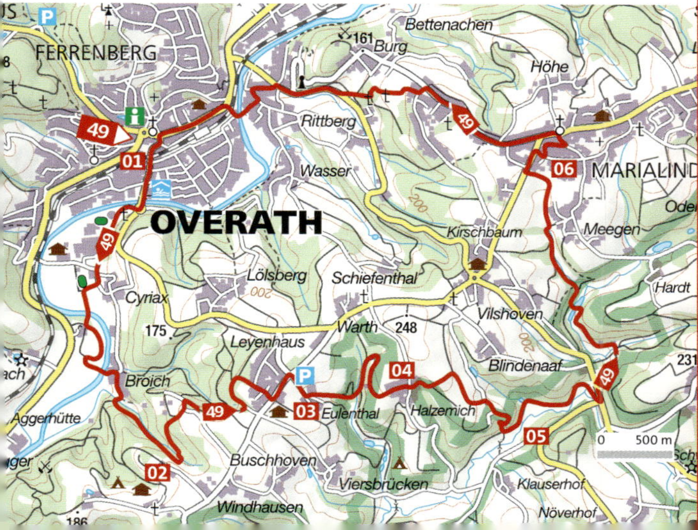

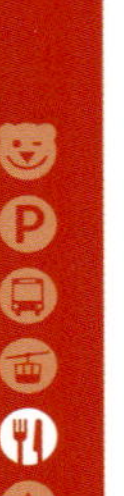

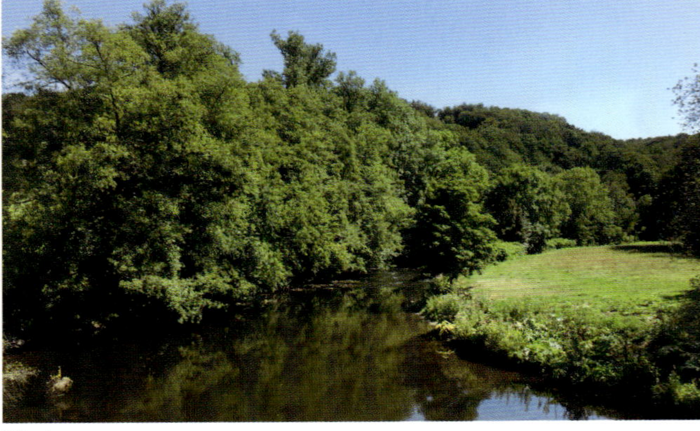

Die Agger

Der Weg wird zu einem Pfad dem wir für etwa 15 Minuten folgen. Er mündet in einen breiten Waldweg; hier rechts geradeaus weiterlaufen.

Nun begleitet uns der Bergische Streifzug Nummer 16. Wir gelangen an eine Straße, in die wir rechts einbiegen, hinein nach **Marialinden** 06. An der Franziskanerstraße nach rechts, gegenüber der Stiefelhagenstraße die Treppen links hinauf. Oben halten wir uns erst rechts, dann links. Wir erreichen die Kirche, hier biegen wir links in die Pilgerstraße ein und folgen ihr geradeaus, im Rechtsknick biegen wir in die „Alte Römerstraße", später „Weissenstein", ab.

Am Ortsende, beim Steinmarterl, geht es links hinauf. Achtung, nur wenige Schritte, dann gleich wieder rechts auf einem schmalen Teerweg abwärts. Nach 5 Minuten führt links ein Pfad hinab. Steil geht es durch den Wald, wir kreuzen eine Forststraße, weiter geht es auf einem Pfad hinab. An der Hauptstraße geradeaus, nach etwa 5 Minuten links. Wir folgen dem Weg durch ein Wohngebiet, bei der Straße „An der Brücke" links. Die nächste Möglichkeit rechts vor zur Aggerbrücke, auf der wir die Agger queren. An der Straße rechts über die Gleise und an der Hauptstraße nach links zurück zum Parkplatz in **Overath** 01.

Overath – Wanderbahnhof des Jahres 2019

Am 05. Oktober 2019 ist der historische Bahnhof in Overath zum „NRW-Wanderbahnhof des Jahres" gekürt worden. Aufgrund seines günstigen Standortes können Wanderer von dort schnell den Naturpark erreichen. Der 1884 errichtete Bahnhof liegt im Herzen Overaths und ist verbunden mit der Bahnstrecke Rösrath – Köln. 2018 wurde er zum Kulturbahnhof ausgebaut.

VON VIERSBRÜCKEN INS NAAFBACHTAL

Durch eines der ursprünglichsten Bachtäler des Bergischen Landes

  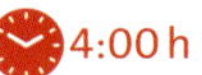 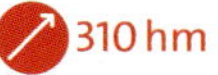  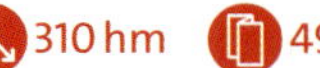 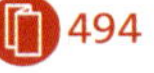

START | Viersbrücken, Parkplatz des Restaurants Camping Paul, 197 m [GPS: UTM Zone 32 x: 380.593 m y: 5.641.446 m]
CHARAKTER | Lange Wanderung, die Ausdauer verlangt und ein wenig Orientierungssinn, da nicht immer eindeutig beschildert, auf einem kurzen Abschnitt ohne Markierung. Zumeist breite Feld- und Waldwege, wenige kleine Teerstraßen, am Naafbach auf Pfaden entlang. Hinter Mohlscheid äußerst steiler Pfad im An- und Abstieg.

Das Naturschutzgebiet Naafbachtal gehört zu den ursprünglichsten Bachtälern im Bergischen Land. Seltene Tier- und Pflanzenarten wie die Wasseramsel, der Eisvogel oder der Rotmilan finden hier noch ein Zuhause.

▶ Wir beginnen unsere Wanderung am **Restaurant Camping Paul** in **Viersbrücken** 01. Wir folgen dem Zuweg Bergischer Weg, erst auf Schotter, dann auf einem Wiesenweg bergab, im Uhrzeigersinn halb um den Campingplatz herum. Am Wald treffen wir auf eine T-Kreuzung, hier nach links. Unsere Markierung führt uns auf einen breiten Schotterweg, in den wir nach rechts einbiegen und nun > folgen. Wir gelangen an einen Teerweg, hier geht es nach links,

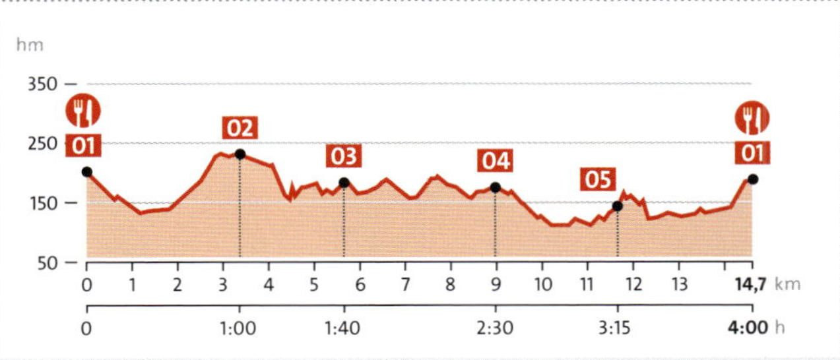

01 Viersbrücken, Parkplatz beim Restaurant Camping Paul, 197 m; 02 Mohlscheid, 235 m; 03 Hohn, 188 m; 04 abgeholzte Fläche/ unmarkierter Abzweig, 181 m; 05 Naafbachtal, 148 m

weiter auf A10. Wir folgen diesem immer geradeaus bis zu einer T-Kreuzung (über den Naafbach hinüber): hier links, auf >3, dann die nächste Möglichkeit rechts Richtung Klauserhof, bergan. Wir folgen der schmalen, geteerten Straße, die uns an den Ortsrand von **Mohlscheid** **02** führt.

Geradeaus geht es weiter bis zur Meisenbacher Straße. Hier rechts, folgen wir der Straße an hübsch renovierten Backstein- und Fachwerkhäuschen vorbei. Beim letzten Haus auf der linken Seite biegen wir links in die Straße „Am Eulenwald". Wir treffen auf den Bergischen Streifzug Nummer 19, den „Kräuterweg", dem wir nach links auf einen Pfad in den Wald hinabfolgen. Der schmale, wurzelige Pfad führt immer steiler bergab. Unten halten wir uns links, über eine kleine Brücke. Dann geht es genauso steil wieder bergauf, bis wir am Waldrand auf einen Schotterweg gelangen. Wir folgen diesem nach rechts hinab.

Er führt uns nach **Hohn** **03**; im Örtchen rechts, dann gleich wieder links, weiter auf dem „Kräuterweg". Wir folgen dem gut beschilderten Themenweg Nr. 19 immer auf dem Hauptweg für gut 45 Minuten. Dann gelangen wir zu einer 180-Grad-Kurve. Wir sehen ein Stück weiter oben noch die Infotafel des Streifzuges, verlassen diesen jedoch jetzt auf unmarkiertem Weg geradeaus, an einer **abgeholzten Fläche** **04** zu unserer Linken vorbei. Der unmarkierte Schotterweg führt hinab bis zu einer Vorfahrtsstraße, in die wir rechts einbiegen. Es geht nun ca. 1 Kilometer entlang der Straße. Bei der Linkskurve, kurz nach der Abzweigung nach Mohlscheid, geht es auch für uns wieder rechts in den Wald, wir treffen auf den Kräuterweg und folgen ihm in den Wald hinein und ins Naturschutzgebiet des wunderschönen **Naafbachtales** **05**.

Der Naafbach und der „Kräuterweg" begleiten uns nun über eine halbe Stunde lang, mal näher, mal weiter weg entfernt. Wir gelangen schließlich an einen asphaltierten Weg. Der „Kräuterweg" verlässt uns nach rechts, wir wandern ge-

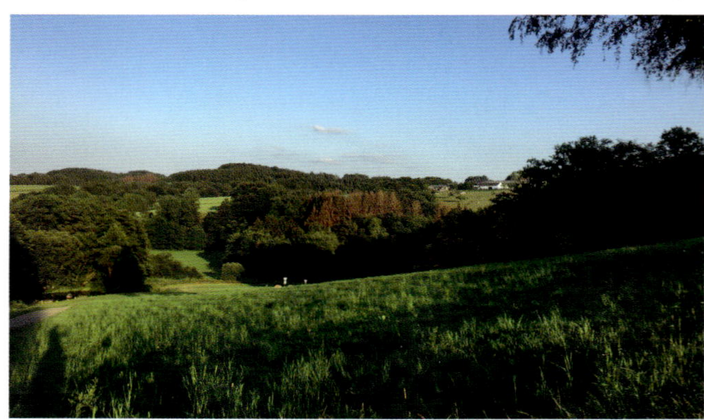

Letzter Anstieg nach Viersbrücken

Begrenzte Parkmöglichkeit

Geparkt werden kann auf dem Gelände der Gaststätte „Zum Camping Paul". Da die Plätze aber begrenzt sind, wird an Wochenenden und Feiertagen ausdrücklich erbeten, sich telefonisch nach Veranstaltungen zu erkundigen, da dann die vorhandenen Parkplätze den Gästen vorbehalten sind. Tel. (0) 2206 2751.

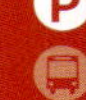
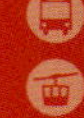

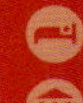

radeaus auf einem Feld- und Wiesenweg Richtung Kern, unmarkiert. Der Weg geht in einen Pfad über, nach wenigen hundert Metern gelangen wir an eine Gabelung: Hier wählen wir den unteren Weg, der uns schnell um eine Rechtskurve herum und am Waldrand entlangführt. Ab hier begleiten uns wieder das X und >. Wir kommen schließlich an einen asphaltierten Weg, der uns links hinauf nach **Viersbrücken** 01 zurück zum **Campingplatz** führt.

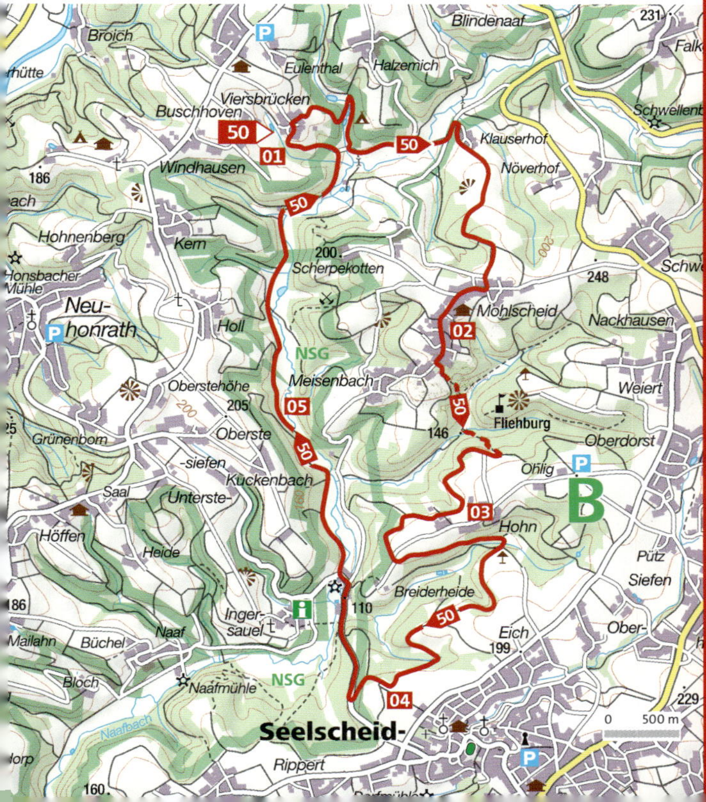

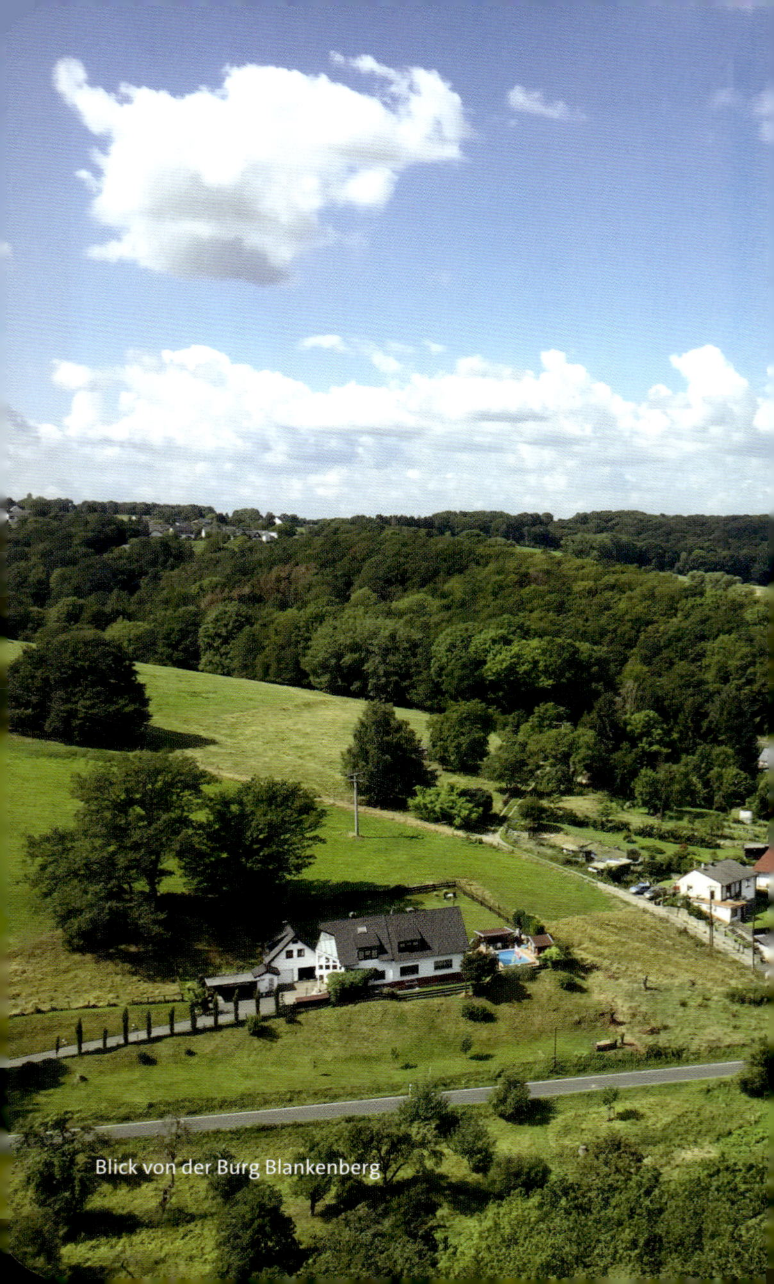
Blick von der Burg Blankenberg

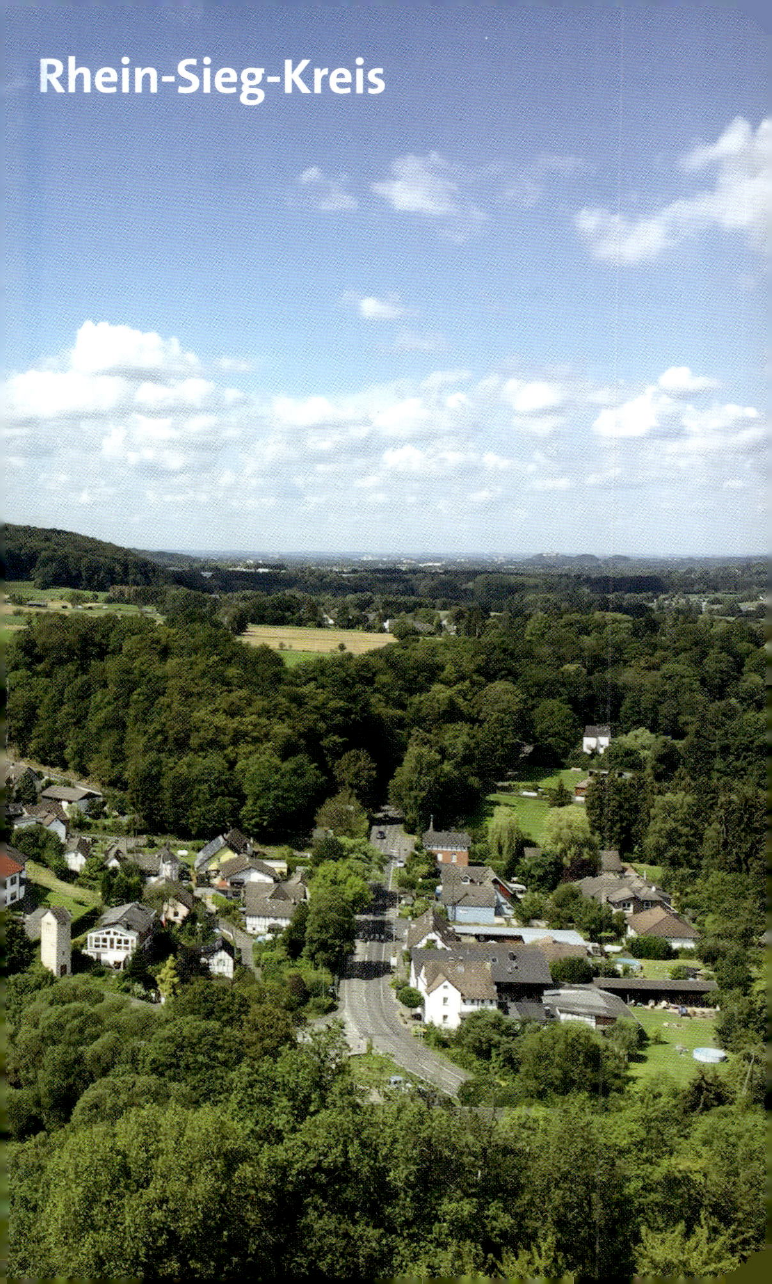

Rhein-Sieg-Kreis

VON MUCH ZUR GERMANAKAPELLE

Über weite Wiesen und Höhen zu einer hübschen Kapelle

  12,9 km 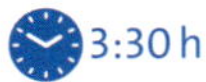 3:30 h 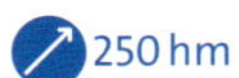 250 hm  250 hm 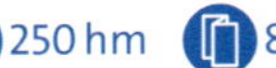 847

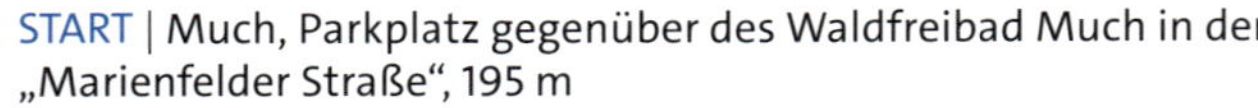

START | Much, Parkplatz gegenüber des Waldfreibad Much in der „Marienfelder Straße", 195 m
[GPS: UTM Zone 32 x: 388.363 m y: 5.640.351 m]
CHARAKTER | Meistens breite, angenehm zu gehende Wald- und Forstwege, dazwischen immer wieder kleine Asphaltsträßchen.

Die Germanakapelle entstand 1714 als fester Steinbau und ersetzte als solche ein Heiligenhäuschen bei Wersch, das dort bereits vier Jahre zuvor stand. 1887 wurde ein Erweiterungsbau durchgeführt. Zwei Jahrzehnte zuvor wurde Germana, die Patronin der Hirten, heiliggesprochen. Um diese Zeit herum gab es bei Much viele Mädchen, die sich als Viehhüterinnen verdingen mussten. So knüpfte Pfarrer Friedrich Wilhelm Adams aus Much, der 1887 den Erweiterungsbau veranlasste, an dieses neue Hirtinnen-Patronat an.

▶ Wir parken gegenüber vom **Waldfreibad** von **Much** 01, kurz nach dem Ortseingang links aus Richtung Marienfeld. Wir folgen nun zuerst A2. Dazu wenden wir uns an der Marienfelder Straße nach rechts und biegen nach wenigen Metern links in die Berghausenstraße ab. Wir nehmen den schmalen steilen Pfad hinauf. Oben gelangen wir an eine Straße im Wohngebiet, hier rechts Richtung Germanakapelle, weiter bergauf, nun auf V5. Kurz nach der langen Linkskurve biegen wir rechter Hand auf einen Feldweg

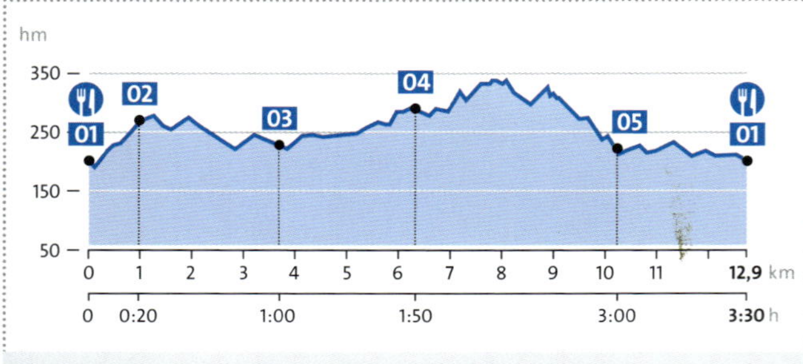

01 Much, Parkplatz am Waldfreibad Much, 195 m; 02 Germanakapelle, 257 m; 03 Berzbach, 232 m; 04 Oberdreisbachhöhe, 282 m; 05 Altenhofer Mühle, 216 m

ein, der uns leicht bergauf führt. Schon nach wenigen Metern sehen wir die **Germanakapelle** **02**.

An der Kreuzung bei der Kapelle wenden wir uns nach links auf den Bergischen Streifzug Nummer 20, nun wieder leicht bergan. Er führt uns zusammen mit V5 am lichten Waldsaum entlang zur Straße, die wir geradeaus queren. Weiter auf dem Weg für einige Minuten, dann an der nächsten Kreuzung nach rechts, etwas steiler bergauf. Wir gelangen an eine wenig befahrene Straße, hier wieder rechts auf Asphalt. An der nächsten Kreuzung links hinab, weiterhin auf schmaler Straße Richtung Marienfeld. Über die folgende Kreuzung geradeaus hinüber, dann wieder bergauf. Nach ein paar hundert Metern biegen wir an der nächsten Kreuzung rechts in einen Feldweg ein und folgen nun der Nummer 20 der Bergischen Streifzüge, dem „Böllweg".

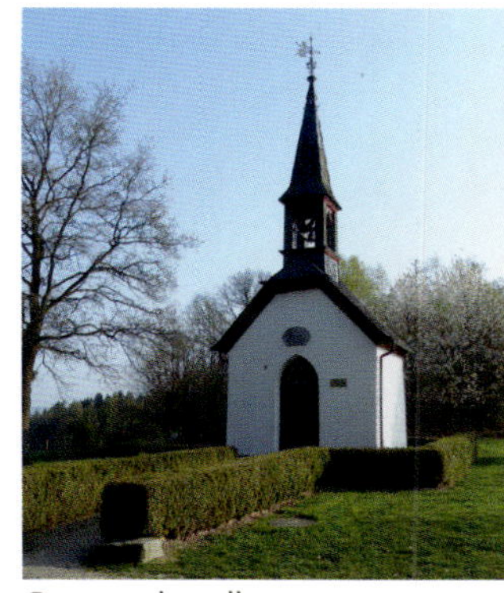

Germanakapelle

An der folgenden Kreuzung geht es links hinab nach **Berzbach** **03**. Über die Kreuzung im Ort geradeaus hinüber und weiter auf ei-

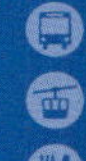
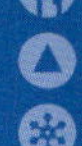

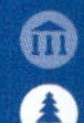

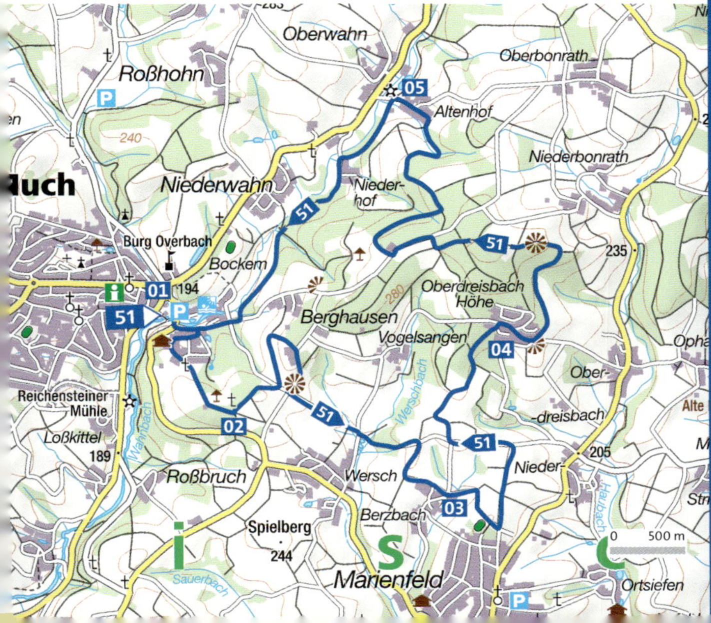

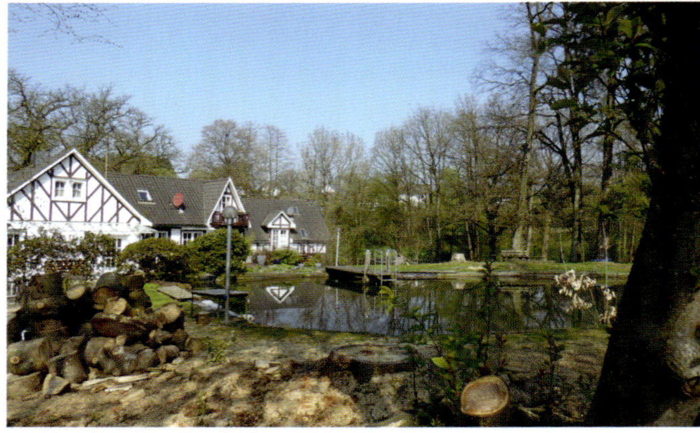

Mühlweiher der Altenhofer Mühle

ner kleinen Asphaltstraße bald bergauf Richtung Marienfeld. Am Sportplatz Marienfeld vorbei erreichen wir den Ortsrand von Marienfeld und können schon den Kirchturm sehen. Doch wir wenden uns beim Marterl nach links und kehren Marienfeld den Rücken. Weiter geht es nun auf einem Teerweg auf A9. An der folgenden T-Kreuzung biegen wir links auf ein Sträßchen ein und folgen ihm bis zur nächsten Kreuzung: Dort rechts auf einem Feld- und Wiesenweg leicht bergauf. Wir folgen dem Weg bis zur nächsten Gabelung, wo wir uns rechts halten.

Wiederum an der nächsten Gabelung halten wir uns nochmals rechts und folgen dem Weg nun bis nach **Oberdreisbachhöhe** 04. Hier rechts durch den Ort hindurch. Am Ortsende, kurz vor dem Ortsende-Schild, geht es nach links. Nun auf Wald- und Wiesenwegen folgen wir unserem Zeichen erst am Waldrand entlang, dann durch lichten Wald stetig bergauf. Nach guten 10 Minuten erreichen wir eine Gabelung: Hier halten wir uns links und folgen nun V. Es geht immer geradeaus, bald an einer Lichtung mit einem Hochstand und einem Marterl vorbei, die nächsten beiden Kreuzungen geradeaus, abwärts zu einer T-Kreuzung. Auf einem Waldweg geht es nun nach rechts bis zur Straße, in die wir links einbiegen. Nun wandern wir ein gutes Stück durch den Wald, an der Gabelung halten wir uns links leicht abwärts.

Der Weg führt am Pferdehof vorbei; an der breiteren Straße im Wohngebiet geht es links hinab zur **Altenhofer Mühle** 05. Kurz vor der Mühle führen uns A7 und A4 nach links bis zu einem asphaltierten Weg. Hier links hinauf, doch nach wenigen Metern schon weiter geradeaus auf schönem Waldweg. Diesem folgen wir immer geradeaus, über die nächste Kreuzung hinüber. A7 verlässt uns hier, A2 gesellt sich dazu. An der Straße biegen wir rechts leicht hinab ab, weiter auf A2 und zurück zum **Parkplatz** am **Freibad Much** 01.

VON WAHLSCHEID ZUR NAAFMÜHLE

Durchs ursprüngliche Naafbachtal

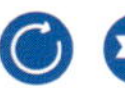  10,9 km 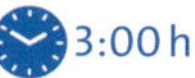 3:00 h 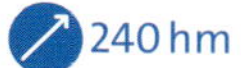 240 hm  240 hm  758

START | Wahlscheid, Pompeyplatz, 84 m
[GPS: UTM Zone 32 x: 377.171 m y: 5.638.984 m]
CHARAKTER | Unschwierige, breite Wege; ein langer Abstieg ins Naafbachtal und ein langer Aufstieg aus diesem heraus.

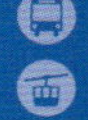
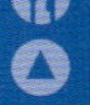

Diese Tour führt uns ins Naturschutzgebiet zum Naafbach hinab. Lange geht es mal näher, mal etwas weiter vom Naafbach entfernt durch ein stilles Bachtal am Fluss entlang. Nach der Naafmühle steht ein steiler Anstieg nach Höffen an. Durch die umliegenden Wälder geht es anschließend nach Wahlscheid hinunter.

▶ Wir parken auf den ausgewiesenen Parkplätzen am **Pompeyplatz** in **Wahlscheid** 01. Zunächst folgen wir A3 über den Spielplatz Richtung Kirche. Wir folgen der Mathildenstraße nach links bergauf, bis wir rechts in die Heiligenstockstraße abbiegen. Am Ende der Spielstraße laufen wir geradeaus weiter in den Pestalozziweg, hinauf Richtung Evangelische Kirche. Oben, am Kopfsteinpflaster geradeaus weiter, die Diemstraße entlang. Wir überqueren die Bartholomäusstraße und hinauf geht es zum Berta-Lungstras-Platz. Erst an der Kirche, dann am Friedhof vorbei und über ein Trepplein, dann einen Pfad weiter hinab. Am geteerten Weg biegen wir links ein Richtung Mackenbach. Wir folgen dem Teerweg um eine Rechtskurve, im folgenden Anstieg in der Linkskurve wandern wir nach rechts weiter, einen schmalen Waldweg hinauf. Bald geht es über eine Wiese nach Mackenbach. Wir

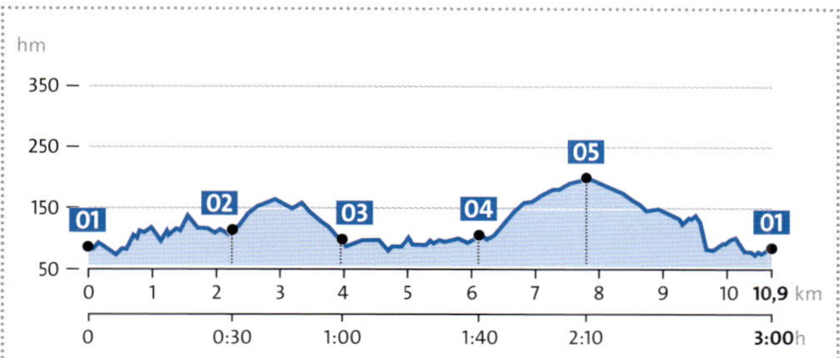

01 Wahlscheid Pompeyplatz, 84 m; 02 Dorpmühle, 118 m; 03 Naafbachtal, 102 m; 04 Naafmühle, 107 m; 05 Höffen, 206 m

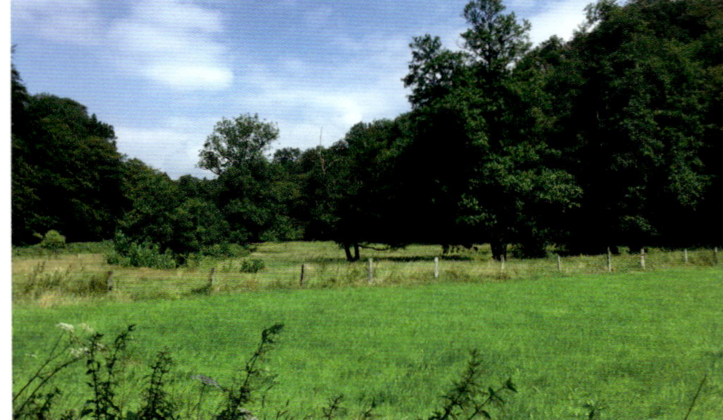
Lichtung im Naafbachtal

folgen der Teerstraße nun nach rechts Richtung Dorpmühle. Nach wenigen Metern geht es links hinauf in den Ort. Am letzten Haus halten wir uns links auf einem schottrigen, schmalen Weg hinab. Beim asphaltierten Weg dann wieder nach links und bergan, zu unserer Rechten begleitet uns ein kleiner Zulauf der Agger.

Am Ortsende von **Dorpmühle** 02 führt uns noch immer A3 über einen Wiesenweg bergauf in den Wald Richtung Hausdorp. Es geht bald am Waldrand, bald wieder an Wiesen und Weiden entlang. In Hausdorp überqueren wir die K34 geradeaus Richtung Ingersauel und Kreuznaaf. Am Reitplatz halten wir uns rechts, leicht hinab, erst auf asphaltiertem, dann auf Wald- und Wiesenwegen am Waldrand entlang.

Nun geht es immer abwärts ins **Naafbachtal** 03, wo wir eine T-Kreuzung erreichen: Hier wenden wir uns nach links, nun vorerst immer geradeaus auf A3, Richtung Ingersauel. Nach etwa 30 Minuten gelangen wir an eine Gabelung mit Holzmarterl. A3 verlässt uns nun nach links, wir folgen E geradeaus weiter, immer noch am Naafbach entlang. Bald verlassen wir den Wald und wandern weiter vorbei an Wiesen, bis wir eine kleine asphaltierte Straße erreichen. Rechts geht es zur **Naafmühle** 04, wir jedoch setzen unseren Weg ge-

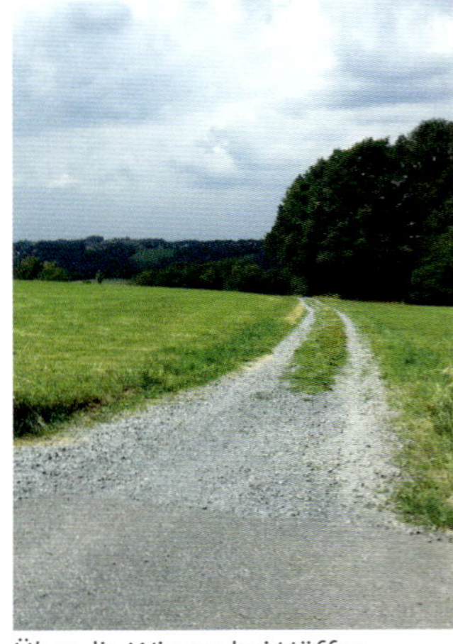
Über die Wiesen bei Höffen

radeaus fort, auf E bergauf. Nach wenigen Minuten gelangen wir an eine Gabelung: Wir laufen noch einige Schritte bis zu einer Gabelung geradeaus, dort folgen wir nun A2 Richtung Heide und Höffen.

Immer bergauf wandern wir nun, bis wir nach 30 Minuten die Bonner Straße in **Höffen** 05 erreichen. Ab dort geht es nach links auf A1 weiter. Nach nur wenigen Metern biegen wir rechts in die Straße „Am Rothfeld" Richtung Wahlscheid ein. Der Weg mündet in einen Schotterweg. An der Wegkreuzung mit den zwei Bänken wenden wir uns nach rechts hinab, weiter auf A1. Erst am Waldrand entlang, dann geht es in den Wald. Nach einer scharfen Linkskurve laufen wir wieder bergan aus dem Wald heraus. Wir kommen zu einer Straße, dort rechts hinab. Kurze Zeit später bei Schönenberg wenden wir uns nach rechts auf einen Wiesenweg gemeinsam mit A1 geht es erneut in den Wald hinab Richtung Neuhonrath. Der Weg wird zu einem Pfad, kurz geht es durch Dornengestrüpp, dann auf weichem Waldboden zum Ortsrand von Wahlscheid. An der Straße nach links auf A4. Ein geteerter Spazierweg führt uns zurück nach **Wahlscheid** 01, durch ein Wohngebiet ist schon bald der **Pompeyplatz** erreicht.

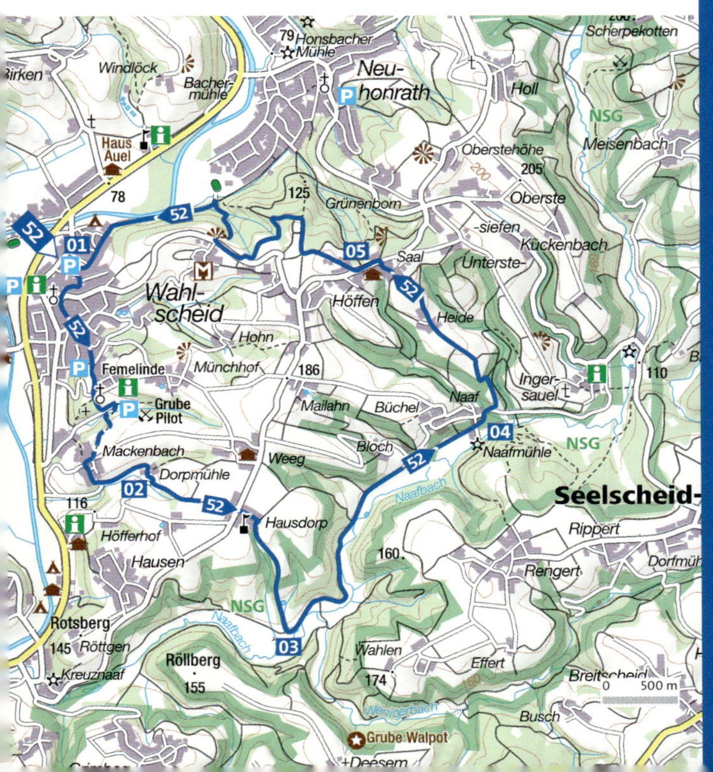

53

DURCH DIE WAHNER HEIDE

Ehemaliger militärischer Übungsplatz im Naturschutzgebiet

 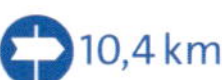

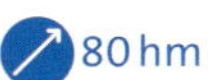

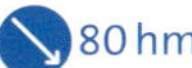

START | Rösrath/ Brand: Wanderparkplatz Busenberg: von Brand kommend die „Branderstraße“ entlang; nach dem letzten Haus Parkplatz in der Linkskurve, 97 m
[GPS: UTM Zone 32 x: 370.206 m y: 5.638.858 m]
CHARAKTER | Einfache Wanderung auf fast ausschließlich breiten und bequemen Wegen. Nur ein Stück auf einem Pfad, keine nennenswerten Steigungen.

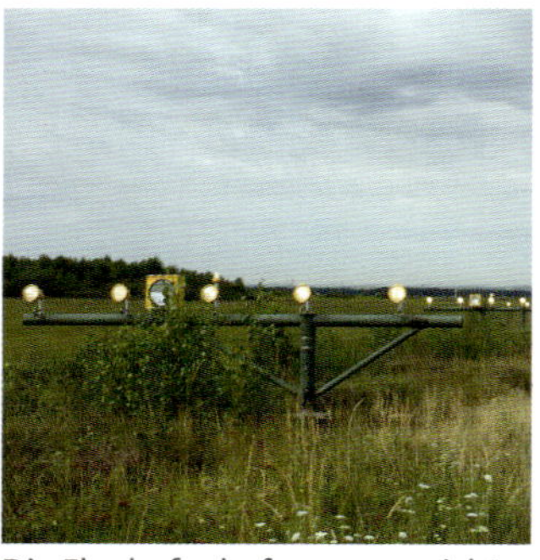
Die Flughafenbefeuerung reicht bis in die Heide

Das Naturschutzgebiet Wahner Heide ist die Heimat vieler geschützter und seltener Tier- und Pflanzenarten. Sie ist aber auch eine vom Menschen traditionell genutzte Kulturlandschaft, in der die Heidewirtschaft das Überleben dieser Arten garantiert. Von 1952 bis 2004 wurde die Heide von belgischen Streitkräften zu Übungszwecken genutzt. Heute sieht dort man viele Ziegenherden grasen.

▶ Wir starten am **Parkplatz Busenberg** 01. An der Straße wenden wir uns nach links, am Sport-

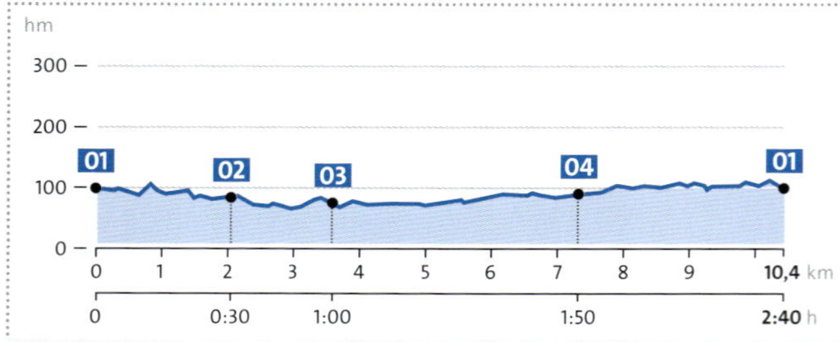

01 Parkplatz Busenberg, 97 m; 02 Pappelweg, 84 m; 03 Flughafengelände, 77 m; 04 Befeuerung Landebahn, 91 m

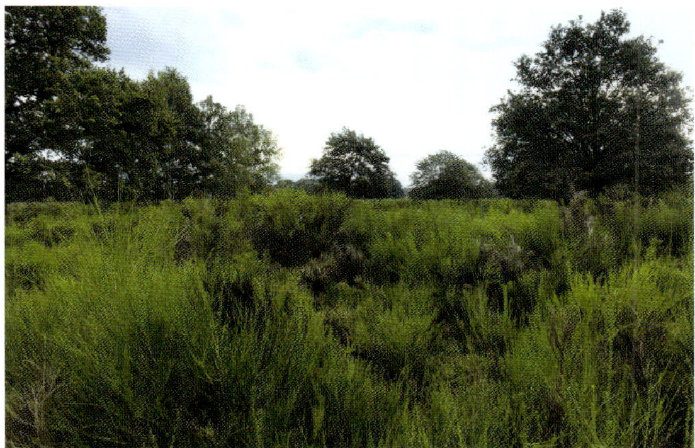

Heidelandschaft

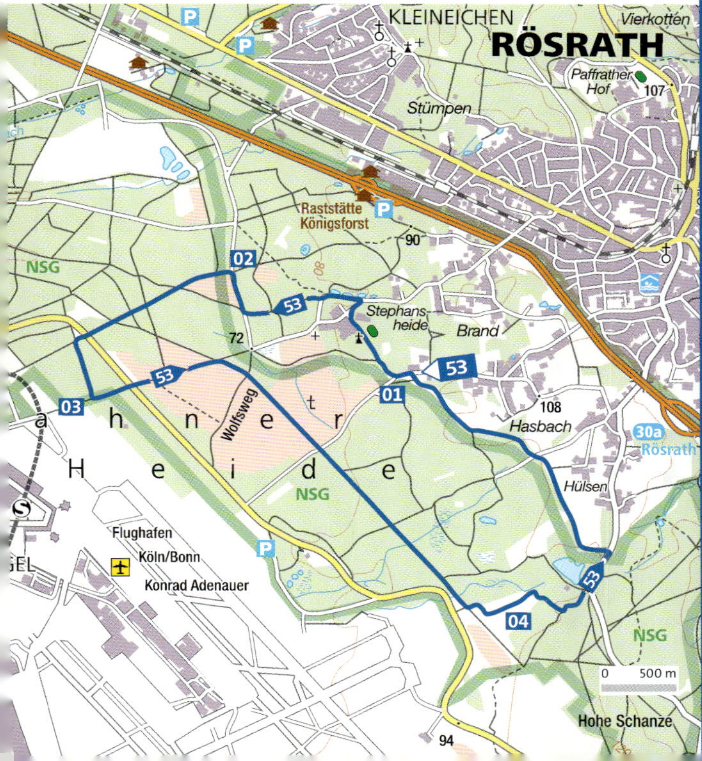

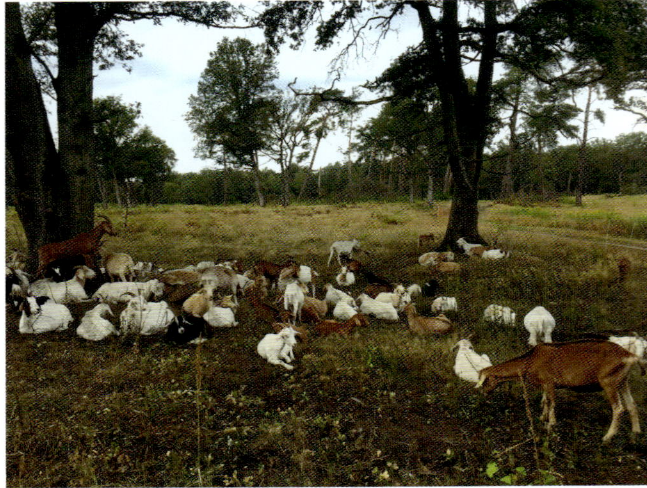

Ziegenherde in der Wahner Heide

platz und Kinderdorf vorbei. Bei der Ehrenanlage Kalmusweiher biegen wir nach links auf einen Feld- und Waldweg ab. Wir passieren zu unserer Rechten kleine Weiher, nach einem kurzen Stück an der Gabelung geradeaus weiter, auf schmälerem Weg. Er führt uns aus dem Wald heraus zur Heide.

Nun geht es an Waldrand und Heide entlang; bei der T-Kreuzung biegen wir rechts ein, nach etwa 5 Minuten an der nächsten Kreuzung beim **„Pappelweg"** 02 (Holzschild am Baum) nach links. Nun immer geradeaus zwischen Heide und Wald bis zur Alten Kölner Straße, die wir überqueren.

An der folgenden Kreuzung geht es nach links, in einer Kurve werden wir nun an den Rand des **Flughafengeländes** 03 geführt. Immer geradeaus nun, am Flughafengelände vorbei. Wir folgen dem Weg weiter, der uns wieder über die Alte Kölner Straße zurückleitet. Nun geht es auf breitem Weg durch die Heidelandschaft. An der nächsten Kreuzung biegen wir rechts ein und wandern zwischen Wald und Heide. Nun immer geradeaus, über die nächsten beiden Kreuzungen hinüber. Nach der zweiten Kreuzung geht es auf einem Pfad weiter. Nach gut 15 Minuten halten wir uns links, wir streifen wieder das Flughafengelände; der Weg führt bald an der **Befeuerung** 04 für die Landebahn vorbei.

Unser Weg mündet in eine Teerstraße, in die wir links einbiegen. Doch schon kurz darauf geht es wieder nach links Richtung Köln/ Geisterbusch. An der nächsten T-Kreuzung halten wir uns links, nach ein paar Schritten jedoch wieder rechts. Wir folgen nun dem Weg bis zum **Parkplatz Busenberg** 01.

AN DER WAHNBACHTALSPERRE

Von der Talsperre zum Kloster

 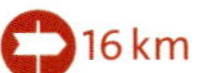 16 km 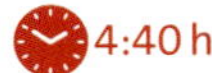 4:40 h 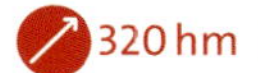 320 hm 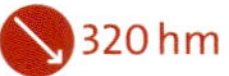 320 hm  822

START | Von Seligenthal die „Talsperrenstraße“ entlang. Parkplatz direkt an der Talsperre, 134 m
[GPS: UTM Zone 32 x: 378.897 m y: 5.629.601 m]
CHARAKTER | Meist bequeme und breite Wald- und Teerwege. Die vielen Anstiege und die lange Strecke erfordern konditionelle Fitness. Der letzte Anstieg zurück zur Talsperre ist extrem steil. Vorsicht, vor allem bei Nässe!

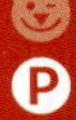
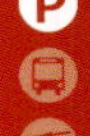
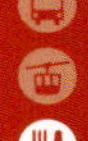
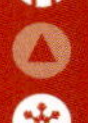

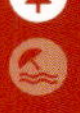

Zunächst führt uns der Weg über die Höhen der Wahnbachtalsperre, dann nähert er sich ihr immer mehr an. Bevor wir jedoch direkt zu ihren Ufern gelangen, entfernen wir uns wieder und wandern durch kleine Dörfer und weitläufige, schöne Wälder zum Kloster Seligenthal.

Wir starten unsere Wanderung am **Parkplatz** an der **Wahnbachtalsperre** 01. Zunächst geht es die Straße hinauf Richtung Heide; wir folgen dem Siegtalweg. An Gut Umschoß vorbei, eine Allee entlang. Bald darauf biegen wir nach rechts auf einen Schotterweg ab, den Talsperrenweg. Es geht nun bergab, wir bleiben immer auf dem Hauptweg, bald an Weihern vorbei. Wir erreichen eine T-Kreuzung, hier geht es nach rechts, weiter bergauf.

Der Weg führt uns nach **Schneffelrath** 02. Durch das kleine Örtchen hindurch, an der Straße „Am Breitschoß“ biegen wir scharf nach rechts ab auf ein Teerweglein; wir

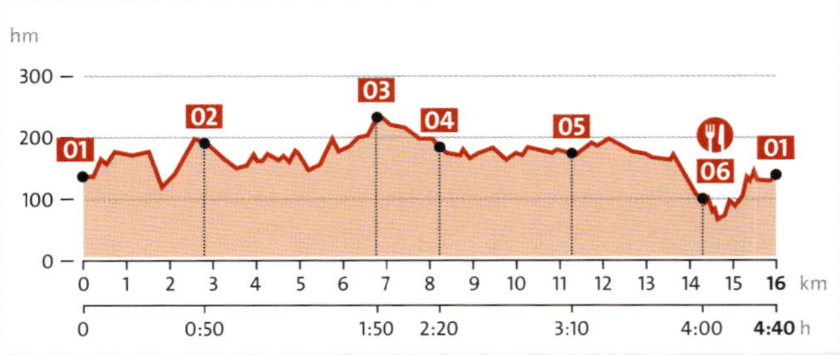

01 Parkplatz Wahnbachtalsperre, 134 m; 02 Schneffelrath, 186 m; 03 Braschoß, 206 m; 04 Schutzhütte, 177 m; 05 Heide, 168 m; 06 Kloster Seligenthal, 99 m

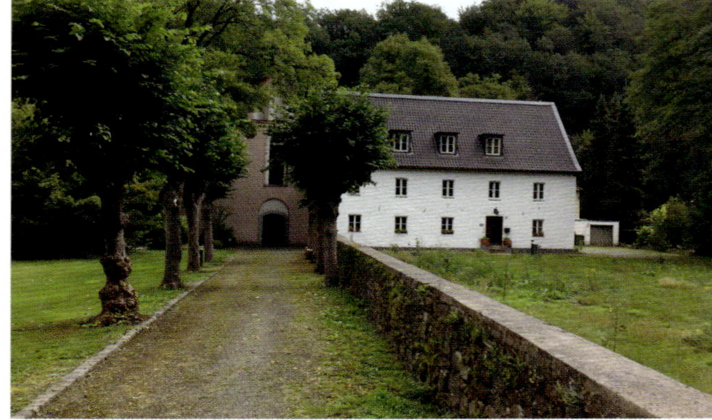

Kloster Seligenthal

folgen weiter unserem S. Der Weg führt mal auf, mal ab, rechts unter uns liegt die Talsperre. Nach ungefähr 3 Kilometern zweigt S nach rechts ab, steil hinunter. Wir folgen jedoch weiter unserem Weg – jetzt unmarkiert – auf dem breiten Waldweg. (Der Talsperrenweg verläuft eigentlich unten an der Talsperre weiter, während der Recherche war er jedoch aufgrund von Waldarbeiten gesperrt.) Wir folgen dem Weg bis zu einem Teersträßlein: Hier treffen wir auf A1 und folgen ihm nun nach links, an der nächsten Gabelung halten wir uns rechts.

Der Weg führt uns geradewegs nach **Braschoß** **03**. Im Ort biegen wir die zweite Straße links ein, wandern vor zur Vorfahrtsstraße, in die wir rechts einbiegen. Sie führt uns an die B56, hier rechts, dann gleich wieder links in die Zeithstraße, auf einem schmalen Teerweg leicht bergab. Bald geht es rechts, dann wieder links. Der Weg führt nun abwärts und geht in einen Schotterweg über. Nach wenigen Minuten biegen wir in eine scharfe Rechtskurve ab und steigen auf Schotter- und Wiesenweg weiter ab.

Der Weg führt uns zu einer **Schutzhütte** **04**, nach wenigen Minuten zu einem Tennisplatz und zur Hauptstraße. Dort halten wir uns links, nun unmarkiert, nach einem kurzen Stück jedoch wieder rechts hinab in die Alte Siegburger Straße. Unten wenden wir uns nach links und folgen der Straße durch das Wohngebiet. Bald treffen wir auf A2. Der Weg gabelt sich bald, wir bleiben geradeaus auf einem Schotterweg und A2. Nach ungefähr 15 Minuten biegen wir links ab Richtung Franzhäuschen. Der Siegtalweg gesellt sich nun wieder zu uns. Wir folgen dem Weg, der uns kurz an der Bundesstraße entlangführt.

Schließlich überqueren wir diese am Ortsrand von **Heide** **05** auf einen Teerweg („Siegelsknippen"). Wir folgen nun dem Siegtalweg und >. Nun immer geradeaus, die vielen Abzweige nach rechts und links werden ignoriert. Nach 2,5 Kilometern gelangen wir an eine Schutzhütte – hier links hinab auf S. An der Straße rechts, nach wenigen Metern wieder links hinab, erreichen wir die **Klosterkirche Seligenthal 06**.

Hier biegen wir nach rechts in die Seligenthaler Straße ein, nach 150 Metern geht es nach links. Am Spielplatz vorbei, über den Wahnbach hinüber und gleich wieder im Wald nach links, nun auf dem Bergischen Weg. Wir folgen ihm und dem Siegtalweg Richtung Wahnbachtalsperre hinauf. Nachdem wir das Kloster passiert haben, gabelt sich der Weg; hier links hinab, unten am breiten Weg nach rechts. Wir folgen ihm nicht lange, dann führen der Bergische Weg und der Siegtalweg nach links äußerst steil hinauf auf sehr schmalem und wurzeligem Pfad! Oben gelangen wir an die **Wahnbachtalsperre**. Wir überqueren die Staumauer und laufen zurück zum **Parkplatz 01**.

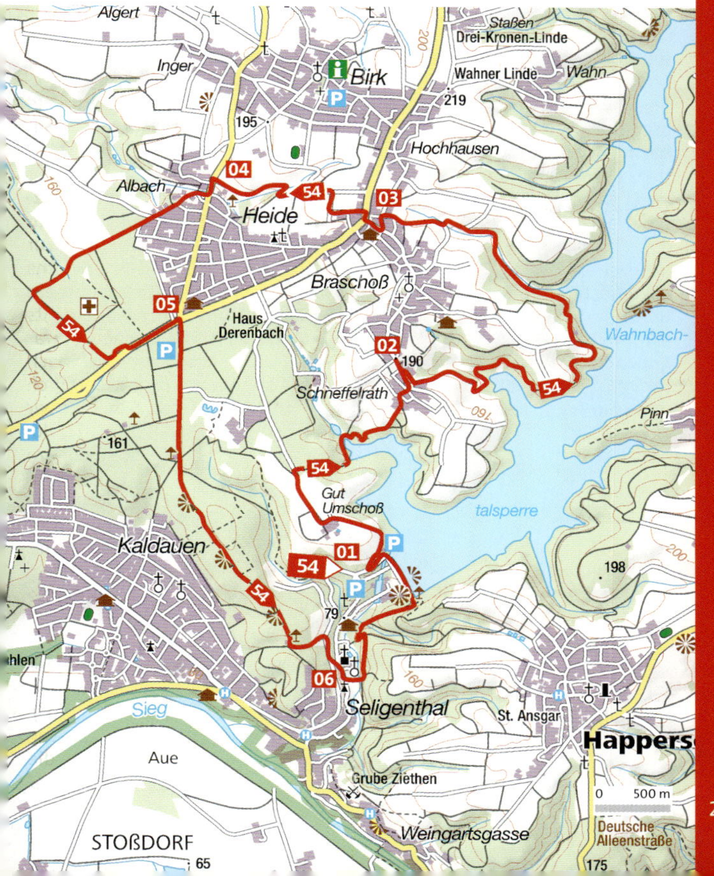

VON NEUNKIRCHEN NACH SEELSCHEID

Durch die Wälder des Wahnbachtales

  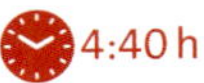 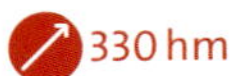 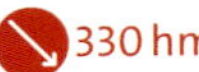 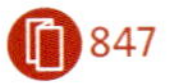

16,2 km | 4:40 h | 330 hm | 330 hm | 847

START | Neunkirchen, Parkplatz am Schulzentrum in der „Rathausstraße“, 227 m
[GPS: UTM Zone 32 x: 382.884 m y: 5.633.805 m]
CHARAKTER | Lange Tour, an manchen Stellen ohne Markierung, daher Orientierung vonnöten! Meist bequeme Wanderwege, kurz vor Seelscheid schmale, teils zugewachsene Pfade.

Wildromantisch auf schmalen Pfaden, durch den Wald am Wenigerbach entlang, auf breiteren und helleren Wegen am Wahnbach entlang – diese Tour bietet trotz der stetigen Bachnähe unterwegs ganz unterschiedliche Landschaftseindrücke.

Im Wenigerbachtal passieren wir die Knochenmühle, von der heute nur noch der Mühlengraben zu erkennen ist. Hier wurden früher Knochenabfälle aus Hausschlachtungen gesammelt und zu Seife und Leim verarbeitet. Die Gebäude wurden im Rahmen der geplanten Naafbachtalsperre abgetragen. Aus Naturschutzgründen wurde das Projekt jedoch schlussendlich nicht realisiert.

Wir parken in Neunkirchen am **Schulzentrum** 01 in der Rathausstraße. Es geht bergab zur Hauptstraße, dort nach links auf A3. Nach wenigen Metern biegen wir erneut links ab, hinauf in die Dahlerhoferstraße. Zunächst ohne Markierung wandern wir durch das Wohngebiet, in der Linkskurve nehmen wir den Schotterweg

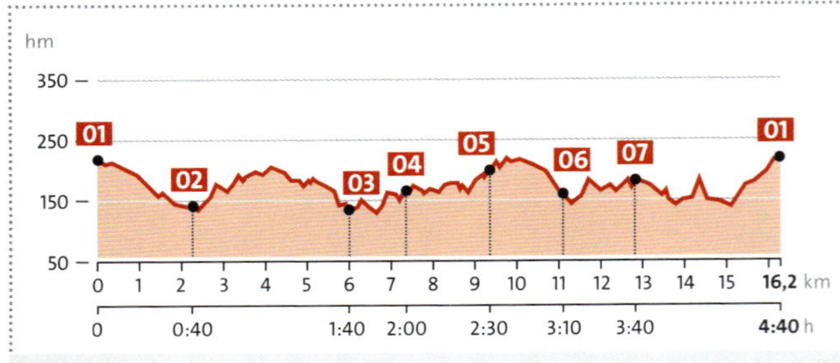

01 Neunkirchen, Parkplatz am Schulzentrum, 227 m; 02 Brücke über den Wahnbach, 148 m; 03 Infotafel 4, 136 m; 04 Knochenmühle, 136 m; 05 Seelscheid, 173 m; 06 Gutmühle, 159 m; 07 Niederwennerscheid, 183 m

nach rechts. Er wird schnell zum Wiesenweg und führt uns in einer Rechtskurve die Wiese hinab, an einem Hochsitz vorbei und in den Wald hinein. Noch immer unmarkiert wandern wir einen breiten Waldweg hinab. Unten erreichen wir eine T-Kreuzung, dort halten wir uns links. Der nun etwas schottrige Weg führt zu einer weiteren T-Kreuzung, an der wir uns rechts halten und auf dem Bergischen Weg Richtung Seelscheid wandern, nun ein Stück am Bach entlang.

Nach etwa 200 Metern führt uns in einer Rechtskurve ein Treppe linker Hand hinab und zu einer Brücke über den **Wahnbach** 02. Wir folgen nun der Markierung K – dem Kölner Weg. Wir gelangen auf einen Pfad, der uns an die L189 führt, die wir kreuzen. Auf der anderen Seite stoßen wir auf einen Schotterweg. Diesem folgen wir nach rechts, bergauf, gleich an der nächsten Kreuzung wieder rechts nun durch den Wald bergauf. Nach gut 1 Kilometer erreichen wir eine Rasthütte, hier gabelt sich auch der Weg. Wir folgen K weiter nach rechts. Wieder geht es bergauf durch den Wald, an der nächsten Kreuzung links, dann am Waldrand entlang bis zu einem Teerweg, dem wir nach rechts hinabfolgen.

Wir gelangen nach Heister: An der Straßenkreuzung biegen wir links ein, queren wenig später die B56 und wandern abwärts, bald auf ei-

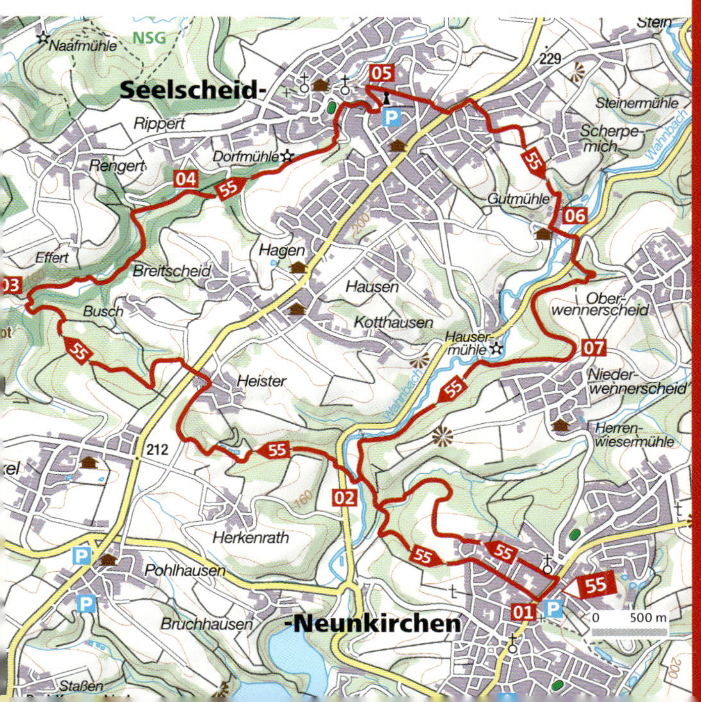

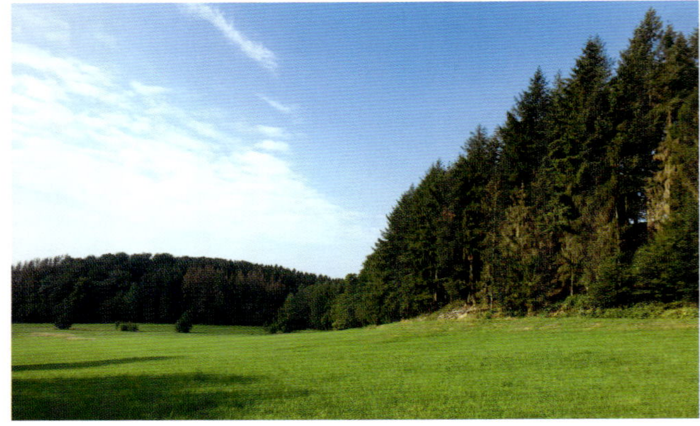

Wiesen bei Neunkirchen

nem Schotterweg und in den Wald hinein. Nach einigen Minuten gelangen wir an eine Gabelung, an der ein Bankerl zum Rasten einlädt. Hier geht es nach rechts, weiter hinab im Wald. Die nächste Gabelung weiter geradeaus, wir verlassen K und folgen nun A1. Nach guten 200 Metern geht es an der nächsten Gabelung links – Achtung, hier keine Markierung, nun hinab durch den Wald auf wurzeligem, unebenem und schmäler werdendem Waldweg. Wir kreuzen bald den Wenigerbach und gelangen zu einer Infotafel mit der **Nummer 4** **03**. Hier wenden wir uns nach rechts. Nun folgen wir E (das leider nur sehr sporadisch an den Bäumen auftaucht) auf einem schmalen Pfad immer nah am Waldrand entlang. Wir überqueren im Laufe des Weges zwei Gitterbrücken: Nach der zweiten geht es geradeaus weiter, das heißt links halten! Der Pfad wird etwas breiter, er führt am Klärwerk, dann an der nicht mehr sichtbaren **Knochenmühle** **04** und schließlich an einem kleinen Steinbruch vorbei.

Lichtung im Wenigerbachtal

Wir stoßen auf einen Teerweg, hier biegen wir nun rechts ein und folgen dem Bergischen Streifzug Nummer 19, dem „Kräuterweg“, bis Seelscheid. Nach einem kurzen Stück auf dem „Kräuterweg“ geht es links auf einen steinigen Waldweg, der nach einigen Minuten zum Teerweg wird. Bei der Gabelung „Am Sportplatz“ biegen wir links ab, nach einem kur-

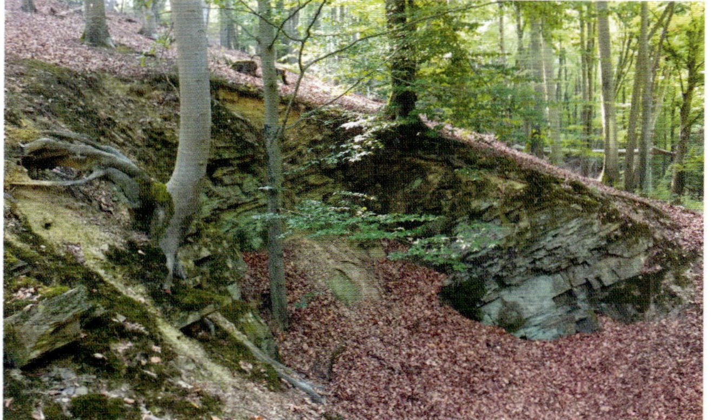

Überreste alter Steinbrüche

zen Stück führt uns der „Kräuterweg“ rechts auf Schotter hinauf. Nach einer scharfen Rechtskurve geht es über Treppen auf eine Straße ins Wohngebiet von **Seelscheid** 05. Hier links weiter.

An der Straße „Breite Straße“ wenden wir uns nach rechts, gehen durch den Park, kreuzen dann nochmals die „Breite Straße“ und überqueren den Parkplatz. Es geht links über eine schmale Teerstraße hinauf, an der T-Kreuzung wenden wir uns nach rechts, an einem Backsteinhaus zu unserer Rechten vorbei, auf A1 und A3. Wir folgen der der Bergstraße durch das Wohngebiet. An der B56 wenden wir uns nach links. Achtung, ab hier geht es unmarkiert weiter: Nach ein paar Metern geht es rechts in den Rosenweg hinab. Nach gut 300 Metern biegen wir gegenüber vom Veilchenweg links in den Schotterweg und folgen diesem bergan. Bei nächster Gelegenheit nach rechts, der Weg führt erst auf Schotter, bald auf Teer, abwärts. In der Rechtskurve zweigen wir nach links auf einen Wiesenweg ab – Achtung unmarkiert. Er führt uns rechts herum, an ein paar Wohnhäusern vorbei und auf dem Karpfenweg nach **Gutmühle** 06.

Unten nach links zur Wahnbachtalstraße, hier rechts auf den Bergischen Zuweg. Nach wenigen Metern führt eine Straße links hinauf, dann ein Waldweg rechts in den Wald. Wir folgen nun wieder dem Bergischen Weg – für gut 30 Minuten geht es immer durch den Wald auf einem breiten, bequemen Waldweg. An der geteerten Kreuzung, am Ortsrand von **Niederwennerscheid** 07, halten wir uns rechts und folgen weiterhin dem Bergischen Weg.

Nach ungefähr 20 Minuten gelangen wir erneut an eine Kreuzung: Hier verlassen wir den Bergischen Weg und folgen nun wieder K. Er führt uns hinauf durch lichte Wälder an den Ortstrand von Neunkirchen: Wir folgen geradeaus in die Rathausstraße, die uns in einem letzten Anstieg zurück zum Parkplatz am **Schulzentrum** 01 bringt.

56

VON RUPPICHTEROTH NACH LINDSCHEID

Über die Geschichte des Fachwerks

  11,7 km  3:10 h 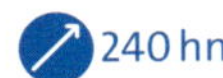 240 hm 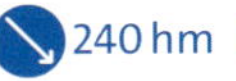 240 hm 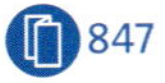 847

START | Ruppichteroth. Parkplatz in der „St.Florians-Straße“ gegenüber der Grundschule, 200 m
[GPS: UTM Zone 32 x: 393.183 m y: 5.633.820 m]
CHARAKTER | Angenehme Wirtschaftswege und stille Sträßlein folgen durchgehend einer Markierung.

Neben idyllischen Wäldern und aussichtsreichen Höhen und dem verträumten Tal des Waldbrölbaches lernen wir auf diesem Weg einiges über die Tradition des Fachwerks, dessen Stil das Bergische Land und seine Bewohner geprägt hat.

▶ Wir folgen vom **Parkplatz** in **Ruppichteroth** 01 der St.-Florian-Straße hinab und biegen links in die Mucher Straße ein. Ihr folgen wir bis zum Köttinger Weg, dann geht es auf diesem weiter bis zur L312, dort rechts zum Kreisverkehr. Geradeaus hinüber, dann nach links in die Straße „Stein“. Wir folgen ihr bis zu ihrem Ende. Immer geradeaus weiter durch ein kleines Wäldchen. Bald geht es links auf einen Wirtschaftsweg, der uns wieder durch Wald führt, dann kurz hinauf und am Waldrand entlang.

Oben wenden wir uns nach links und kommen nach **Velken** 02. Am Ortsrand wenden wir uns nach rechts, dann die zweite Straße links. Am Ende des Ortes halten wir uns erneut links: Wir fol-

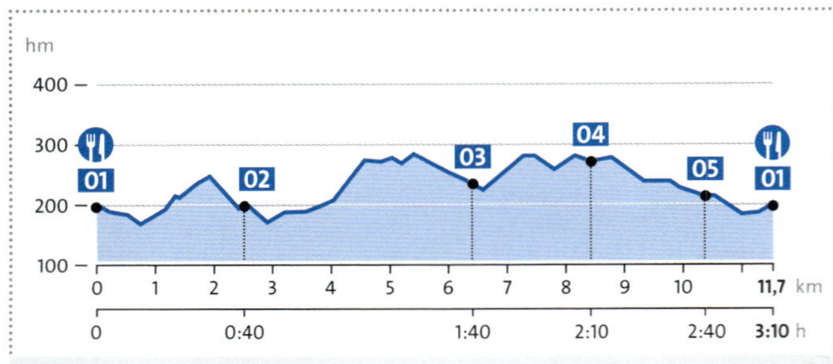

01 Ruppichteroth, Parkplatz, 200 m; 02 Velken, 198 m; 03 Lindscheid, 236 m; 04 Schmitzhöfgen, 272 m; 05 Tennisplatz, 218 m

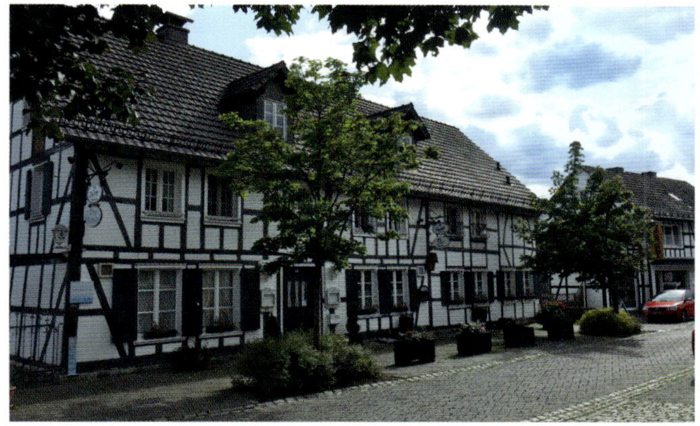

Fachwerk in Ruppichteroth

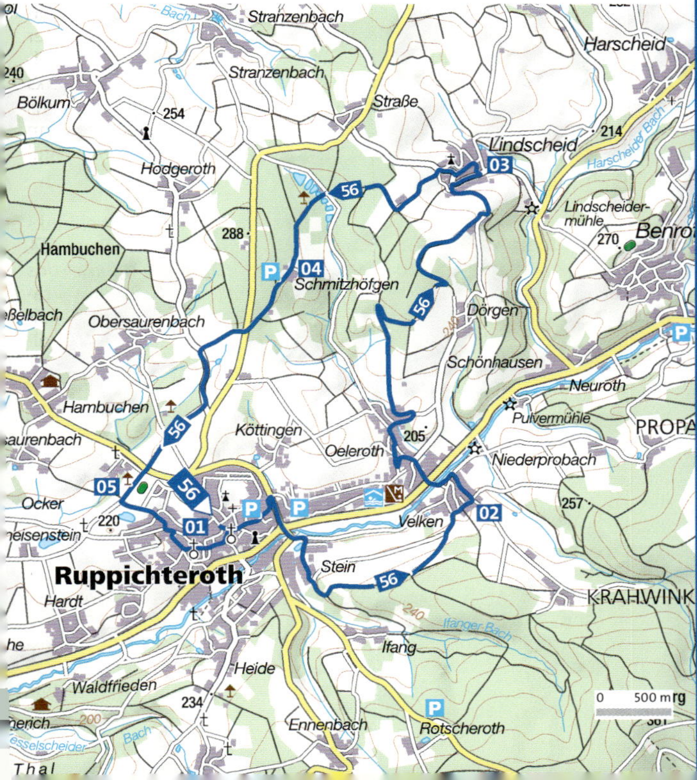

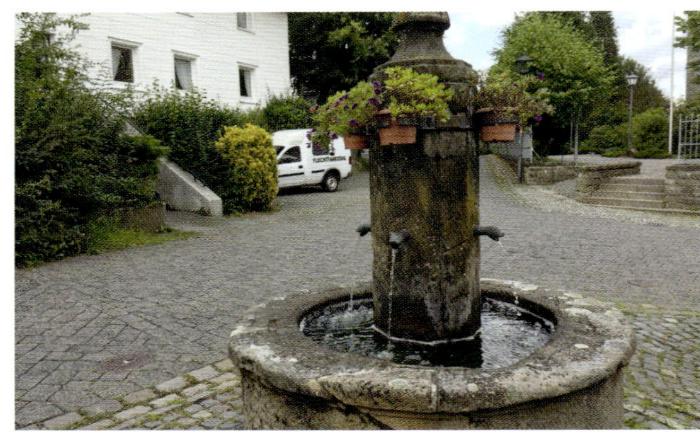

Brunnen in Ruppichteroth

gen nun der Straße, die uns über die Brölstraße leitet. Es geht geradeaus weiter in die Oelerother Straße, nach wenigen Minuten dann links in den Amboßweg. An der Querstraße („Sonnenhang") rechts, und an der Gabelung wieder rechts in den Lindenweg, der uns wieder zur Oelerother Straße führt. Hier wenden wir uns dann links, und nach wenigen Schritten rechts in den Birkenweg. Er führt uns aus dem Ort hinaus und wieder in den Wald hinein. An der ersten Abzweigung nun scharf rechts, folgen wir dem Waldweg nun am Waldrand entlang. In der nächsten Rechtskurve biegen wir links ab und folgen dem Weg bis zu einer T-Kreuzung, an der wir rechts abbiegen. Wir folgen dem Feldweg, bis wir auf einen weiteren Weg treffen.

Wir folgen ihm nach links und laufen nun bis **Lindscheid** **03**. Nun am Ortsrand weiter, zweimal rechts haltend, nach etwa 3 Minuten nach links, und die folgenden beiden Möglichkeiten wieder links. Bei der nächsten Straße dann rechts. Am Ortsrand dann schräg links zum Wald. An der nächsten Kreuzung rechts, die nun folgende nach links in den Wald hinein. Wir folgen dem Weg immer geradeaus, zwischen Teichen hindurch, danach nach links.

So gelangen wir nach **Schmitzhöfgen** **04** und überqueren kurz darauf die K55. Wir folgen dem Feldweg auf der anderen Seite weiter, an der nächsten Querstraße halten wir uns dann links. Nach guten 5 Minuten biegen wir hinter dem Wald rechts ab. Wir queren die Obersaurenbacher Straße, dann die L312 und erreichen wir wieder Ruppichteroth.

Am **Tennisplatz** **05** entlang, hinter dem wir links abbiegen. An der nächsten Kreuzung dann geradeaus auf der Straße „Eichweiher", dann links weiter auf der Straße „Zum Sperber" und kurz danach rechts in die Straße „Am Kindergarten". Wir laufen über die Burgstraße zum Burgplatz und zurück zum **Parkplatz** **01**.

ZUR BURG WINDECK

Unterwegs im Windecker Ländchen

  10,4 km  3:00 h 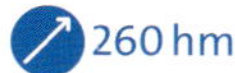 260 hm 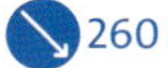 260 hm  847

START | Parkplatz Burgruine Windeck, 204 m
[GPS: UTM Zone 32 x: 400.033 m y: 5.630.220 m]
CHARAKTER | Hauptsächlich breite Forst- und Waldwege. Anfangs sehr steiler Pfad von der Burg herab, zum Ende nochmals ein steiler schmaler Weg.

Die Wanderung führt uns durch die Wälder des Windecker Ländchens. Wir kommen dabei nicht nur in den Genuss der über 800 Jahre alten Burgruine, die auf dem Schlossberg von Altwindeck thront, sondern können auch die Überreste der Pulvermühle Elisenthal in Augenschein nehmen. Sie war gegen Ende des 19. Jahrhunderts die größte Anlage zur Produktion von Schwarzpulver im Rheinland.

▶ Wir beginnen unsere Wanderung am **Parkplatz** an der **Burgruine Windeck** 01. Zunächst folgen wir X und dem Siegtalweg hinauf zur Burg. Unsere Zeichen führen uns einmal komplett durch das alte Gemäuer. Hinter der Burg ein paar Treppen hinunter, nach links weiter auf einem sehr steilen und schmalen Pfad hinab, dem Siegtalweg folgend. Unten wird der Weg wieder breiter, wir folgen ihm geradeaus.

Er führt zwischen Wohnhäusern hindurch zur Straße: hier rechts, bis zur Marienkapelle. An der Kapelle dann wieder rechts, bis zum Ende der Straße und zur Mauer. Hier nach links, folgen wir der Straße „Im Thal Windeck“ nun immer geradeaus durch Altwindeck hin-

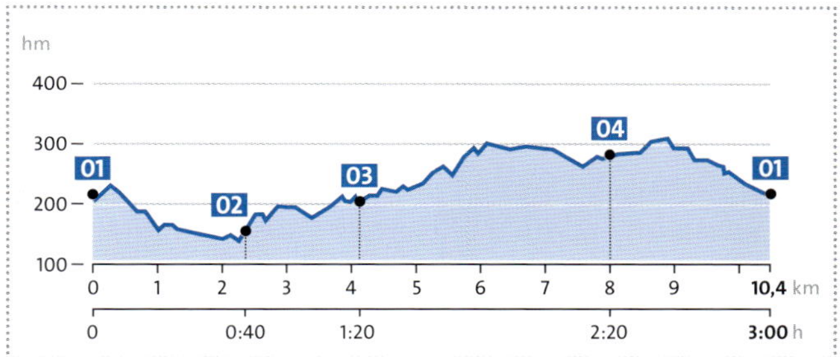

01 Parkplatz Burgruine Windeck, 204 m; 02 Pulvermühle, 130 m; 03 Stöckers Plätzchen, 190 m; 04 Höhnrath, 283 m

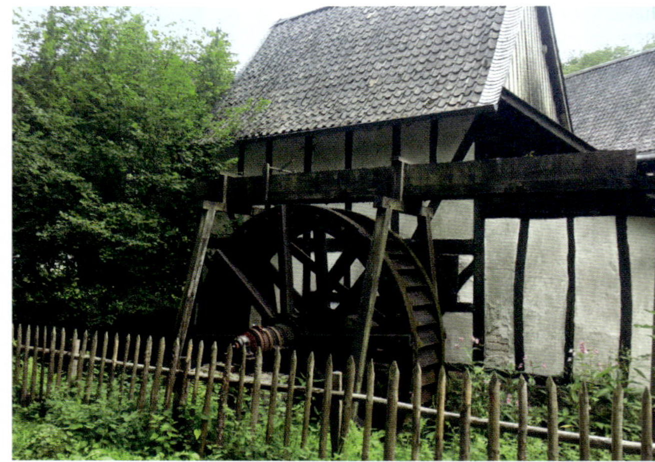

Alte Mühle bei Windeck

durch (Dreieck und Kreis). Weiter auf der Straße „Zur Pulvermühle" erreichen wir Dattenfeld. Dort biegen wir nach rechts in die Elisentalstraße Richtung Pulvermühle ab und folgend dem asphaltierten Weg. Zu unserer Rechten begleitet uns nun der Trimbach, nach rund 600 Metern passieren wir die Überreste der ehemaligen **Pulvermühle** **02**.

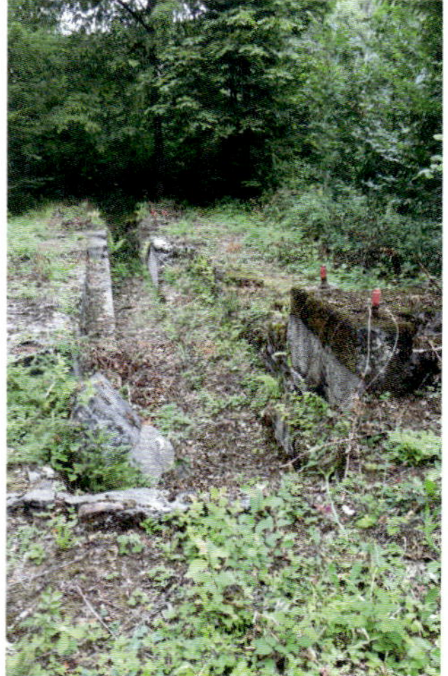

Reste der alten Pulvermühle

Nun bleiben wir für gut 30 Minuten auf diesem Weg, bis er sich am **Stöckers Plätzchen** **03** gabelt: Wir wenden uns nach links Richtung Ommeroth. An der nächsten Gabelung, gut 1 Kilometer weiter, halten wir uns rechts auf X. Nun immer auf dem Hauptweg, immer rechts haltend, bergauf. Nach 15 Minuten erreichen wir eine T-Kreuzung: Dort biegen wir links ein, weiter auf dem X. Der Weg führt uns aus dem Wald heraus, wieder zu einer Kreuzung: hier nun rechts hinab, bis wir eine geteerte Straße erreichen.

An dieser wenden wir uns nun wieder nach rechts hinauf. Wir gelangen kurz darauf nach **Höhnrath** **04**. Ins Örtchen hinein, dann halten wir uns links wieder auf einen Feldweg und folgen weiter dem X. Geradeaus nun, durch das Tor am Waldrand hindurch und geradeaus in den Wald hinein. An der folgenden Gabelung halten wir uns rechts, dann geradeaus bis zur nächsten Gabelung – hier weiter geradeaus auf einem breiten Pfad bergab. Er führt uns an eine Kreuzung, in die wir rechts Richtung Altwindeck einbiegen.

Bergab, dann hinauf und schließlich wieder abwärts führt uns nun der Weg, in gut 20 Minuten direkt zum **Parkplatz** an der **Burgruine Windeck** **01** zurück.

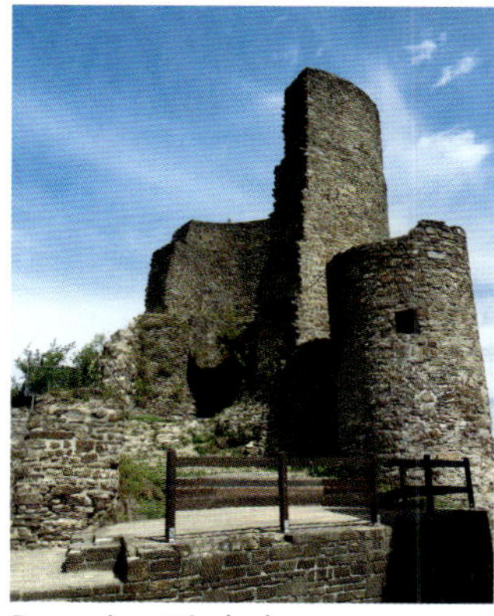

Burgruine Windeck

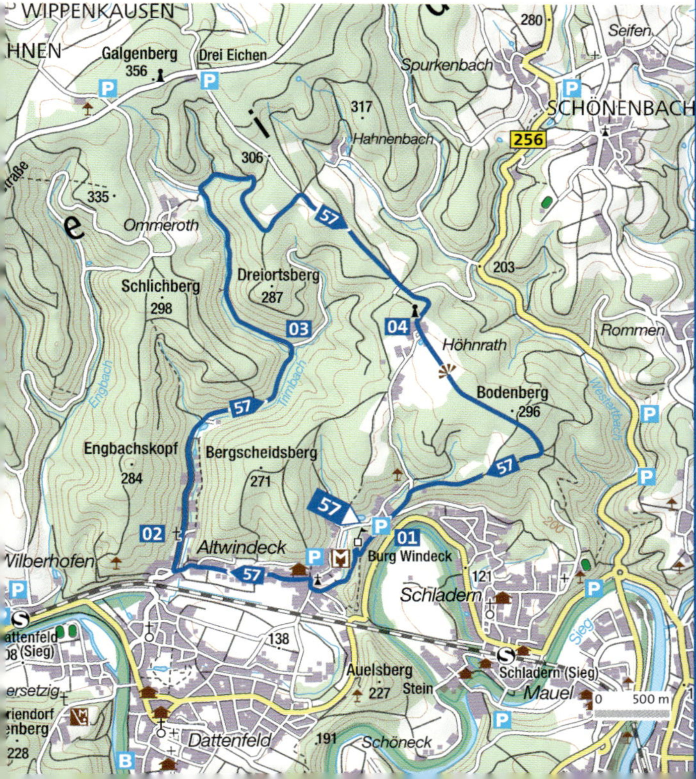

VON MERTEN NACH BLANKENBERG

Schöne Wanderung durch Bachtäler zu einer mittelalterlichen Burg

  11,5 km  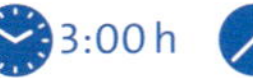 3:00 h 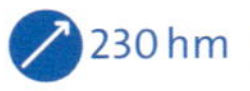 230 hm 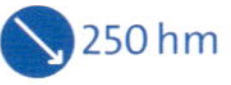 250 hm  847

START | S-Bahn Station Merten, 97 m
[GPS: UTM Zone 32 x: 386.233 m y: 5.625.466 m]
CHARAKTER | Zumeist gut markierte Ufer- und Waldwege, mäßige Anstiege. Bei Nässe sehr matschig!

Wie auf einem Thron erheben sich Burg und Stadt Blankenberg über der Sieg zu ihren Füßen. Die Grafen von Sayn errichteten die Burganlage um 1180. Die bürgerliche Siedlung der heutigen Stadt Blankenberg erhielt 1245 die Stadtrechte. In der mittelalterlichen Stadt lassen sich noch Reste alter Stadtmauern und Wehrtürme bestaunen.

▶ Wir starten unsere Wanderung am **Bahnhof** der **S-Bahn** in **Merten** **01** und folgen vom Parkplatz aus gleich rechts dem Burgweg auf XS bis Merten. An der Klostermauer nach rechts gewandt, die Agnesstraße entlang, dann weiter rechts haltend in die Schlossstraße. Ihr folgen wir bis zur Siegbrücke. Wir überqueren die Brücke, halten uns gleich dahinter links und biegen die nächste Möglichkeit rechts ein in die Straße „Am Sportplatz".

Über die Hennefer Straße geradeaus hinüber, hier weiter auf NP auf der Straße „Zum Krabach" nach **Bach** **02** hinein. Bei den letzten Häusern verlassen wir den Teerweg geradeaus auf einen Forstweg auf X und NP und wandern nun am Waldrand entlang. Bald geht es rechts, oberhalb des Krabaches auf einem Damm. Nach wenigen Minuten halten wir uns rechts über einen Bach, folgen nun immer geradeaus dem Weg

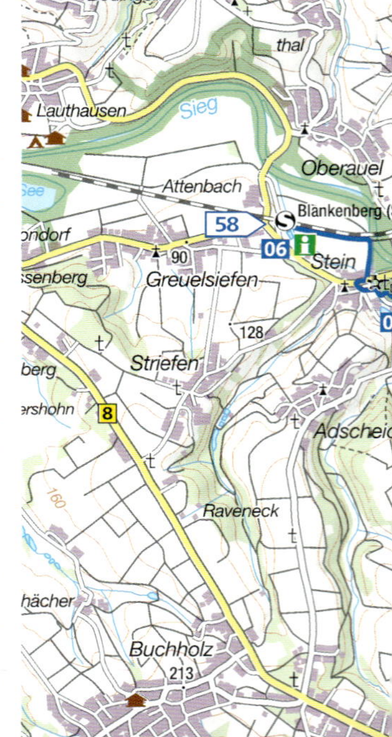

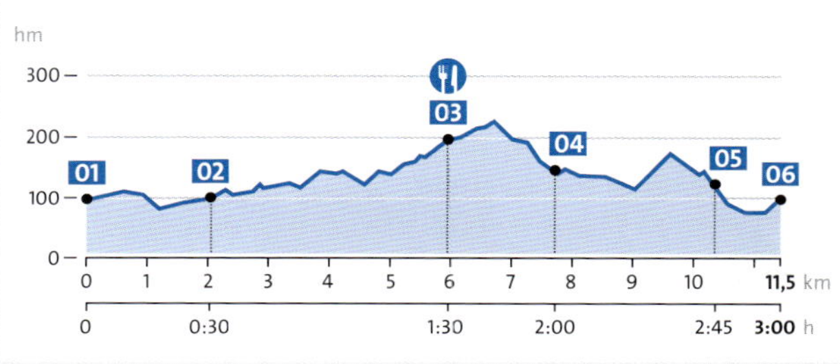

01 S-Bahn Station Merten, 97 m; **02** Bach, 102 m; **03** Süchterscheid, 199 m; **04** Ahrenbach, 145 m; **05** Burgruine Blankenberg, 122 m; **06** S-Bahn Station Blankenberg, 78 m

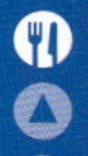

durchs Krabachtal bis wir an die Krabachtalstraße gelangen. Hier kurz nach rechts, bis X nach links abzweigt. Auf einem Schotterweg geht es nun durch das Tal des Ravensteiner Baches, der Hauptweg führt uns nach 30 Minuten an die K19 heran. Wir biegen rechts ein und gelangen nach **Süchterscheid 03**. An der Landstraße bie-

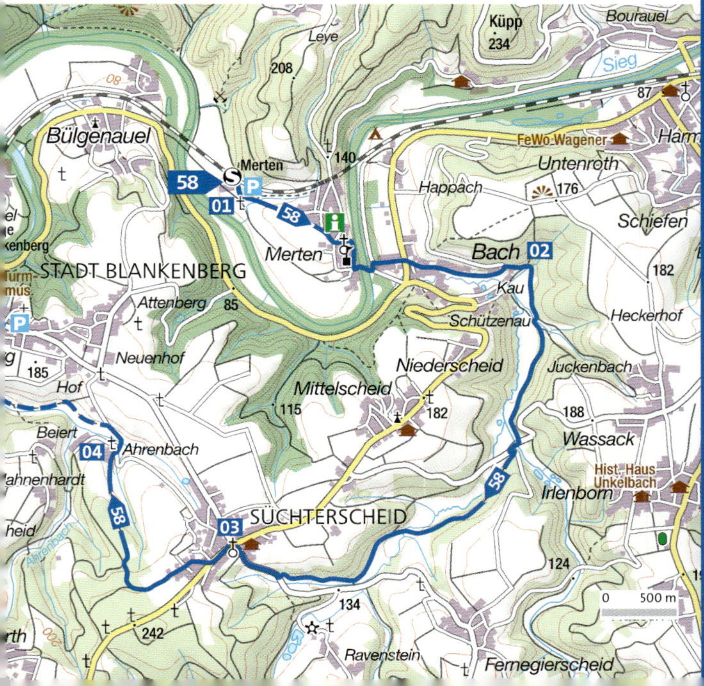

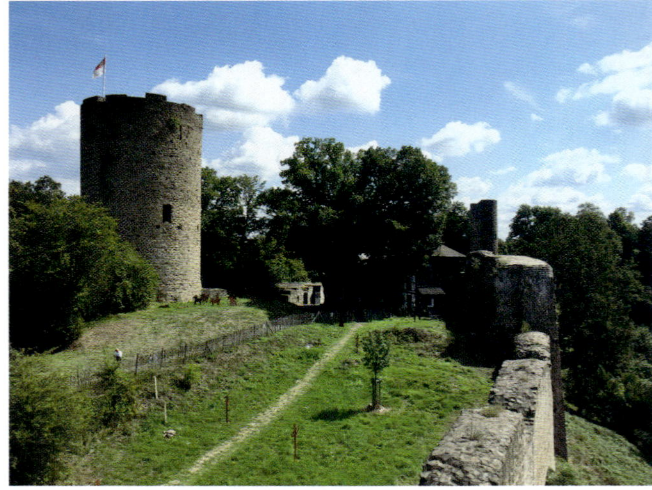

Burgruine Blankenberg

gen wir nach links ein, nach wenigen Minuten nach rechts auf die Straße „Auf der Sandkaule". Die Straße endet in einem ungeteerten Weg, dem wir geradeaus folgen, nach wenigen hundert Metern jedoch geht es schon wieder rechts ab, auf den Siegtalweg. Nach 150 Metern halten wir uns an der Kreuzung rechts.

Fachwerkhaus in Blankenberg

Der Weg führt uns direkt nach **Ahrenbach** 04. Wir folgen dem Sträßlein, nach einem kurzen Anstieg verlassen wir es linker Hand auf einen Pfad, weiter auf dem Siegtalweg, und steigen ins Ahrenbachtal ab. Wir folgen dem Weg für gut 20 Minuten bis nach Blankenberg. Unterhalb der alten Stadtmauer geht es rechts bis zum Katharinentor. Der Siegtalweg führt uns durch das Städtchen hindurch, bis zum nördlichen Stadttor und weiter zur **Burgruine Blankenberg** 05.

Nun weiter auf einem Fußgängerweg auf X und dem Siegtalweg hinunter zur Landstraße, die wir überqueren; vor der Siegbrücke nach links, an den Gleisen entlang in 5 Minuten zum **Bahnhof Blankenberg** 06.

VON WINTERSCHEID ZUR BURG HERRNSTEIN

Durch lichte Wälder zu einem prächtigen Schlosspark

 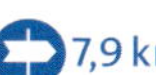 7,9 km  2:10 h  160 hm  160 hm  847

START | Winterscheid. Parkplatz in der „Hauptstraße“ nahe des Dorfweihers, 216 m
[GPS: UTM Zone 32 x: 385.374 m y: 5.630.612 m]
CHARAKTER | Kurze, angenehme Tour auf breiten Waldwegen; viele An- und Abstiege!

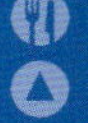

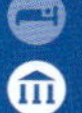

Burg Herrnstein ist eine Rheinische Höhenburg, deren Ursprünge wahrscheinlich in das 13. und 14. Jahrhundert zurückreichen. Sie diente ursprünglich als Stammsitz der Herren von Stein. Heute nutzt ein privater Forstbetrieb die Burganlage; die Parkanlagen können nach Anmeldung besichtigt werden.

▶ Wir parken in **Winterscheid** an der Hauptstraße unweit des **Dorfweihers** 01 und folgen ihr ein kurzes Stück bis zur Kapelle. Hier biegen wir rechts in die Ringstraße ein, dann gleich links in die Straße „Beierter Weg“. Nach wenigen Metern wenden wir uns wieder links hinab auf einen Schotterweg, A6 folgend. Wir wandern nun lange durch den Wald, nach gut 30 Minuten queren wir die B478 und erreichen **Burg Herrnstein** 02 (hier sind Führungen durch den Schlosspark möglich).

Wieder zurück auf der südlichen Seite der Bundesstraße geht es bergauf in den Wald: Dafür biegen wir links und gleich rechts ab, A2 folgend. Nun immer bergan auf

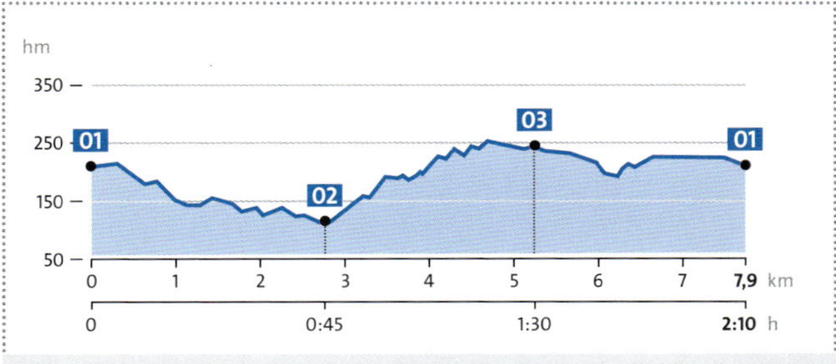

01 Winterscheid, Parkplatz Dorfweiher, 216 m; 02 Burg Herrnstein, 123 m; 03 Hatterscheid, 246 m

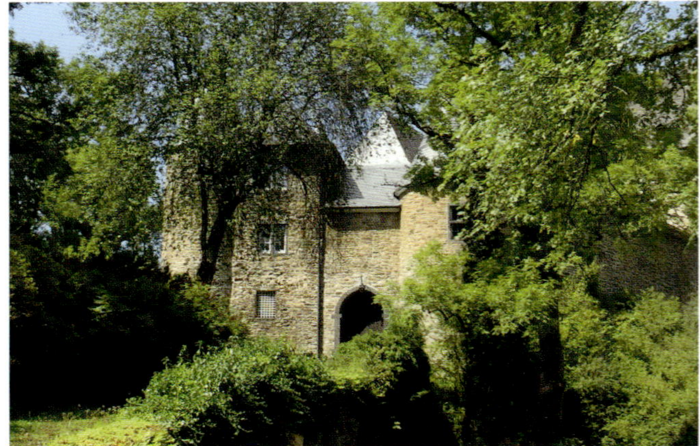
Burg Herrnstein

Schotter, ca. 1,5 km, bis wir an einer sehr lichten Stelle des Waldes an eine Gabelung gelangen. Wir halten uns rechts, weiter auf A2/ A4 und A6. Die folgenden beiden Gabelungen halten wir uns weiterhin rechts und vollziehen eine Rechtskurve. Der Waldweg führt uns an eine Vorfahrtsstraße. Über diese geht es geradeaus und weiter auf einer asphaltierten Straße Richtung Hatterscheid.

In einer Rechtskurve geht es in den Ort **Hatterscheid** 03 hinein und auf der Straße „Am Hofgarten" durch den Ort, jetzt auf A7 und A5. Kurz vor dem Ortsende leiten uns A7 und A5 nach rechts auf einen Schotterweg hinab. Nach we-

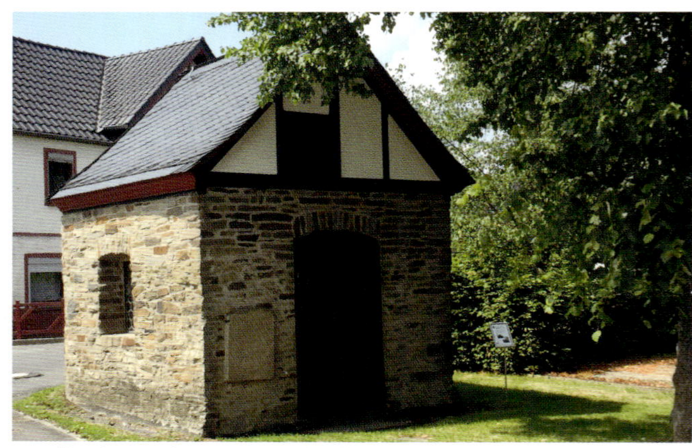
Kapelle Ringstraße in Winterscheid

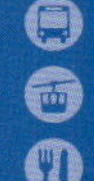

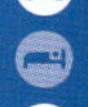

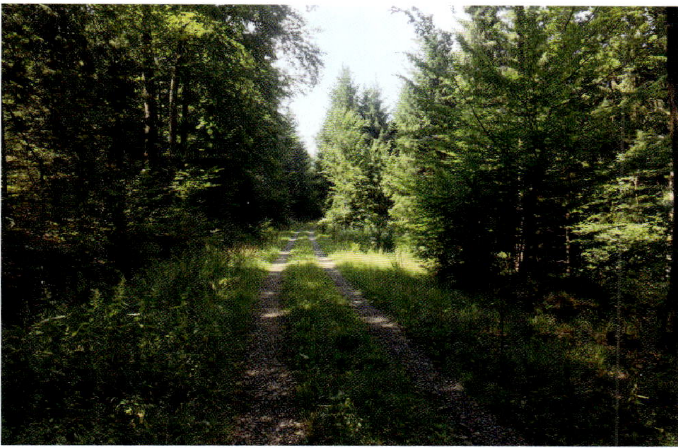

Weg ins Waldbrölbachtal

nigen Metern folgen wir nur noch A7 nach links in den Wald hinein. Wir wandern nun auf schmalem, schönem Waldweg bergab. Auf einer Lichtung kreuzen wir einen breiten Wald- und Wiesenweg. Diesen überqueren wir, auf schmalem Pfad geht es nun steil hinauf – Achtung, das Wegschild A7 am Baum etwas erhöht neben dem Pfad ist leicht zu übersehen. Der dornige Pfad wird immer schmäler und endet an einem großen Viehbetrieb. Wir halten uns am Zaun entlang zur geteerten Einfahrt und folgen ihr bis hinauf zur Vorfahrtsstraße. In diese biegen wir links ein und folgen ihr nach **Winterscheid** und zum **Parkplatz** beim **Dorfweiher** **01** zurück.

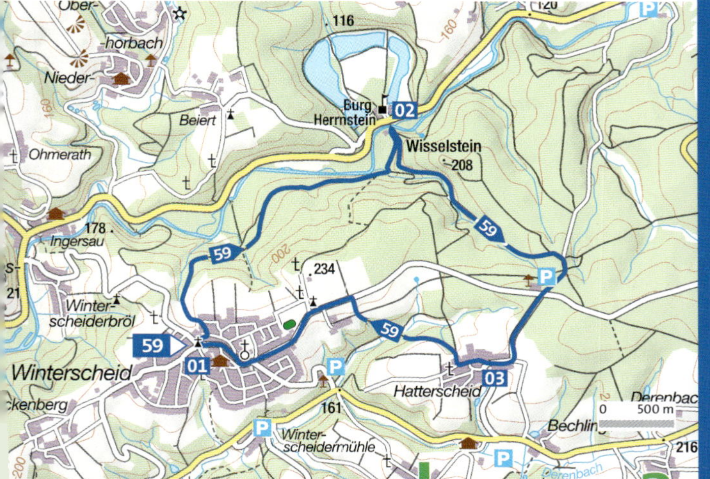

MARIENWANDERUNG UM BÖDINGEN

Auf den Spuren einer 600jährigen Wallfahrtstradition

  9,2 km 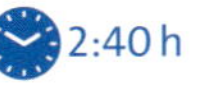 2:40 h 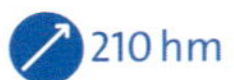 210 hm 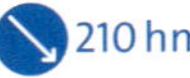 210 hm 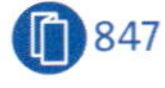 847

START | Wanderparplatz Bödingen: in Driesch auf „Auf dem Driesch" abbiegen. Am Ende der Straße auf den Feldweg; Parkplatz rechter Hand, 171 m
[GPS: UTM Zone 32 x: 383.201 m y: 5.627.423 m]
CHARAKTER | Vornehmlich breite Waldwege und geteerte kleine Straßen. Bei Altenbödingen führt ein extrem steiler, bei Nässe sehr rutschiger Pfad hinab! Hier Trittsicherheit und Vorsicht geboten!

Die relativ kurze Wanderung führt uns an Plätzen vorbei, die mit Wallfahrten und mit dem Glauben verbunden sind. Den Höhepunkt bildet die denkmalgeschützte, spätgotische Basilika „Zur schmerzhaften Mutter Gottes". Sie wurde 1408 vollendet und der Jungfrau Maria und den Heiligen Drei Königen geweiht. Der Legende nach erschien dem Junggesellen Christian von Lauthausen die Heilige Maria mit dem vom Kreuz genommenen Jesus. So wurde ihm eine geschnitzte Darstellung der Maria aufgetragen, die er in Bödingen aufstellte, Tag und Nacht mit einer brennenden Kerze. Immer mehr Menschen wurden von dem Wunder der Erscheinung angezogen, schließlich wurde eine Kirche errichtet.

▶ Wir starten unsere Tour am **Wanderparkplatz** in **Driesch** 01. Zunächst folgen wir dem Teerweg Richtung Hennef, dem roten S (Erlebnisweg Sieg Marienweg) folgend. Wir gelangen an eine Vorfahrtsstraße, queren diese und halten uns dann rechts. Kurz vor Altenbödingen wenden wir uns nach links, an Koppeln vorbei.

Am Ende der Koppeln geht es rechts auf dem Kirchweg nach **Altenbödingen** 02 hinein. Er mündet in die Altenbödinger Straße, in die wir links abbiegen. Wir folgen ihr bis links die Straße „Zum

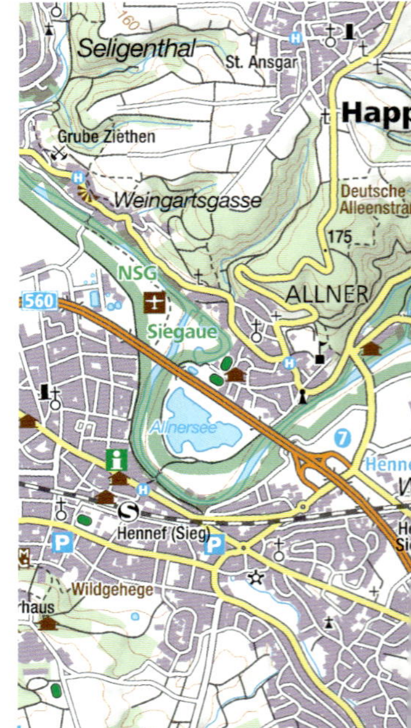

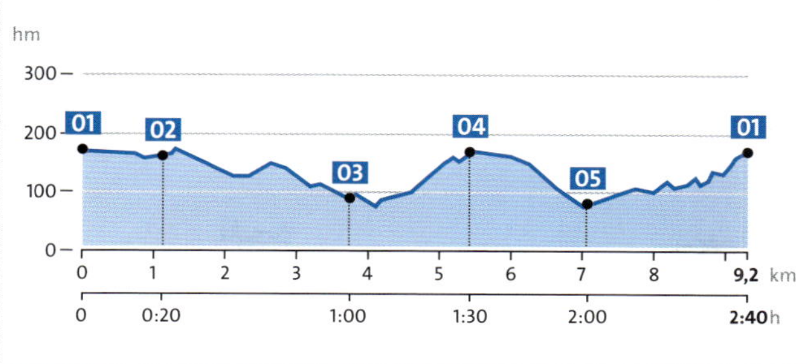

01 Wanderparkplatz Driesch, 171 m; 02 Bödingen, 174 m; 03 Lauthausen, 95 m; 04 Wallfahrtskirche, 168 m; 05 Antoniuskapelle, 81 m

Forst" abzweigt. Wir folgen dem Teersträßlein ungefähr 10 Minuten hinab, bis uns die Markierung auf einen Wiesenweg abbiegen lässt. Er führt uns bald steil hinauf, an einem Haus vorbei und wieder auf einen kleinen Teerweg, dem wir nun aufwärtsfolgen. Nach gut 100 Metern biegen wir links in ein schattiges Wäldchen hinab ab. Der Weg wird zu einem äußerst steilen Pfad, der sehr rut-

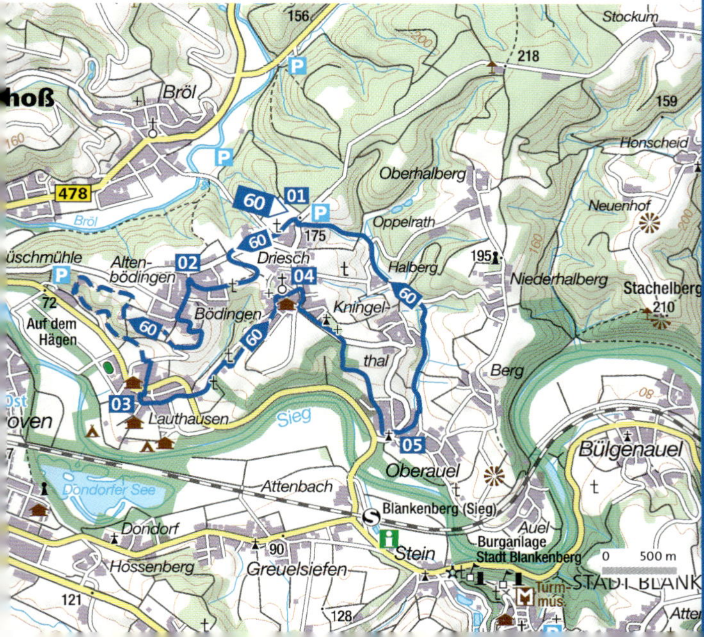

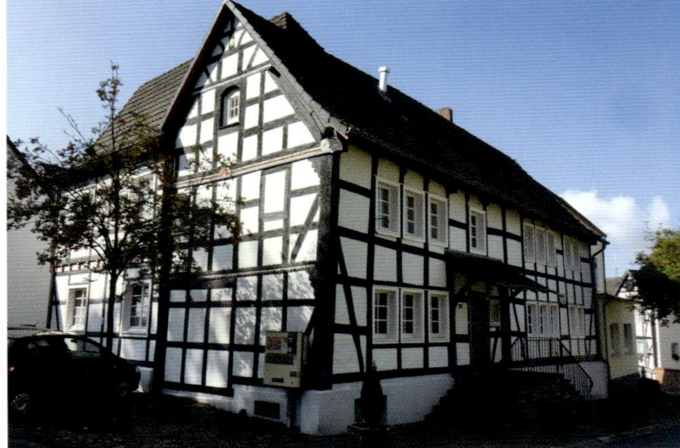

Fachwerkgebäude bei Bödingen

schig werden kann! Unten treffen wir auf einen breiteren Waldweg. Ihm folgen wir nun, bis er uns an eine Straße bringt. Hier links hinauf, nach wenigen Metern wieder rechts in die Straße „Zum Bachhof". An der Hauptstraße „Am Bach" rechts, dann gleich scharf links in die „Alte Dorfstraße".

An der Kapelle in **Lauthausen** 03 halten wir uns links. Wir folgen dem roten S, kreuzen wieder die Straße „Am Bach", hinauf Richtung Bödingen. Nach ca. 250 Metern biegen wir nach rechts in das Wäldchen ab, mehrere Stufen hinauf. Kurz durch das Wäldchen, gelangen wir dann in ein Wohngebiet. Der Kirchturm winkt uns schon entgegen.

Wir folgen nun dem Stationsweg, dann der Straße „In der Sellbach"

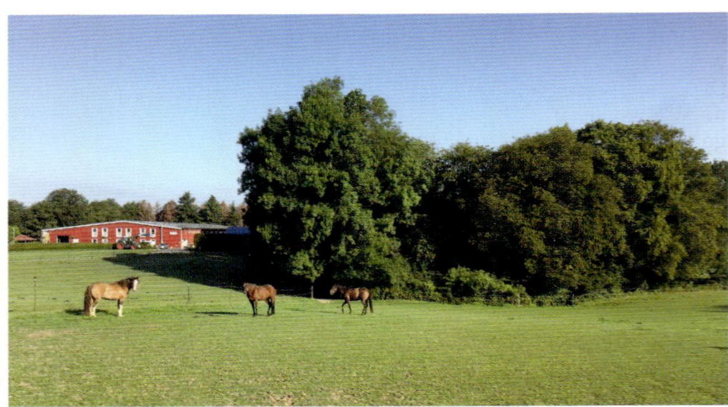

Höhen bei Bödingen

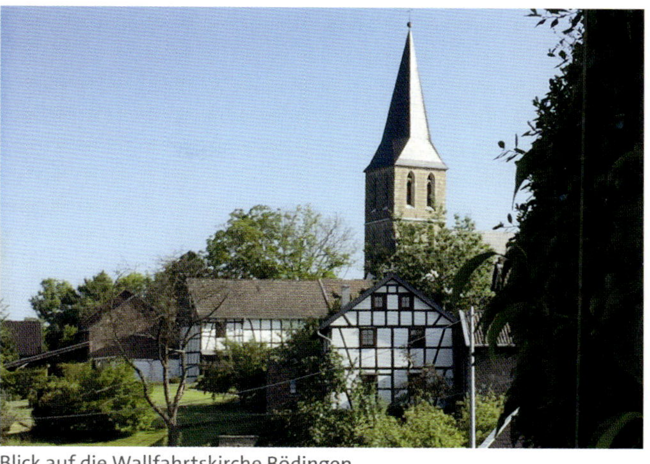
Blick auf die Wallfahrtskirche Bödingen

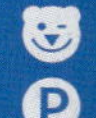
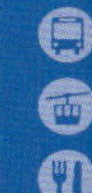

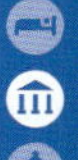

immer geradeaus, bis wir an die Klostermauer der **Wallfahrtskirche** 04 gelangen. An der Kirche geht es nach rechts, vor bis zur Karl-Müller-Straße, hier wieder rechts. Wir folgen nun erst einmal der Straße um eine Linkskurve, nun die Oberaueler Straße, unser Zeichen ist nun der Zuweg Bergischer Weg. Nach ein paar hundert Metern biegen wir rechts ab, auf A2 und dem Zuweg, bergab durch ein Wäldchen – wir befinden uns auf dem historischen Wallfahrtsweg. Unten, am Ortsrand von Oberauel, stoßen wir auf die kleine Straße „Im Lindenhof", der wir geradeaus durch das Wohngebiet folgen.

An der **Antoniuskapelle** 05 geht es nach links wieder hinauf auf A2, nach wenigen Metern schon halten wir uns rechts auf die Straße „Am Bachgarten". Wir folgen nun dem schmalen Sträßlein, an der Kreuzung nach links weiter auf A2. Die nächste Gabelung noch geradeaus, dann gleich nach wenigen Metern rechts auf einen Pfad, nun wieder weiter auf dem Marienweg und dem roten S. Wir folgen nun immer dem Marienweg, am Wald führt er uns wieder nach links, einen Waldweg hinauf und zurück zum **Wanderparkplatz Driesch** 01.

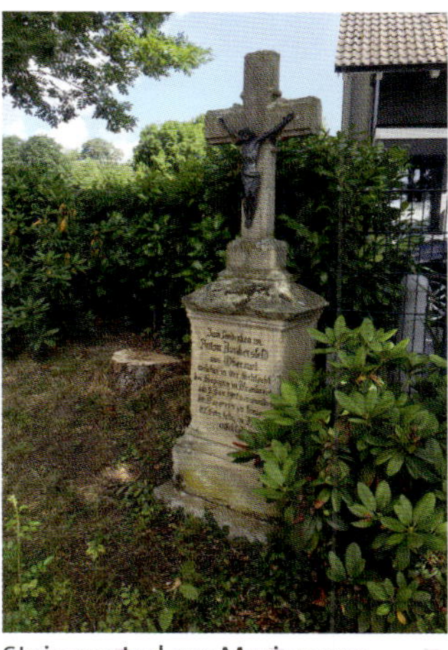
Steinmarterl am Marienweg

MEINE TIPPS FÜR SCHLECHTES WETTER

Höhlen

Zwei meiner Wanderungen haben mich an Höhlen vorbeigeführt, die ich hier kurz vorstellen möchte.

Tropfsteinhöhle Wiehl
Die Tropfsteinhöhle liegt rund 1 Kilometer südlich der Stadt Wiehl und wurde 1860 bei Sprengungen in einem Steinbruch entdeckt. 1926/27 wurde sie dann im Rahmen öffentlicher Notstandsarbeiten auf Grund der hohen Arbeitslosigkeit erschlossen. Die Höhle hat ein rund 1500 Meter langes Gangsystem, die Temperatur beträgt ganzjährig 8° Celsius. Innen finden sich sowohl Stalagtiten als auch Stalagmiten, dicke Kaskaden und Säulen in einer großen Farb- und Formenvielfalt begeistern die Besucher. Die Schauhöhle ist von April bis Ende Oktober täglich von 10 bis 17 Uhr geöffnet; von November bis Ende März nur samstags, sonn- und feiertags von 11 bis 16 Uhr.
Pfaffenberg 1
51674 Wiehl
Tel. +49 2262 7920
www.wiehl.de

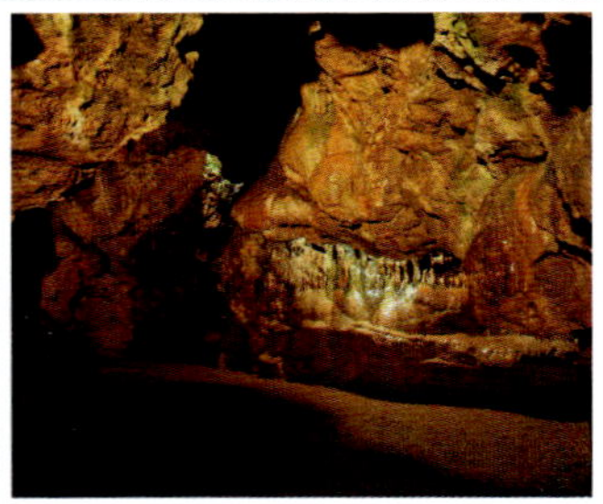

Tropfsteinhöhle Wiehl

Aggertalhöhle
Ebenfalls lohnenswert ist der Besuch der Aggertalhöhle. Die Schauhöhle westlich von Ründerroth/Engelskirchen liegt in einem Nebental der Agger, die auch der Namensgeber war. Die Agtgertalhöhle entstand durch Auswaschungen des Gesteins und hat eine Länge von 1071 Metern. Überlieferungen zufolge wurde sie im späten 18. Jahrhundert entdeckt, jedoch erst Anfang des 20. Jahrhunderts ausführlich erforscht. Die aktuellen Vermessungen der Höhle durch den Arbeitskreis Kluterthöhle gehen auf das Jahr 1996 zurück; dabei wurden bis dato unentdeckte Wege neu erschlossen. Die Temperaturen liegen ganzjährig bei 6 bis 8° Celsius.
Aggertalhöhle Ründeroth
Im Krümmel 39
51766 Engelskirchen
Tel. +49 2263 70702
www.aggertalhoehle.de

Thermen- und Saunalandschaft Mediterana
Die Thermen- und Saunalandschaft bei Bergisch Gladbach lädt den Besucher auf eine kleine Weltreise ein. Bei gutem wie auch schlechtem Wetter ist für jeden Geschmack etwas dabei: Vom Wandern erschöpfte Glieder können z. B. in der Finnischen Sauna, im Maurischen Dampfbad oder im Katalanischen Kräuterbad wohltuend gewärmt werden. Auch Badehungrige kommen bei den Thermal- und Vitalquellen auf ihre Kosten. Die Anlage hat jeden Tag von 9 bis 24 Uhr geöffnet.
Mediterana
Saaler Mühle 1
51429 Bergisch Gladbach-Bensberg
Tel. +49 2204 2020
www.mediterana.de

Bergische Salzgrotte Lindlar
In der Salzgrotte kann man sich bei ruhiger Musik in Hängesesseln entspannen. In staub- und allergenfreier Luft lässt sich das Immunsystem unter Mitwirkung des Salzes und optimaler Luftfeuchtigkeit nachhaltig stärken. Zusätzlich werden Massagen oder Entspannungstrainings angeboten. Es gibt keine offiziellen Öffnungszeiten, Termine werden individuell vereinbart.
Tel. +49 22 66 3076 oder health@ctpm.de

Schloss Homburg
Das Schloss zählt zu den Wahrzeichen des Oberbergischen Kreises. Es liegt auf einer waldreichen Anhöhe bei Nümbrecht und wurde vermutlich im 13. Jahrhundert von den Grafen von Sayn als Höhenburg erbaut. 1999 wurde ein 12,5 Meter Durchmesser großer Wohnturm freigelegt, den Experten in das 11. Jahrhundert einordnen. Anfang 2005 wurde das Schloss weiter ausgebaut. Dabei wurde die alte Orangerie abgerissen und durch ein neues, zweistöckiges Verwaltungs- und Ausstellungsgebäude ersetzt. Öffnungszeiten: Dienstag bis Sonntag 10 bis 18 Uhr (Nov. bis März 10 bis 16 Uhr).
Schloss Homburg 1
51588 Nümbrecht
Tel. +49 2293 9101-0
www.schloss-homburg.de

Museen
Im Bergischen Land gibt es eine Vielzahl interessanter Museen zu unterschiedlichsten Themen. Ich möchte hier zwei hervorheben, die mir ganz besonders gut gefallen haben:

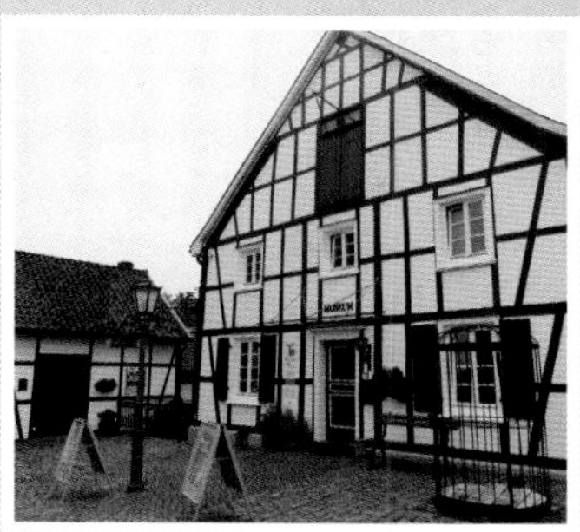
Heimatmuseum Bergneustadt

Bergisches Heimatmuseum Bergneustadt
Das Heimatmuseum ist in einem Fachwerkhaus aus der 2. Hälfte des 19. Jahrhunderts untergebracht. Es zeigt die Geschichte der mehrfach von verheerenden Bränden heimgesuchten Stadt sowie seine Handwerkskultur und die oberbergische Wohnkultur. Führungen, auch durch die Historische Altstadt, sowie diverse Sonderausstellungen und Kulturveranstaltungen werden ebenfalls angeboten.
Wallstraße 1
51702 Bergneustadt
Tel. +49 2261 43184
www.heimatmuseum-bergneustadt.de

Bergisches Museum für Bergbau, Handwerk und Gewerbe
Das Museum wurde 1928 gegründet und befasst sich mit dem Bergbau und allem, was damit verbunden ist: Es gibt u. a. ein Schaubergwerk und ein mit Wasserkraft betriebenes historisches Hammerwerk.
Burggraben 9–21
51429 Bergisch Gladbach-Bensberg
Tel. +49 2204 55559
www.bergisches-museum.de

Besucherbergwerk Grube Silberhardt
Das Besucherbergwerk erinnert an die lange Tradition des Silber- und Erzabbaus. Die Führung durch die Stollenanlage veranschaulicht, unter welch harten Arbeitsbedingungen die Bergleute damals arbeiten mussten. Auf einem ca. 1,7 Kilometer langen „Bergbauwanderweg", der parallel zur Grube verläuft, werden an mehreren Stationen weitere ehemalige Grubenanlagen und Verhüttungstechniken anhand rekonstruierter Exponate gezeigt.
Eisenbergstraße 29
51570 Windeck-Öttershagen
Tel. +49 2292 928887
www.grube-silberhardt.de

MEINE ALTERNATIVEN ZUM WANDERN

Tiere

Affen- und Vogelpark Eckenhagen
Der 8 Hektar große Affen- und Vogelpark ist durchzogen von einem 3 Kilometer langen Rundweg und bietet eine Kombination aus Tierpark und Erlebniswelt: 180 Tierarten, einen Streichelzoo, Spielplätze und eine Indoor-Erlebnishalle sorgen für Unterhaltung. Der Park ist täglich von 9 bis 19 Uhr (außer 24. und 25. Dez.) geöffnet.
Vogelpark Reichshof-Eckenhagen
Am Bromberg
51580 Reichshof-Eckenhagen
Tel. +49 2265 8786
www.affen-und-vogelpark.de

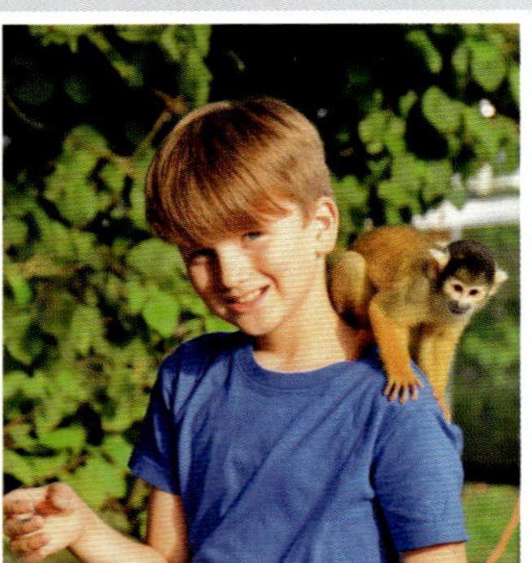

Mit Äffchen im Affen-und Vogelpark Eckenhagen

Tierwerkstatt Altenberg
Eine Abwechslung der besonderen Art bietet die Tierwerkstatt Altenberg. Hier kann man im Tal der malerischen Dhünn in Begleitung von Eseln die Landschaft auf eine ganz andere Art und Weise erleben. Strecke und Dauer der Wanderung werden an die individuellen Bedürfnisse der Teilnehmer angepasst. Ideal für Tierliebhaber und Menschen, die ohne Hast die Natur erleben wollen.
Hauptstraße 7
51519 Odenthal
Tel. +49 177 579 4889
www.tierwerkstatt-altenberg.de

Freilichtmuseen

LVR Freilichtmuseum Lindlar
Auf dem 30 Hektar großen Museumsgelände stehen historische Gebäude, die eine individuelle Geschichte erzählen. Das ganze Jahr über werden ein- bis zweimal im Monat diverse Veranstaltungen angeboten, zum Beispiel ein Bauernmarkt oder der Tuchmarkt. Zudem gibt es immer wechselnde Ausstellungen sowie ökologische Seminare, die nach Voranmeldung buchbar sind.
51789 Lindlar
Tel. +49 2266 9010-0
www.freilichtmuseum-lindlar.lvr.de

Museumsdorf Altwindeck
Das Museumsdorf zeigt, wie die Menschen vor 100 Jahren im Windecker Ländchen gelebt haben. Im

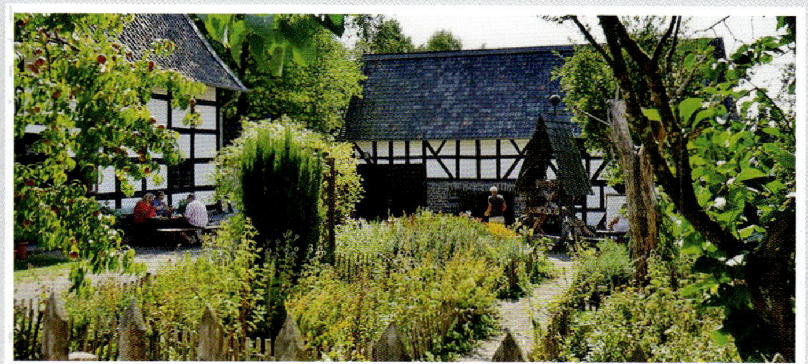

Bauerngarten des Museumsdorfes Altwindeck

Mittelpunkt steht dabei das einfache Arbeiterleben. Ein Highlight ist der jährlich stattfindende Burg- und Handwerkermarkt am 3. Oktober.
Am Moosstein 6
51570 Windeck-Dattenfeld
Tel. +49 176 52875360
www.heimatmuseum-windeck.de

Outdoor-Aktivitäten

Naturerlebnispark Panarbora
Die Anlage bietet ein ganzheitliches, erlebnispädagogisches Konzept: Mit Naturerlebnissen wie dem Baumwipfelpfad mit Aussichtsturm, dem Informationsportal mit Abenteuerspielplatz, Übernachtungsmöglichkeiten in Baumhäusern oder den „globalen Dörfern" kann die Natur auf ganz eigene Art und Weise erlebt werden. Das Herzstück ist der 1635 Meter lange Baumwipfelpfad: Er führt als Rundkurs durch die verschiedenen Baumvegetationszonen.
Nutscheidstraße 1
51545 Waldbröl
Tel. +49 2291 90865-0
www.panarbora.de

Kletterwald Hennef
Der Kletterwald bietet zahlreiche Parcours mit Hindernis- und Kletterelementen wie Seilbrücken, Netzen, Balancierbalken und Leitern. Die 14 Parcours haben unterschiedliche Schwierigkeitsstufen und sind sowohl für Einsteiger wie auch Fortgeschrittene eine Herausforderung.
Sövener Straße 60
53773 Hennef
Tel. +49 2622 9869260
www.kletterwald-hennef.de

Hochseilgarten Windeck
Im Hochseilgarten gibt es viele Angebote für Familien, der Schwerpunkt liegt auf der Natur. Familien können miteinander Neues kennenlernen und Erfahrungen teilen. Das Bushcraft-Programm vermittelt, wie man Dinge aus der Natur für sich nutzen kann.
Bitzenweg 5 5
1545 Waldbröl
Tel. +49 2291 907674
www.outdoor-oberberg.de

Naturfreibad Bruch
Neben einem Sandstrand mit großer Liegewiese und Liege- und Bootsverleih gibt es Spielgeräten für Kinder. Das Freibad befindet sich am Vorstaubecken der Aggertalsperre.
Am Vorbecken 13
51647 Gummersbach-Bruch
Tel. +49 2261 28211

TOURISMUS-INFO

Naturarena
Bergisches Land GmbH
Bergisches Haus
Friedrich-Ebert-Straße 75
51429 Bergisch Gladbach
Tel. +49 (0) 22 04 / 84 30 00
Fax: +49 (0) 22 04 / 84 30 05
info@dasbergische.de
www.dasbergische.de

Die Bergischen Drei
Bergisches Land Tourismus
Marketing e.V.
Kölner Straße 8
42651 Solingen
Tel. +49 (0) 212 / 88 16 06 73
Fax +49 (0) 212 / 88 16 06 66
info@die-bergischen-drei.de
www.die-bergischen-drei.de

Zweckverband
Naturpark Bergisches Land
Moltkestraße 34
51643 Gummersbach
Tel. +49 (0) 22 61 / 88 69 69
Fax +49 (0) 22 61 / 88 18 88
info@bergischesland.de
www.bergischesland.de

Naturregion Sieg GbR
Kaiser-Wilhelm-Platz 1
53721 Siegburg
Tel. +49 (0) 22 41 / 13 28 31
Fax +49 (0) 22 41 / 13 31 16
info@naturregion-sieg.de
https://naturregion-sieg.de

ÜBERNACHTUNGSVERZEICHNIS

€ unter 30 Euro €€ 30 - 60 Euro €€€ über 60 Euro
(pro Pers/DZ/incl. Frühstück)

Bensberg .... Plz 51429, Tel. (0) 22 04
Gasthof Pension „Im Alten Fronhof“ €€, Im Fronhof 21, Tel. 98 26 99
Hotel-Restaurant Gronauer Tannenhof €€€, Robert-Schuman-Straße 2, Tel. 941 40
Romantik Waldhotel Mangold €€€, Am Milchbornbach 39–43, Tel. 955 50

Bergisch-Gladbach .... Plz 51465, Tel. (0) 22 02
Hotel-Restaurant-Café „Malteser Komturei“ €€, Herrenstrunden 23, Tel. 95 97 80
Malerwinkel Hotel €€, Burggraben 6, Tel. 950 40

Bergneustadt .... Plz 51702, Tel. (0) 22 61
Hotel Restaurant „Rengser Mühle“ €€, Niederrengse 4, Tel. 0 27 63 / 914 50
Gaststätte-Pension Feldmann €, Olper Straße 262, Tel. 0 27 63 / 339

Burscheid .... **Plz 51399, Tel. (0) 2174**
Hotel-Restaurant Gut Landscheid €€, Haus Landscheid 1–2, Tel. 398-90
Hotel-Restaurant Schützenburg €€, Hauptstraße 116, Tel. 787 40
Hotel-Restaurant Zur Heide €€, Heide 21, Tel. 786 80

Eitorf .... **Plz 53783, Tel. (0) 22 43**
Gasthof Irlenborner Hof €, Hauptstraße 62, Tel. 65 85
Landhotel und Restaurant Haus Steffens €€, Ottersbachtalstraße 15, Tel. 919 40
Hotel Schützenhof €€, Windecker Straße 2, Tel. 88 70, www.hotelschuetzenhof.de

Engelskirchen .... **Plz 51766, Tel. (0) 22 63**
Gasthof „Zum Stausee“ €€, Katzelweg 3, Tel. 0 22 61 / 753 53, www.zum-stausee.de
Hotel Garni Lenz €€, Staadter Weg 2, Tel. 21 04
Hotel-Restaurant Rödder €, Overather Straße 24, Tel. 90 19 66
Wald Café Hotel-Restaurant Bergische Schweiz €€, Oberstaat 25, Tel. 24 78, www.bergische-schweiz.de

Gummersbach .... **Plz 51643, Tel. (0) 22 61**
Brauhaus Gummersbach €€, Hindenburgstraße 15, Tel. 290 01-0
Hotel Theile €€, Karlstraße 9, Tel. 60 08-0
Kupferpfanne €-€€, Schützenstraße 6, Tel. 225 09

Hennef .... **Plz 53773, Tel. (0) 22 42**
Hotel Restaurant Haus Sonnenschein €€, Mechtildisstraße 16, Tel. 92 00
Hotel-Garni „Marktterrassen“ €€, Frankfurter Straße 98, Tel. 913 37-0
Pension Weitblick €, Mühlental 3, Tel. 933 48 22

Leichlingen .... **Plz 42799, Tel. (0) 2175**
An den 12 Uhren €€, Förstchen 37, Tel. 28 01
Appartementhaus „Ingrid“ €-€€, Unterschmitte 33, Tel. 89 53 10

Lindlar .... **Plz 51789, Tel. (0) 22 66**
Landgasthof „Bergische Rhön“ €€, Holzer Straße 18, Tel. 83 59
Gasthof „Lindenhof“ €€, Hauptstraße 11, Tel. 25 26
Gasthof-Restaurant „Hohkeppeler Hof“ €€, Laurentiusstraße 29, Tel. 0 22 06 / 91 02 22

Lohmar .... **Plz 53797, Tel. (0) 22 46**
Hotel am Stadthaus €€, Hauptstraße 35a, Tel. 920 40
Hotel-Restaurant Zum Jabachtal €€, Gebermühle 3, Tel. 42 28
Hotel Restaurant Zur Alten Fähre €€, Brückenstraße 18, Tel. 45 61

Nümbrecht .... **Plz 51588, Tel. (0) 22 93**
Hotel Zur Alten Post €€, Humperdinckstraße 6, Tel. 911 80
Hotel Nümbrecht €€, Lindchenweg 15, Tel. 30 05 04
Hotel Bierenbacher Hof €€, Schlenke 3, Tel. 30 70

Odenthal .... **Plz 51519, Tel. (0) 22 02**
Hotel-Restaurant Wißkirchen €€, Am Rösberg 2, Tel. 0 21 74 / 671 80
Hotel-Restaurant Altenberger Hof €€, Eugen-Heinen-Platz 7, Tel. 0 21 74 / 49 70
Hotel-Restaurant „Zur Post" €€, Altenberger-Dom-Straße 23, Tel. 97 77 80

Overath .... **Plz 51491, Tel. (0) 22 06**
Hotel „Alte Poststation" €-€€, Klef 105, Tel. 863 39 90
Landhotel-Restaurant Bergischer Hof €€, Pilgerstraße 64, Tel. 44 54 + 953 40
Landhaus-Hotel „Zur Eiche" €€, Im Sülztal, Dorfstraße 1, Tel. 0 22 07 / 75 80

Radevormwald .... **Plz 42477, Tel. (0) 21 95**
Hotel „Zum Löwen" €-€€, Kaiserstraße 79, Tel. 689 30
Hotel garni „Park Hotel" €-€€, Telegrafenstraße 18, Tel. 400 52
Hotel „Zur Hufschmiede" €€, Neuenhof 1, Tel. 927 60

Reichshof-Eckenhagen .... **Plz 51580, Tel. (0) 22 96**
Haus Waldblick €-€€, Zur Mühle 2, Tel. 0 22 97 / 557
Denklinger Hof €€, Hauptstraße 25, Tel. 235
Hotel Restaurant Landhaus Wuttke €€, Crottorfer Straße 57, Tel. 0 22 97 / 910 50

Remscheid .... **Plz 42853, Tel. (0) 21 91**
Hotel-Restaurant Wuppertaler Hof €€-€€€, Lüttringhauser Straße 34, Tel. 964 80
Hotel-Restaurant Kromberg €€, Kreuzbergstraße 24, Tel. 59 00 31
Hotel-Restaurant Fischer €€, Lüttringhauser Straße 131, Tel. 956 30

Siegburg .... **Plz 53721, Tel. (0) 22 41**
Kranz Parkhotel €€€, Mühlenstraße 32–44, Tel. 547-0
Hotel Kaspar garni €€, Elisabethstraße 11, Tel. 846 59-0
Pension – Peukert €-€€, Hohenzollernstraße 2, Tel. 97 30 07
Hotel Siegblick €€, Nachtigallenweg 1, Tel. 127 33-3

Solingen .... **Plz 42651, Tel. (0) 212**
Hotel Trafohaus €€, Garnisonstraße 26, Tel. 259 18 19
Hotel-Restaurant „Haus Niggemann" €€, Wermelskirchener Straße 22–24, Tel. 410 21
Hotel „Zum Roten Ochsen" €€, Konrad-Adenauer-Straße 20, Tel. 223 44-0

Wermelskirchen .... **Plz 42929, Tel. (0) 21 96**
Hotel Zum Schwanen €€, Schwanen 1, Tel. 711-0
Landhaus Spatzenhof €€€, Süppelbach 11, Tel. 975 90
Zu den 3 Linden €€€, Staelsmühler Straße 1, Tel. 707 40-0

Wiehl .... **Plz 51674, Tel. (0) 22 62**
Waldhotel Tropfsteinhöhle €€-€€€, Pfaffenberg 1, Tel. 79 20
Haus Platte €€, Hauptstraße 25, Tel. 90 75
Pension Doris Schmidt €, Am Konradsberg 13, Tel. 13 09

Windeck .... **Plz 51570, Tel. (0) 22 92**
Flair Hotel „Bergischer Hof“ €€, Elmoresstraße 8, Tel. 956 47 50
Hotel „Burgcafé“ €€, Hauptstraße 82, Tel. 91 14 30
Pension „Eulenhof“ €-€€, Im Eulenbruch 12, Tel. 95 92 76
Hostel „Kurparkcafé“ €-€€, In der Au 4, Tel. 0 22 43 / 841 30 25

Wipperfürth .... **Plz 51688, Tel. (0) 22 67**
Gasthaus Wigger €-€€, Egen 3, Tel. 48 30
Hotel Restaurant Biesenbach €€, Erlen 13, Tel. 92 30
Hotel Restaurant Klosterhof €-€€, Westfalenstraße 7, Tel. 680 65 55

Wuppertal .... **Plz 42275, Tel. (0) 202**
Arcade €€, Mäuerchen 4, Tel. 946 26 60
Horather Schanze €€, Horather Straße 249, Tel. 776 19
Waldhotel Eskeshof €€, Krummacherstraße 251, Tel. 271 80

REGISTER

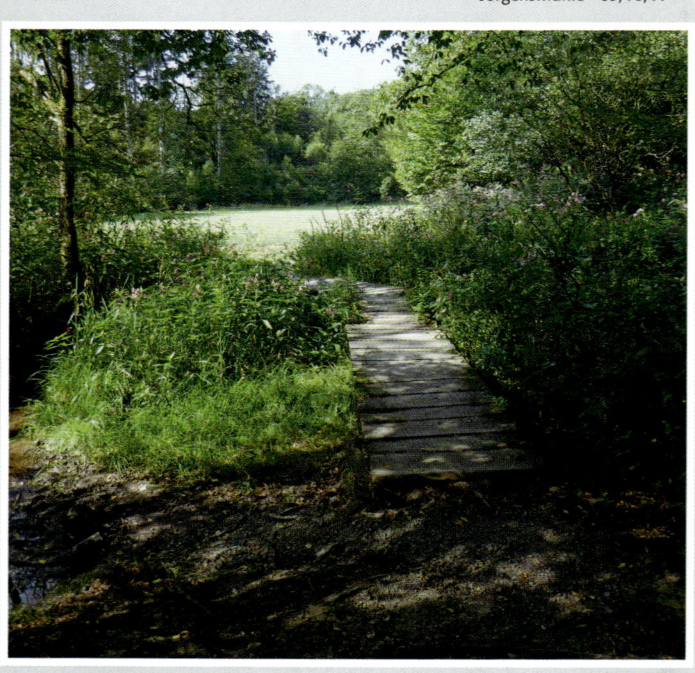

Holzsteg am Eifgenbach

IMPRESSUM

1. Auflage 2023 Verlagsnummer 5221 ISBN 978-3-99121-727-5

Text und Fotografie: Lisa Aigner

Titelbild: Bergisches Land
(© FLeiPhoto.de - stock.adobe.com)

Bildnachweis: Alle Bilder stammen von der Autorin
Mit Ausnahmen der folgenden Bilder:
S. 14: „Münzschläger“: © Wipperfürther Tourismus
S. 230: Tropfsteinhöhle Whiel: © Stadtverwaltung Whiel
S. 232: Affen-und Vogelpark: © Ludger Schmidt
S. 233: Museumsdorf Altwindeck: © Jens Klein

Grafische Herstellung und Wanderkartenausschnitte:
© KOMPASS-Karten GmbH
Kartengrundlage für Gebietsübersichtskarte S. 10–11, U4:
© MairDumont, D-73751 Ostfildern 4

Alle Angaben und Routenbeschreibungen wurden nach bestem Wissen gemäß unserer derzeitigen Informationslage gemacht. Die Wanderungen wurden sehr sorgfältig ausgewählt und beschrieben, Schwierigkeiten werden im Text kurz angegeben. Es können jedoch Änderungen an Wegen und im aktuellen Naturzustand eintreten. Wanderer und alle Kartenbenützer müssen darauf achten, dass aufgrund ständiger Veränderungen die Wegzustände bezüglich Begehbarkeit sich nicht mit den Angaben in der Karte decken müssen. Bei der großen Fülle des bearbeiteten Materials sind daher vereinzelte Fehler und Unstimmigkeiten nicht vermeidbar. Die Verwendung dieses Führers erfolgt ausschließlich auf eigenes Risiko und auf eigene Gefahr, somit eigenverantwortlich. Eine Haftung für etwaige Unfälle oder Schäden jeder Art wird daher nicht übernommen. Für Berichtigungen und Verbesserungsvorschläge ist die Redaktion stets dankbar. Korrekturhinweise bitte an folgende Anschrift:

KOMPASS-Karten GmbH
Karl-Kapferer-Straße 5, A-6020 Innsbruck
www.kompass.de/service/kontakt

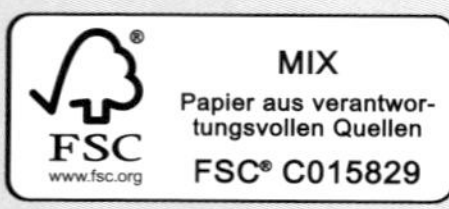